高等职业教育教研成果系列教材·旅游管理专业

导游业务

主　编　张　岚　代玉岩　何欣竹　佟　欣
副主编　马　红　杜甜甜　于庆霞
主　审　张荣娟

北京理工大学出版社
BEIJING INSTITUTE OF TECHNOLOGY PRESS

版权专有　侵权必究

图书在版编目（CIP）数据

导游业务/张岚等主编. —北京：北京理工大学出版社，2020.1（2020.2 重印）
ISBN 978-7-5682-7535-4

Ⅰ．①导…　Ⅱ．①张…　Ⅲ．①导游–教材　Ⅳ．①F590.63

中国版本图书馆 CIP 数据核字（2019）第 190968 号

出版发行 / 北京理工大学出版社有限责任公司
社　　址 / 北京市海淀区中关村南大街 5 号
邮　　编 / 100081
电　　话 / (010) 68914775（总编室）
　　　　　 (010) 82562903（教材售后服务热线）
　　　　　 (010) 68948351（其他图书服务热线）
网　　址 / http：//www.bitpress.com.cn
经　　销 / 全国各地新华书店
印　　刷 / 涿州市新华印刷有限公司
开　　本 / 787 毫米 × 1092 毫米　1/16
印　　张 / 16.5　　　　　　　　　　　　　　　　　　　　　　　责任编辑 / 潘　昊
字　　数 / 394 千字　　　　　　　　　　　　　　　　　　　　　文案编辑 / 潘　昊
版　　次 / 2020 年 1 月第 1 版　2020 年 2 月第 2 次印刷　　　　　责任校对 / 周瑞红
定　　价 / 45.00 元　　　　　　　　　　　　　　　　　　　　　责任印制 / 施胜娟

图书出现印装质量问题，请拨打售后服务热线，本社负责调换

序　言

　　导游服务是旅游行业具有代表性的工作，它是旅游业的重要组成部分，这已经成为世界各国旅游界人士的共识。随着旅游业的不断发展，旅游市场不断发生新的变化。导游员是导游工作的主体，导游服务的质量高低、效果好坏主要取决于导游员的素质、能力和经验。随着旅游者的旅游知识和经验越来越丰富、旅游活动内容越来越多样化、旅游信息越来越灵通，对导游服务的规范化、专业化、个性化、多样化等方面有了更高的要求，对导游服务质量的要求也越来越高，导游员必须面对新环境的挑战，必须向更高的目标努力，必须在思想、文化、能力、身心等方面具备更高的素质，以更加完美、更加生动、更富于个性化、更有人情味的形象展现在旅游者面前。我国旅游业的发展迫切需要培养一支优秀的导游员队伍。本书正是为导游人才培养的需要而编写的。

　　导游业务是旅游管理专业开设的主要专业课之一。但现有的教材大部分都是本科教材的压缩版，不能体现高职高专教育的特色。导游业务本身是一门实践性很强的课程，加之我国高职高专教学要求突出教材的实用性、技能性，因此本书力求对导游服务的相关理论进行简单扼要的阐述，对导游操作规程的最新要求做较为详细的介绍，书中提供的导游技能培训注重科学性和实用性。

　　在编写的过程中，我们将教材内容分为认知部分和实训部分。认知部分包括项目分析、学习目标、知识链接、任务介绍等；实训部分包括情景描述、导游故事、案例赏析、实训目标、小忠告等。教材选择了许多典型案例作为参考，在每个项目之后提供了任务实施、任务要求，以便教师组织学生进行模拟情景、项目实训练习，掌握导游服务技能。本书可作为高职高专旅游专业的教材，也可作为高等院校相关专业的参考书，导游从业人员也可以自学阅读。

　　本书认知部分与实训部分一共设置八个项目和四个情景。在认知部分中，项目一主要阐述导游服务的基本概念，导游员的定义、分类、职责、素质以及纪律要求；项目二详细地讲述了导游的带团技能；项目三主要介绍导游人员的语言技能；项目四讲述导游人员的讲解技能；项目五主要阐述导游人员与领队、地陪、司机及旅游接待单位的协作；项目六主要阐述导游服务中突发问题和事故的预防与处理；项目七系统介绍了导游词的撰写及创作；项目八主要阐述导游服务的相关知识。在实训部分中，情景一主要介绍景区景点导游人员服务程序与规范；情景二主要介绍地陪导游服务程序与规范；情景三主要介绍全陪导游服务程序与规范；情景四主要介绍出境旅游领队服务程序与规范。

　　本书由张岚副教授（辽宁现代服务职业技术学院）任第一主编，张荣娟教授（辽宁现代服务职业技术学院）任主审，代玉岩副教授（辽宁轻工职业学院）、何欣竹老师（辽宁林业职业技术学院）担任第二、第三主编。具体编写分工如下：项目一由马红老师（辽宁理工职业学院)编写;项目二、项目三、情景一、情景四由张岚副教授(辽宁现代服务职业技术学院)编写;项目四由张岚副教授(辽宁现代服务职业技术学院)、于庆霞老师(大连枫叶职业技术学院)共同编写;项目五、项目六由代玉岩副教授(辽宁轻工职业学院)编写;项目七、项目八由何欣竹老师(辽宁林业职业技术学院)编写;情景二、情景三由杜甜甜老师(渤海船舶职业学院)编写;佟欣老师提供了相关素材。

  本教材在编写过程中,借鉴了大量的相关教材、书籍、各院校网络精品课程、知名相关旅游网及其他教研成果,在此谨向相关作者表示敬意和衷心的感谢。

  由于编者的水平所限,书中难免出现不妥之处,敬望同行、专家和读者指正。

编 者

目 录

认知部分

项目一　导游服务的基本概念 ……………………………………………（ 3 ）
　　任务一　导游人员 ……………………………………………………（ 3 ）
　　任务二　导游服务 ……………………………………………………（ 16 ）
　　任务三　散客旅游与团队旅游 ………………………………………（ 26 ）

项目二　导游人员的带团技能 ………………………………………………（ 35 ）
　　任务一　与游客交往技能 ……………………………………………（ 36 ）
　　任务二　游客个别要求处理技能 ……………………………………（ 47 ）
　　任务三　特殊游客服务技能 …………………………………………（ 57 ）

项目三　导游人员的语言技能 ………………………………………………（ 64 ）
　　任务一　导游语言的基本要求 ………………………………………（ 64 ）
　　任务二　导游语言的表达技巧 ………………………………………（ 68 ）
　　任务三　导游交际语言的表达要领 …………………………………（ 73 ）

项目四　导游人员的讲解技能 ………………………………………………（ 79 ）
　　任务一　导游讲解基本原则 …………………………………………（ 79 ）
　　任务二　导游讲解的常用手法 ………………………………………（ 82 ）
　　任务三　导游讲解的具体要求 ………………………………………（ 89 ）
　　任务四　自然景观导游讲解技巧 ……………………………………（ 90 ）

项目五　导游人员的协作技能 ………………………………………………（112）
　　任务一　导游人员与领队的协作 ……………………………………（113）
　　任务二　全陪与地陪的协作 …………………………………………（117）
　　任务三　导游人员与司机的协作 ……………………………………（119）
　　任务四　导游人员与旅游接待单位的协作 …………………………（122）

项目六　导游服务中突发问题和事故的预防与处理 ………………………（125）
　　任务一　漏接、空接、错接的预防和处理 …………………………（125）
　　任务二　旅游活动计划和日程变更的处理 …………………………（129）
　　任务三　误机（车、船）事故的预防和处理 ………………………（133）

任务四　遗失的预防和处理 …………………………………………………（135）
　　任务五　游客走失的预防和处理 ……………………………………………（140）
　　任务六　游客患病、死亡问题的处理 ………………………………………（143）
　　任务七　游客越轨言行的处理 ………………………………………………（147）
　　任务八　旅游安全事故的预防与处理 ………………………………………（149）

项目七　导游词的撰写及创作 …………………………………………………（155）
　　任务一　导游词概述 …………………………………………………………（155）
　　任务二　导游词的内容、类别 ………………………………………………（160）
　　任务三　导游词的写作及范例 ………………………………………………（165）

项目八　导游服务的相关知识 …………………………………………………（172）
　　任务一　旅行社知识 …………………………………………………………（172）
　　任务二　入出境知识 …………………………………………………………（176）
　　任务三　交通、邮电知识 ……………………………………………………（183）
　　任务四　货币、保险知识 ……………………………………………………（189）
　　任务五　卫生常识及其他 ……………………………………………………（193）

实训部分

情景一　景区景点导游人员服务程序与规范 …………………………………（199）
　　任务一　准备工作 ……………………………………………………………（199）
　　任务二　景区导游服务流程 …………………………………………………（202）

情景二　地陪导游服务程序与规范 ……………………………………………（207）
　　任务一　准备工作 ……………………………………………………………（208）
　　任务二　接站服务 ……………………………………………………………（213）
　　任务三　入店服务 ……………………………………………………………（216）
　　任务四　核定日程 ……………………………………………………………（218）
　　任务五　参观游览 ……………………………………………………………（219）
　　任务六　其他服务 ……………………………………………………………（221）
　　任务七　送站服务 ……………………………………………………………（223）
　　任务八　后续工作 ……………………………………………………………（227）

情景三　全陪导游服务程序与规范 ……………………………………………（230）
　　任务一　准备工作 ……………………………………………………………（232）
　　任务二　首站接团 ……………………………………………………………（234）
　　任务三　入住饭店 ……………………………………………………………（235）
　　任务四　核定日程 ……………………………………………………………（236）

任务五　各站服务 …………………………………………………………………（236）
任务六　途中服务 …………………………………………………………………（238）
任务七　末站服务 …………………………………………………………………（238）
任务八　后续工作 …………………………………………………………………（239）

情景四　出境旅游领队服务程序与规范 ……………………………………………（241）
任务一　准备工作 …………………………………………………………………（242）
任务二　全程陪同服务 ……………………………………………………………（252）
任务三　后续工作 …………………………………………………………………（255）

认知部分

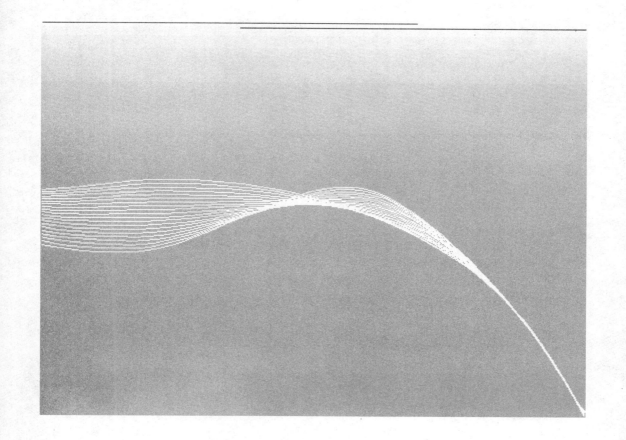

项目一

导游服务的基本概念

项目分析

本项目主要介绍导游人员、导游服务及散客旅游与团队旅游的基本概念。本项目包括导游人员的定义、导游人员的素质和职责；导游服务的概念、类型、特点、原则及趋势；散客旅游与团队旅游的概念、特点、区别和服务程序等。通过对各个任务的学习，培养导游职业兴趣，能将导游服务的原则用于带团工作的实践中。

学习目标

※知识目标
（1）明确导游人员的定义、导游人员应具备的素质、导游人员的职责。
（2）理解导游服务的概念、类型、特点，并掌握导游服务的原则。
（3）了解散客旅游的特点、散客旅游与团队旅游的区别，并掌握散客、团队导游服务程序。

※能力目标
（1）熟练掌握导游服务的概念。
（2）能将导游服务的原则用于带团工作的实践中。

任务一　导游人员

任务介绍

旅游业是当今世界上发展最迅速的产业，许多国家都将发展旅游业作为经济发展的核心和支柱，而导游人员则是旅游业的灵魂，处于旅游接待的中心地位。导游员素质的高低直接影响到旅游活动的成败，并间接影响到整个旅游业的声誉和发展。随着旅游业的发展，导游行业的竞争越来越激烈，对导游人员的素质要求也在不断提高。导游员要明确职责，努力提高自身素质以满足游客的要求。

任务目标

(1) 理解导游人员的定义。
(2) 明确导游人员应具备的素质。
(3) 掌握导游人员的职责。

任务导入

导游人员是导游服务的主体，在整个导游服务过程中起着非常关键的作用。"祖国山河美不美，全靠导游这张嘴。""要想旅游好，跟着导游跑。"这两句话充分显示出导游人员在旅游活动中所起的作用。旅游者一次成功愉悦的旅游体验主要取决于导游服务质量的高低、服务效果的好坏，而导游服务质量及导游服务效果如何，归根结底取决于导游人员的素质、知识、能力及经验。在当今，旅游业竞争日益激烈，旅游者的旅游经验也越来越丰富，消费理念也日趋成熟。因此，对导游人员的要求也越来越高。为了适应新环境的需要与挑战，导游人员必须全方面"武装"自己。

相关知识

一、导游人员的概念

(一) 导游人员的定义

人们常说，导游是旅游业的"灵魂"。"导游"一词有两层含义：既可指导游工作、导游业务、导游接待服务，也可用作对导游工作人员的简称。

"导游人员是指依照《导游人员管理条例》的规定取得导游证，接受旅行社委派，或同游客签订合同，为旅游团（者）提供向导、讲解及其他服务的人员。"

(二) 导游人员的资格获取

参加全国导游员资格考试，之后取得资格证，与旅行社签订劳动合同或者在相关组织注册登记，通过全国导游公共服务监管平台申领基于智能移动端的电子导游证。

1. 参加资格证考试条件

(1) 必须是中华人民共和国公民。
(2) 高中（中专）以上的学历。
(3) 身体健康。
(4) 适应导游需要的基本知识和语言表达能力。

2. 不得颁发导游证的情况

(1) 无民事行为能力或者限制民事行为能力的。
(2) 患有传染性疾病的。

(3) 受过刑事处罚的，但过失犯罪除外。
(4) 自被吊销导游证之日起未逾3年的。

（三）导游资格证与电子导游证

1. 性质不同

导游资格证是标志某人具备从事导游职业资格的证书，电子导游证是准许某人从事导游职业的证书。

2. 颁证程序不同

前者是国家文化和旅游部或国家文化和旅游部委托各省文化和旅游局颁发的，后者是通过全国导游公共服务监管平台申领的。

3. 作用不同

前者是从业资格，后者是从业许可。

导游证的有效期是3年。导游需要在导游证有效期届满前3个月内，通过全国旅游监管服务信息向所在地旅游主管部门提出申请，并提交相关材料才可以继续执业。

（四）导游人员的分类

根据我国目前的旅游市场现状以及未来旅游业发展趋势，借鉴国外成功的经验和中国旅游业特定的运转规律，我们从不同的角度对中国导游人员进行分类。

1. 按业务范围划分，导游人员分为海外领队、全程陪同导游人员、地方陪同导游人员和景点景区导游人员

（1）海外领队：是指经国家旅游行政主管部门批准可以经营出境旅游业务的旅行社的委派，全权代表该旅行社带领旅游团从事旅游活动的工作人员。

（2）全程陪同导游人员：简称全陪，是指受组团旅行社委派，作为组团社的代表，在领队和地方陪同导游人员的配合下实施接待计划，为旅游团（者）提供全程陪同服务的工作人员。这里的组团社或组团旅行社是指接受旅游团（者）或海外旅行社预订，制订和下达接待计划，并可提供全程陪同导游服务的旅行社。这里的领队是指受海外旅行社委派，全权代表该旅行社带领旅游团队从事旅游活动的工作人员。

（3）地方陪同导游人员：简称地陪，是指受接待旅行社委派，代表接待旅行社实施接待计划，为旅游团（者）提供当地旅游活动安排、讲解、翻译等服务的工作人员。这里的接待旅行社是指接受组团社的委托，按照接待计划委派地方陪同导游人员负责组织安排旅游团（者）在当地参观游览等活动的旅行社。

（4）景点景区导游人员：亦称讲解员，是指在旅游景点景区，如博物馆、自然保护区等为游客进行导游讲解的工作人员。他们只负责讲解而不涉及其他事务。

总之，从业务范围看，海外领队是率领中国公民到海外旅游并为其提供全程导游服务的工作人员；全程陪同导游人员是带领海外来华游客或中国游客在中国境内旅游并为其提供全程导游服务的工作人员；地方陪同导游人员是接待海外来华游客或中国游客在其工作的地区旅游并为其提供当地导游服务的工作人员；景点景区导游人员是指接待海外来华游客或中国游客在其工作的景点景区旅游并为其提供景区景点内导游服务的工作人员。前两类导游人员既有当地旅游活动的组织、协调任务，又有进行导游讲解或翻译的任务。第四类导游人员的主要业务是从事所在景点景区的导游讲解。在通常情况下，前三类导游人员，即全陪、地陪和领队组成一个导游集体，共同完成一个旅游团队的接待任务。三位导游代表三方旅行社的利益，他们大多互不认识，要共同完成一定时空中的导游服务自然就牵涉到协作。这种内部协作的愉快与否，直接影响着游客的旅游经历的质量。从这一点上，我们可以说，游客一次舒心愉快的旅行，取决于导游服务的高质量；导游服务的高质量则取决于三位导游人员的精诚合作。

2. 按劳动就业方式划分，导游人员分为旅行社专职导游人员和社会导游人员

（1）专职导游人员：是指在一定时期内以导游工作为其主要职业的导游人员。目前，这类导游人员大多数受过中、高等教育，或受过专门训练，一般为旅行社的正式职员，他们是当前我国导游队伍的主体。

（2）社会导游人员：包括在协会或导游服务公司登记的导游人员、兼职导游人员和自由职业导游人员。

在协会、导游服务公司登记的导游人员是指具备导游资格，持有导游证，在协会、导游服务公司或相关旅游机构注册登记的导游人员。

兼职导游人员是指不以导游工作为其主要职业，而利用业余时间从事导游工作的人员。

自由职业导游人员分为线上执业导游人员和线下执业导游人员，其中线上执业导游人员是导游人员向通过网络平台预订旅游服务的消费者提供讲解和向导服务，并通过第三方支付平台收取导游服务费的执业方式。线下执业导游人员是指导游员向通过旅游集散中心、旅游咨询中心、A级景区游客服务中心等机构预约其服务的消费者提供单项讲解和向导服务，并通过第三方支付平台收取导游服务费的执业方式。

3. 按使用的语言划分，导游人员分为中文导游人员和外语导游人员

（1）中文导游人员：是指能够使用普通话、地方话或者少数民族语言，从事导游业务的人员。目前，这类导游人员的主要服务对象是以国内旅游中的中国公民和入境旅游中的港、澳、台同胞。

（2）外语导游人员：是指能够运用外语从事导游业务的人员。目前，这类导游人员的主要服务对象是入境旅游的外国游客和出境旅游的中国公民。

4. 按技术等级划分，导游人员分为初级导游人员、中级导游人员、高级导游人员和特级导游人员

（1）初级导游人员。《中华人民共和国旅游法》中明确规定，参加导游资格证考试成绩合格，与旅行社订立劳动合同或者在相关旅游行业组织注册的人员，可以申请取得导游证，合格者自动成为初级导游人员。

（2）中级导游人员。初级导游员报考同语种中级导游和初级外语导游报考中文（普通话）导游员的，学历不限；初级中文（普通话）导游员和中级中文（普通话）导游员报考外语导游员的，需要具备所报考语种大专以上学历。在取得导游资格证书满3年，或具有大专以上学历的取得导游证满2年，报考前3年内实际带团不少于90个工作日，经笔试"导游知识专题""汉语言文学知识"或外语，合格者晋升为中级导游人员。

（3）高级导游人员。取得中级导游人员资格3年，具有本科以上学历或旅游类、外语类大专学历，报考前3年内实际带团不少于90个工作日，经笔试"导游能力测试"和"导游综合知识"，考试合格者晋升为高级导游人员。

（4）特级导游人员。取得高级导游人员资格5年以上，业绩优异，有突出贡献，有高水平的科研成果，在国内外同行和旅行商中有较大影响，经考核合格者晋升为特级导游人员。

二、导游人员的职责

导游人员的基本职责是指各类导游人员都应予履行的共同职责。各类导游人员由于其工作性质、工作对象、工作范围和时空条件各不相同，职责重点也有所区别。但他们的基本职责是共同的，就是为游客提供良好的导游讲解和旅行服务。每位导游人员各司其职、各负其责的共同目的都是圆满完成整个旅游团的接待任务。只有目的明确、目标一致，导游人员的职责分工才会服务和服务于接待任务的大局。这样，导游集体的三位成员分工不分家，既有协作，又有分工；既有共性，又有差异。

（一）导游人员的基本职责

导游人员的基本职责是：

(1) 接受旅行社分配的导游任务，按照接待计划安排和组织游客参观、游览。
(2) 负责向游客导游、讲解，介绍中国（地方）文化和旅游资源。
(3) 配合和督促有关部门安排游客的交通、住宿，保护游客的人身和财产安全。
(4) 反映游客的意见和要求，协助安排会见、座谈等活动。
(5) 耐心解答游客的问询，协助处理旅途中遇到的问题。

这些规定对导游人员依法行使职责起到了积极作用。在我国，全陪、地陪和领队统称导游人员，他们的工作各有侧重，所起的作用也不尽相同，但对上文中提出的导游人员的基本职责都必须履行。

（二）海外领队、全陪、地陪和景点景区导游人员的职责

前面我们已经提到，一个标准的、规范的、完整的旅游接待过程应该是由全陪、地陪、领队共同参与、共同配合才能完成的。全陪是东道国组团社利益的代表，地陪是东道国接待社利益的代表，而领队则是游客及他们所在国（地区）利益的代言人，三者代表着三个方面，维护着各自的利益。共同的目标，相同的工作对象，使他们走到了一起。

1. 海外领队的职责

海外领队是经国家旅游行政主管部门批准组织出境旅游的旅行社的代表，是出境旅游团的领导者和代言人。"高高兴兴出游去，平平安安回家来"是游客赋予领队的重要职责。因此，海外领队在团结旅游团全体成员、组织游客完成旅游计划方面起着全陪、地陪往往难以起到的作用。他的具体职责是：

(1) 全程服务，旅途向导。

领队行前应向旅游团介绍旅游目的国（地）概况及注意事项；陪同旅游团的全程参观游览活动，积极提供必要的旅途导游和生活服务。

(2) 落实旅游合同。

领队要监督但更要配合旅游目的国（地）的全陪、地陪安排好旅游计划，组织好游览活动，全面落实旅游合同。

(3) 做好组织和团结工作。

领队应积极关注并听取游客的要求和意见，做好旅游团的组织工作，维护旅游团内部的团结，调动游客的积极性，保证旅游活动顺利进行。

(4) 协调联络、维护权益、解决难题。

领队应负责旅游团与接待方旅行社的联络工作，转达游客的建议、要求、意见乃至投

诉，维护游客的正当权益，遇到麻烦和微妙问题时出面斡旋或解决。

2. 全程导游人员的职责

全程导游人员又称全陪，从游客入境到出境，全陪一直陪伴着他们。在游客心目中，全陪是东道国的代表，是旅游团在华活动的主要决策人，在导游工作集体中处于中心地位，起着主导作用。他的具体职责是：

（1）实施旅游接待计划。

按照旅游合同或约定实施组团旅行社的接待计划；监督各地接待单位的执行情况和接待质量。

（2）联络工作。

负责旅游过程中同组团旅行社和各地接待旅行社的联络，做好旅行各站的衔接工作，掌握旅游活动的连贯性、一致性和多样性。

（3）组织协调工作。

协调旅游团与地方接待旅行社及地方导游人员之间，领队与地方导游人员、司机等各方面接待人员之间的合作关系；协调旅游团在各地的旅游活动，听取游客的意见。

（4）维护安全、处理问题。

维护游客旅游过程中的人身和财物安全，处理好各类突发事件；转达游客的意见和要求，力所能及地处理游客的意见、要求乃至投诉。

（5）宣传、调研工作。

耐心解答游客的问询，介绍中国（地方）文化和旅游资源，开展市场调研，协助开发、改进旅游产品的设计和市场促销。

3. 地方导游人员的职责

地方导游人员又称地陪，是地方接待旅行社的代表，是旅游计划的具体执行者。地陪的职责重点之一是组织旅游团在当地的旅游活动并负责安排落实旅游团全体成员的吃、行、住、游、购、娱等方面的事宜；重点之二是导游讲解，这是区别于全陪的。全陪虽然也做导游讲解，但这并不是其职责的重点。就一地而言，地陪是典型的、完全意义上的导游人员，他的工作责任最大，处理的事务最多，工作最辛苦，所起的作用最关键。他的主要职责是：

（1）安排旅游活动。

严格按照旅游接待计划，合理安排旅游团（游客）在当地的旅游活动。

（2）做好接待工作。

认真落实旅游团（游客）在当地的接送服务和行、游、住、食、购、娱等服务；与全陪、领队密切合作，按照旅游接待协议做好当地旅游接待工作。

（3）导游讲解。

负责旅游团（游客）在当地参观游览中的导游讲解，解答游客的问题，积极介绍和传播中国（地方）文化和旅游资源。

（4）维护安全。

维护游客在当地旅游过程中的人身和财物安全，做好事故防范和安全提示工作。

（5）处理问题。

妥善处理旅游相关服务各方面的协作关系，以及游客在当地旅游过程中发生的各类问题。

4. 景点景区导游人员的职责
（1）导游讲解。
负责所在景区、景点的导游讲解，解答游客的问询。
（2）安全提示。
提醒游客在参观游览过程中注意安全，并给以必要的协助。
（3）结合景物向游客宣讲环境、生态和文物保护知识。

随着旅行社业务的发展，地陪和全陪的界线不是绝对的。目前许多地方旅行社的地陪也在做全陪，中央一些旅行总社的全陪有的也在做地陪。因此全陪和地陪的划分只是相对的。但无论全陪还是地陪，其主要职责都是为游客服务。在带团过程活动期间，既是翻译，又是导游；既要组织安排游览、参观，又应照顾好游客的生活，一身多职。而每一项工作都带有服务性质，服务的内容也不限于旅游协议书上规定的条文。因此，全陪、地陪与领队只有齐心协力、精诚合作，才能圆满完成一个旅游团（游客）的接待任务。

三、导游人员的素质

具体来说，导游人员的素质可归纳为以下几个方面。

（一）良好的思想品德

在任何时代、任何国家，人的道德品质总是处于最重要的地位。中国导游人员的思想品德主要表现在以下几个方面。

1. 热爱祖国、热爱社会主义

热爱祖国、热爱社会主义是作为一名合格的中国导游人员的首要条件。这是因为：

第一，导游人员所从事的工作是社会主义祖国整个事业的一部分，社会主义祖国培育了导游人员，为导游人员创造了良好的工作环境和发挥自己智慧与才能的条件。导游人员应该认识到这一点，摆正位置，正确对待个人、集体和祖国的关系，将工作做好。

第二，导游人员的一言一行都与社会主义祖国息息相关。正如前面所述，在海外游客的心目中，导游人员是国家形象的代表，游客正是透过导游人员的思想品德和言行举止来观察、了解中国的。

第三，导游人员向游客介绍和讲解的内容都是祖国灿烂的文化、壮丽的河山、中国人民的伟大创造和社会主义事业的辉煌成就。没有这些丰富的内容，导游工作就成了无源之水、无本之木。

由此可见，导游人员应把祖国的利益、社会主义事业摆在第一位，自觉地维护祖国的尊严，把热爱祖国与热爱社会主义统一起来，并把这种热爱化为工作的动力。

2. 优秀的道德品质

社会主义道德的本质是集体主义，是全心全意为人民服务的精神。从接待游客的角度来说，旅行社和各接待单位实际上组成了一个大的接待集体，导游人员则是这个集体的一员。因此，导游人员在工作中应从这个大集体的利益出发，从旅游业的发展出发，依靠集体的力量和支持，关心集体的生存和发展。只有这样，导游人员的工作才能做好。导游人员要发扬全心全意为人民服务的精神，并把这一精神与"宾客至上"的旅游服务宗旨紧密结合起来，热情地为国内外游客服务。

3. 热爱本职工作、尽职敬业

导游工作是一项传播文化、促进友谊的服务性工作，因而也是一项很有意义的工作。导游人员在为八方来客提供游客服务时，不但可以结交众多的朋友，而且能增长见识、开阔视野、丰富知识，导游人员应该为此感到骄傲和自豪。因此，导游人员应树立远大理想，将个人的抱负与事业的成功紧密结合起来，立足本职工作，热爱本职工作，刻苦钻研业务，不断进取，全身心地投入工作之中，热忱地为游客提供优质的导游服务。

4. 高尚的情操

高尚的情操是导游人员的必备修养之一。导游人员要不断学习，提高思想觉悟，努力使个人的功利追求与国家利益结合起来；要提高判断是非、识别善恶、分清荣辱的能力；培养自我控制的能力，自觉抵制形形色色的精神污染，力争做到"财贿不足以动其心，爵禄不足以移其志"，始终保持高尚的情操。

5. 遵纪守法

遵纪守法是每个公民的义务，作为旅行社代表的导游人员尤其应树立高度的法纪观念，自觉地遵守国家的法律、法规，遵守旅游行业的规章，严格执行《导游服务规范》，严守国家机密和商业秘密，维护国家和旅行社的利益。对于提供涉外导游服务的导游人员，还应牢记"内外有别"的原则，在工作中多请示汇报，切忌自作主张，更不能做违法乱纪的事。

（二）渊博的知识

旅游的本质就是一种追求文化的活动。随着时代的发展，现代旅游活动更加趋向于对文化、知识的追求，人们出游除了消遣外，还想通过旅游活动增长知识、扩大阅历、获取教益，这样就对导游人员提出了更高的要求。实践证明，导游人员的导游讲解和日常交谈，是游客特别是团体游客获取知识的主要来源。为了适应游客的这种需要，导游人员要知识面广，要有真才实学。导游人员只有以渊博的知识做后盾，讲解时才能做到内容丰富、言之有物。

实践证明，丰富的知识是搞好导游服务工作的前提。导游人员的知识面越广、信息量越大，就越有可能把导游工作做得有声有色、不同凡响，就会在更大程度上满足游客的要求，从而使游客满意。渊博的知识是成为一名优秀导游人员的必要条件之一。

导游知识包罗万象，下面就是导游人员必须掌握的知识体系。

1. 语言知识

语言是导游人员最重要的基本功，是导游服务的工具。古人云："工欲善其事，必先利其器。"导游人员若没有过硬的语言能力，就根本谈不上优质服务。这就是说，导游人员若没有扎实的语言功底，就不可能顺利地进行文化交流，也就不可能完成导游工作的任务。而过硬的语言能力和扎实的语言功底则以丰富的语言知识为基础。这里所说的语言知识包括外语知识和汉语（或少数民族语言知识）。

涉外导游人员至少应掌握并熟练运用一门外语，最好掌握两三门外语。掌握一门外语，了解一种外国文化，有助于接受新思想、新观念，开阔眼界，在传播中外文化中做出贡献。

导游讲解是一项综合性的口语艺术，要求导游人员具有很强的口语表达能力。导游人员的口语艺术应置于丰富的知识宝库之中，知识宝库是土壤，口语艺术是种子，二者结合才能获得收成——良好的导游效果。

目前，我国已形成了一支具有相当规模、会世界各主要语言的导游队伍，他们承担着接待中国游客和世界各国不同层次、不同文化水平游客的任务。诚然，他们中大多数人语言水平较高，能适应工作的需要，但也有的人语言表达能力较差，存在不少问题，需要进一步提高。目前绝大多数导游人员只会一种语言，会双语的人为数不多，懂多种语言的导游人员更少。这种情况不仅不能适应我国旅游业发展的需要,也不能顺应当今世界导游人员朝多语种方向发展的潮流,应当引起我们的重视。

2. 史地文化知识

史地文化知识包括历史、地理、宗教、民族、风俗民情、风物特产、文学艺术、古典建筑和园林等诸方面的知识。这些知识是导游讲解的素材,是导游服务的"原料",是导游人员的看家本领。导游人员要努力学习,力争使自己上知天文、下晓地理,对本地及邻近省、市、地区的旅游景点、风土人情、历史掌故、民间传说等了如指掌,并对国内外的主要名胜景区、景点应有所了解,还要善于将本地的风景名胜与历史典故、文学名著、名人逸事等有机地联系在一起。总之,对史地文化知识的综合理解并将其融会贯通、灵活运用,对导游人员来说具有特别重要的意义,它是一名合格导游人员的必备条件。

导游人员还要不断地提高艺术鉴赏能力。艺术素养不仅能使导游人员的人格更加完善,还可使导游讲解的层次大大提高,从而在中外文化交流中起到更为重要的作用。艺术素质也是一名优秀导游人员的必备条件之一。

目前,我国导游人员在这方面存在的主要问题是,知识面较窄,只求一知半解,对其包含的科学内容不进行深入的探究。有的导游人员只满足于背诵导游词,在导游讲解时,单调生硬,激不起游客的游兴,更有甚者,竟杜撰史实,张冠李戴,胡言乱语,欺骗游客,这不仅有违导游人员的职业道德,也有损于我国导游服务的声誉,不利于我国旅游业的发展。

3. 政策法规知识

政策法规知识也是导游人员应必备的知识。这是因为:

第一,政策法规是导游人员工作的指针。导游人员在导游讲解、回答游客对有关问题的询问或同游客讲解有关问题时,必须以国家的方针政策和法规为指导,否则会给游客造成误解,甚至给国家造成损失。

第二,旅游过程中出现的有关问题,导游人员一定要根据国家的政策和有关的法律法规予以正确处理。

第三,导游人员自身的言行要符合国家政策法规的要求,遵纪守法。

总之,导游人员应该牢记国家的现行方针政策,掌握有关的法律法规知识,了解外国游客在中国的法律地位以及他们的权利和义务。只有这样,才能正确地处理问题,做到有理、有利、有节,导游人员自己也可少犯错误或不犯错误。

4. 心理学

导游人员的工作对象主要是形形色色的游客,还要与各旅游服务部门的工作人员打交道,导游工作集体三成员(全陪、地陪和领队)之间的相处有时也很复杂。导游人员是做人的工作,而且往往是与之短暂相处,因而掌握必要的心理学知识具有特殊的重要性。导游人员要随时了解游客的心理活动,有的放矢地做好导游讲解和旅途生活服务工作,有针对性地提供心理服务,从而使游客在心理上得到满足,在精神上获得享受。事实证明,向游客多提供心理服务远比功能服务重要。

5. 美学知识

旅游活动是一项综合性的审美活动。导游人员的责任不仅要向游客传播知识,也要传递美的信息,让他们获得美的享受。一名合格的导游人员要懂得什么是美,知道美在何处,并善于用生动形象的语言向不同审美情趣的游客介绍美，而且还要用美学知识指导自己的仪容、仪态，因为导游人员代表着国家（地区），其本身就是游客的审美对象。

6. 政治、经济、社会知识

由于游客来自不同国家的不同社会阶层，他们中一些人往往对目的地的某些政治、经济和社会问题比较关注，询问有关政治、经济和社会问题，有的人还常常把本国本地的社会问题同出访目的地的社会问题进行比较。另外，在旅游过程中，游客随时可能见到或听到目的地的某些社会现象，也引发他们对某些社会问题的思考，要求导游人员给予相应的解释。所以，导游人员掌握相关的社会学知识，熟悉国家的社会、政治、经济体制，了解当地的风土民情、婚丧嫁娶习俗、宗教信仰情况和禁忌习俗等就显得十分必要。

7. 旅行知识

导游人员率领游客在目的地旅游，在提供导游服务的同时，还应随时随地帮助游客解决旅行中的种种问题。因此，导游人员掌握必要的旅行知识，对旅游活动的顺利进行就显得十分重要。旅行知识包括交通知识、通信知识、货币保险知识、卫生防病知识、旅游业知识等，掌握这些旅行知识往往能起到少出差错、事半功倍的作用。

8. 国际知识

涉外导游人员还应掌握必要的国际知识，要了解国际形势和各时期国际上的热点问题，以及中国的外交政策和对有关国际问题的态度；要熟悉客源国或旅游接待国的概况，知道其历史、地理、文化、民族、风土民情、宗教信仰、民俗禁忌等。了解和熟悉这些情况不仅有利于导游人员有的放矢地提供导游服务，还能加强与游客的沟通。

此外，导游人员若熟悉两国文化的差异，就能及早向游客说明，使游客意识到在异国他乡旅游，不可能时时都与自己的家乡相同，从而使其产生领略异国、异乡风情的游兴，对许多不解之处，甚至一些人的不愉快之处也能理解、谅解并与导游人员配合。

（三）较强的独立工作能力和创新精神

导游工作是一项难度较大、复杂而艰巨的工作，导游的能力直接影响到对客服务的效率和服务效果。导游独立工作能力和创新精神既是工作需要，也关系到个人的发展。导游人员接受任务后，要独立组织游客参观游览，要独立做出决定、独立处理问题。导游人员的工作对象形形色色，旅游活动丰富多彩，出现的问题和性质各不相同，不允许导游人员工作时墨守成规。相反，必须根据不同的时空条件采取相应的措施，予以合理处理。因此，较强的独立工作能力和创新精神，充分发挥主观能动性和创造性，对导游人员具有特殊的重要意义。

导游人员的独立工作能力和创新精神主要表现在以下四个方面。

1. 独立执行政策和独立进行宣传讲解的能力

导游人员必须具有高度的政策观念和法制观念，要以国家的有关政策和法律、法规指导自己的工作和言行；要严格执行旅行社的接待计划；要积极主动地宣传中国、讲解中国现行的方针政策，介绍中国人民的伟大创造和社会主义建设的伟大成就以及各地区的建设和发展情况；回答游客的种种询问，帮助他们尽可能全面地认识中国。

2. 较强的组织协调能力和灵活的工作方法

导游人员接受任务后要根据旅游合同安排旅游活动，并严格执行旅游接待计划，带领全团人员游览好、生活好。这就要求导游人员具有较强的组织、协调能力，要求导游人员在安排旅游活动时有较强的针对性并留有余地，在组织各项活动时讲究方式方法并及时掌握变化着的客观情况，灵活地采取相应的有效措施。

3. 善于和各种人打交道的能力

导游人员的工作对象甚为广泛，善于和各种人打交道是导游人员最重要的素质之一。与层次不同、品质各异、性格相左的中外人士打交道，要求导游人员必须掌握一定的公共关系学知识并能熟练运用，具有灵活性、理解能力和适应不断变化着的氛围的能力，随机应变处理问题，搞好各方面的关系。导游人员具有相当的公关能力，就会在待人接物时更自然、得体，能动性和自主性的水平就会更高，有利于提高导游服务质量。

导游工作的性质特殊、人际关系比较复杂，要求导游人员应是活泼、外向的人；是永远精力充沛、情绪饱满的人；是具有爱心、与人打交道热情、待人诚恳、富于幽默感的人；是有能力解决问题并让人信赖、依靠的人。性格内向腼腆的导游人员，应主动在实践中不断磨炼自己，培养处理人际关系的能力。

4. 独立分析、解决问题，处理事故的能力

沉着分析、果断决定、正确处理意外事故是导游人员最重要的能力之一。旅游活动中意外事故在所难免，能否妥善地处理事故是对导游人员的一种严峻考验。临危不惧、头脑清醒、遇事不乱、处理果断、办事利索、积极主动、随机应变是导游人员处理意外事故时应具备的能力。

（四）较高的导游技能

服务技能可分为操作技能和智力技能两类。导游服务需要的主要是智力技能，即导游人员与同事协作共事，与游客成为伙伴，使旅游生活愉快的带团技能；根据旅游接待计划和实情，巧妙、合理地安排参观游览活动的技能；选择最佳的游览点、线，组织活动，当好导演的技能；触景生情、随机应变，进行生动精彩的导游讲解的技能；灵活回答游客的询问，帮助他们了解旅游目的地的宣讲技能；沉着、果断地处理意外事故的应急技能；合情、合理、合法地处理各种问题和旅游投诉的技能等。

一名优秀的导游人员应具有指挥家的水平，也要有演员的本领。一名高明的指挥，一上台就能把整个乐队带动起来并能调动全体听众的情绪，导游人员要有能力随时调动游客的积极性，使他们顺着你的导游思路去分析、判断、欣赏、认识，从而获得旅游的乐趣和美好的享受；作为演员，导游人员要熟练地运用丰富的知识、幽默的语言、抑扬顿挫的语调、引人入胜的讲解以及有节奏的导游活动来征服游客，使他们沉浸在欣赏美的愉悦之中。

语言、知识、服务技能构成了导游服务三要素，缺一不可。只有三者的和谐结合才称得上是高质量的导游服务，导游人员若缺乏必要的知识，势必"巧妇难为无米之炊"。语言表达能力的强弱、导游方法的差异、导游技能的高低，会使同样的题材产生不同的甚至截然相反的导游效果：有的平淡无奇、令人昏昏欲睡，使旅游活动失去光彩；有的则有声有色、不同凡响，让游客获得最大限度的美的享受。技能高超的导游人员对相同的题材能从不同角度讲解，使其达到不同的意境，满足不同层次和不同审美情趣的游客的审美要求；而技能低劣的导游讲解或语言干巴巴，或"百病一方"，只有一种导游词，有的甚至只能当哑巴导游，自己难堪，游客不满。

导游人员的服务技能与他的工作能力和掌握的知识有很大的关系，需要在实践中培养和发展。一个人的能力是在掌握知识和技能的过程中形成和发展的，而发展了的能力又可促使他更快、更好地掌握知识和技能并使其融会贯通，运用起来得心应手。因此，导游人员要在掌握丰富知识的基础上，努力学习导游方法、技巧，并不断总结、提炼，形成适合自己特长的导游方法、技巧及自己独有的导游风格。

（五）竞争意识和进取精神

21世纪是知识经济的时代，其主要特征是，以智力资源为主要依托，把知识作为第一生产力要素。所以，21世纪是知识竞争的时代。

导游服务是一种高智能的服务，它以导游人员的智力资源为主要依托。因此，导游人员只有不断充实、更新知识，不断进取，才能面向充满竞争的21世纪的挑战。

在中国加入世界贸易组织后，中国旅游业更加开放，现在不仅外国旅游企业纷纷进入中国旅游市场，外国导游人员也可能踏上中国的国土。另外，随着改革的深入，面对国际国内旅游市场的激烈竞争，目前的导游管理体制正在发生巨大变化。因此，导游人员应有居安思危、优胜劣汰的思想准备。只有树立强烈的竞争意识，将压力变为动力，不断开拓进取，才能在21世纪的导游事业中立于不败之地。

"物竞天择，适者生存。"每个导游人员都必须牢记英国博物学家达尔文的这一名言。

（六）身心健康

导游工作是一项脑力劳动和体力劳动高度结合的工作，工作纷繁，量大面广，流动性强，体力消耗大，而且工作对象复杂，诱惑性大。因此，导游人员必须是一个身心健康的人，否则很难胜任工作。身心健康包括身体健康、心理平衡、头脑冷静和思想健康四个方面。

1. 身体健康

导游人员从事的工作要求他能走路，会爬山，能连续不间断地工作；全陪导游人员、地陪导游人员和旅游团领队要陪同旅游团周游各地，变化着的气候和各地的水土、饮食对他都是一个严峻的考验。

2. 心理平衡

导游人员的精神要始终愉快、饱满，在游客面前应显示出良好的精神状态，进入"导游"角色要快，并且能保持始终不受任何外来因素的影响。面对游客，导游人员应笑口常开，绝不能把丝毫不悦的情绪带到导游工作中去。特别是现在，游客的自我保护意识越来越强，有时对导游的工作理解不够，导游人员要能受得起委屈，心态要好。

3. 头脑冷静

在旅游过程中，导游人员应始终保持清醒头脑，处事沉着、冷静、有条不紊；处理各方面关系时要机智、灵活、友好协作；处理突发事件以及游客的挑剔、投诉时要干脆利索，要合情、合理、合法。

4. 思想健康

导游人员应具有高尚的情操和很强的自控能力，抵制形形色色的诱惑，清除各种腐朽思想的污染。

总之，一名合格的导游人员应精干、老练、沉着、果断、坚定，应时时处处显示出有能力领导旅游团，而且工作积极、耐心，会关心人、体谅人，富于幽默感，导游技能高超。加拿大旅游专家帕特里克·克伦在他的《导游的成功秘诀》一书中对导游人员的素质做了精辟的结论：导游人员应是"集专业技能和知识、机智、老练圆滑于一身"的人。

（七）导游人员的纪律要求

1. 忠于祖国，坚持"内外有别"原则

导游人员要严守国家机密，时时、事事以国家利益为重。带团旅游期间，不随身携带内部文件，不向游客谈及旅行社的内部事务及旅游费用。

2. 严格按规章制度办事，执行请示汇报制度

（1）导游人员应严格按照旅行社确定的接待计划，安排旅行、游览活动，不得擅自增加、减少旅游项目或者中止导游活动；在旅行、游览中，遇有可能危及游客人身安全的紧急情形时，经征得多数游客的同意，可以调整或者变更接待计划，但应当立即报告旅行社。

（2）在旅行、游览中，导游人员应当就可能发生危及游客人身、财物安全的情况时，提早向游客做出真实说明和明确警示，并按照旅行社的要求采取防止危害发生的措施。

3. 自觉遵纪守法

（1）导游人员要严禁嫖娼、赌博、吸毒；也不得索要、接受反动、黄色书刊画及音像制品。

（2）导游人员不得套汇、炒汇；也不得以任何形式向海外游客兑换、索取外汇。

（3）导游人员不得向游客兜售物品或者购买游客的物品；不偷盗游客的财物。

导游私自兜售商品，旅行社应全额退还旅游者购物价款。

（4）导游人员不能欺骗、胁迫游客消费或者与经营者串通欺骗、胁迫游客消费。

（5）导游人员不得以明示或暗示的方式向游客索要小费，不准因游客不给小费而拒绝提供服务。

导游索要小费，旅行社应赔偿被索要小费的2倍。

（6）导游人员不得向游客销售商品或提供服务的经营者的财物。

（7）导游人员不得营私舞弊、假公济私，不大吃大喝。

4. 自尊、自爱，不失人格、国格

（1）导游人员不得"游而不导"，不擅离职守，不懒散松懈，不本位主义，不推诿责任。

导游在旅游行程期间，擅自离开旅游团队，造成旅游者无人负责，旅行社应承担旅游者滞留期间所支出的食宿费等直接费用，并赔偿全部旅游费用30%的违约金。

（2）导游人员要关心游客，不态度冷漠，不敷衍了事，不在紧要关头临阵脱逃。

（3）导游人员不要与游客过分亲近；不介入旅游团内部的矛盾和纠纷，不在游客之间拨弄是非；对待游客要一视同仁，不厚此薄彼。

（4）导游人员有权拒绝游客提出的侮辱人格尊严或者违反其职业道德的不合理要求。

（5）导游人员不得迎合个别游客的低级趣味在讲解、介绍中掺杂庸俗下流的内容。

5. 注意小节

（1）导游人员不得随便单独去游客的房间，更不得单独去异性游客的房间。

（2）导游人员不得携带自己的亲友随旅游团活动。

（3）导游人员不与同性外国旅游团领队同住一室。

（4）导游人员饮酒量不要超过自己酒量的1/3。

任务实施

【实训项目】导游员的职业道德。

【任务目的】

（1）使学生认识到职业道德是做好导游工作的重要保障，并能够根据导游员的职业道德要求，对导游员现实工作中存在的一些问题和现象进行分析。

（2）使学生能够了解如何在具体的导游工作中锻炼、运用和提高自己的职业道德。

【实训内容】

（1）教师讲解导游人员的职业道德要求。

（2）教师给出案例材料，提出相关辩题。

（3）学生分组展开辩论。

正方：提高导游员的职业道德比知识技能更重要。

反方：提高导游员的知识技能比职业道德更重要。

（4）教师对双方辩论技巧、逻辑推理、语言概括能力进行总结。

【任务要求】为了让辩论取得较好的效果，教师在实训课前要先选择辩题，布置学生通过网络、报纸、图书等渠道搜集有关导游员职业道德的资料。

【实训考核】根据双方表现进行打分。

任务二 导游服务

任务介绍

近年来，出现了很多由于导游人员服务质量不高引起的旅游投诉。导游人员是与游客接触最密切的岗位之一，他们工作的质量直接影响着游客的旅游消费行为，进而关系到旅行社的生存与发展。导游人员应该正确理解导游服务的概念、类型，意识到导游服务的重要性，并正确掌握导游服务的原则。

任务目标

（1）理解导游服务的概念。

（2）熟悉导游服务的类型。

（3）明确导游服务的特点。

（4）掌握导游服务的原则。

（5）了解导游服务的发展趋势。

任务导入

导游服务是在旅游活动的基础上产生的，它是旅游服务中的一个重要组成部分，贯穿旅游者的整个旅游过程。是否真正理解了导游服务的含义，如何根据导游服务的范围为游客提供相关服务,在带团中如何运用导游服务原则,这些基本又很关键的问题导游人员必须掌握。

相关知识

一、导游服务概述

(一) 导游服务的产生和发展

任何事物我们都要追根溯源,导游服务不是自来就有的,它是旅游服务的一个组成部分,是在旅游活动的发展过程中产生,随着旅游活动的发展而发展。

1. 古代旅游活动

在人类历史上,人类有意识的外出旅行是由于产品或商品交换引起的,即第三次社会大分工使商业从农牧业和手工业中分离出来,出现了专门从事商品交换的商人。正是他们,在原始社会末期开创了人类旅游活动的先河。他们以经商为目的,周游于不同的部落之间。显然,在这个时期,导游服务还没有产生。封建社会中后期,出现了以求学、保健、探险为目的的旅行,在这些旅行活动中有时会有熟悉当地环境的人做向导,但并不以此为生,收受的只不过是旅游者的赏赐(小费)。

总之,古代旅游(旅行)充满艰苦性、冒险性的原因除了交通工具落后外,缺乏专业向导是其重要的原因。事实证明,有组织、有领导的旅游成功性大,反之,则很难达到预期目的。近代旅游成为人们愉快的活动,专职导游随之而产生,在人类社会上掀开了新的一页。

2. 商业性导游服务的产生

世界公认的第一次商业性旅游是 1841 年由英国人托马斯·库克(Thomas Cook)组织的。1841 年 7 月 5 日,库克包租了一列火车,运送 570 人从莱斯特前往拉夫巴勒参加禁酒大会,他向每位游客收费 1 先令,提供带火腿肉的午餐及小吃,还有一个唱赞美歌的乐队跟随,成为公认的近代旅游活动的开端。在这次旅游活动中,库克自始至终随团陪同,这是现代旅行社全陪的最早体现。这次旅行成为公认的近代商业性旅游活动的开端。1845 年,托马斯·库克放弃了木工的工作,开始专门从事旅游代理业务,成为世界上第一位专职的旅行代理商,并建立了世界上第一家旅行社——库克父子旅行社。组织了多次出国旅游,推动了近代旅游业的发展。

后来,欧洲及北美诸国和日本纷纷仿效托马斯·库克组织旅游活动的成功模式,先后组建了旅行社或类似的旅游组织,招募陪同或导游,带团在国内外参观游览。这样,在世界上逐渐形成了导游队伍。第二次世界大战后,大规模的群众性旅游活动崛起并得到发展,使导游队伍迅速扩大。到目前,几乎世界各国都拥有一大批数量不等的专职和兼职导游队伍。

3. 我国导游服务的发展历程

中国第一代导游员出现于 1923 年 8 月,由上海商业储备银行的旅游部组建。我国导游服务至今经历了四个发展阶段。

(1) 起步阶段(1923—1949 年)。

同欧美国家相比,中国近代旅游业起步较晚。20 世纪初期,一些外国旅行社,如美国的通济隆旅游公司（前身即托马斯·库克父子旅游公司）、美国的运通旅游公司开始在上海等地设立旅游代办机构，总揽中国旅游业务，雇用中国人充当导游。1923年8月，上海商业储备银行总经理陈光甫先生在其同人的支持下，在该银行创设了旅游部。1927年6月，旅游部从银行独立出来，成立了中国旅行社，其分支社遍布华东、华北、华南等15个城市。与此同时，中国还出现了其他类似的旅游组织，如铁路游历经理处、公路旅游服务社、浙江名胜导团等。社会团体方面也相继成立了旅游组织。1935年中外人士组成中国汽车旅行社，1936年筹组了国际旅游协会，1937年出现友声旅行团、精武体育会旅行部、萍踪旅行团、现代旅行社等。这些旅行社和旅游组织承担了近代中国人旅游活动的组织工作，同时也出现了第一批中国导游人员。

(2) 开拓阶段（1949—1978年）。

新中国成立后，我国旅游事业有了进一步发展。第一家旅行社"华侨服务社"（中旅的前身）于1949年11月在厦门筹建，12月正式营业。1964年6月，国务院批准成立"中国旅行游览事业管理局"作为国务院直属机构，加强对旅游事业的组织和领导。在此期间，我国的导游队伍逐渐形成，规模有二三百人，能使用十几种语言进行导游服务。这时期导游服务是作为外事接待工作的面貌出现，因此，从事导游服务的工作人员均称为翻译导游人员。在周总理提出的"三过硬"（思想过硬、业务过硬、外语过硬）原则指导下，他们是国际导游队伍的一支后起之秀，为我国旅游事业的发展、创立中国导游风格、总结导游工作经验、扩大我国国际旅游市场中的影响起到了重要作用。

(3) 发展阶段（1978—1989年）。

中国共产党十一届三中全会后，我国实行对外开放政策，吸引了大批海外旅游者涌入我国，国内旅游也蓬勃发展。为适应旅游业的大好形势，1978年，中国旅行游览事业管理局改名为"中国旅行游览事业管理总局"，各省、直辖市、自治区都设立相应的旅游局。1980年6月，中国青年旅行社总社成立，几个中央部委也相继成立了旅行社。1984年后，旅行社外联权下放，全国各行业和地区性旅行社迅速发展。到1988年年底，全国形成了以中国旅行社、中国国际旅行社、中国青年旅行社为主干框架的旅行社体系，全国导游人员迅速扩大到25 000多人，他们为这一时期我国旅游业的发展做出了贡献。但由于增长速度过快，一批水平不高的人也进入了导游队伍，出现了鱼龙混杂的局面，整体导游水平和素质不如前一阶段，个别导游人员甚至做出了有损人格、国格的事情，走上违法犯罪的道路。

(4) 全面建设导游队伍阶段（1989年至今）。

为了整顿导游队伍，使导游服务水平适应我国旅游业大发展的需要，1989年3月，国家旅游局在全国范围内进行了一次规模空前的导游资格考试，自此，每年举行一次全国性的导游资格考试；同年，《中国旅游报》等单位发起了"春花杯导游大奖赛"，以后又举办了多次全国导游大奖赛，对提高我国的导游服务水平、推进导游工作规范化的进程做出了贡献。这也标志着我国开始迈入全面建设导游队伍的阶段。

为进一步规范导游服务、加强导游管理。1994年，国家旅游局决定对全国持有导游证的专职及兼职导游员分等定级，划分为初级、中级、高级、特级四个级别，进一步加强导游队伍建设。同年，国家旅游局联合国家技术监督局发布了《导游员职业等级标准（试行）》。1995年发布中华人民共和国国家标准《导游服务质量》。1999年5月国务院颁发的《导游人员管理条例》标志着我国导游队伍的建设迈上了法律进程。

2002年全面推行导游计分制管理和IC卡管理等举措，促进了导游工作的规范化和导游队伍的建设。2003年起，为了支持我国西部地区旅游事业的发展和导游队伍的建设，还开展了"百名导游援藏"行动。

在旅游人才培养方面，全国已初步建立了一个具有一定层次和门类的旅游学校体系。经过几十年的努力，到2012年年底，中国执业导游人数达71.19万人，达到历史上最大规模。导游员是旅游服务的直接组织者和提供者，是推动中国从世界旅游大国向世界旅游强国迈进的生力军。随着中国成为世界旅游大国，导游队伍规模快速扩大。总体上导游人员文化程度、知识水平、业务素质不断提高，年轻化、社会化、多样化趋势明显，市场意识、竞争意识、维权意识不断增强。中国导游队伍呈现年轻化、平均学历偏低的状况，还不能真正承担起肩负的责任，还必须把培训和考核导游人员的工作，作为发展旅游业的重要任务。

2016年5月，国家旅游局决定在吉林长白山、湖南长沙和张家界、广西桂林、海南三亚、四川成都试点线上线下导游自由执业。

2017年3月，国家旅游局印发《关于换发电子导游证等相关事宜的通知》，通知明确规定，2017年6月30日前，在全国范围内完成电子导游证的换发。电子导游证将替代导游IC卡成为导游执业证件，以电子数据形式保存于导游个人的手机等移动终端设备中。导游在开展导游活动时，使用电子导游证，便于旅游执法检查、导游执业信息收集等工作开展，便于查看导游基本资料、查看游客评价、查看执业记录、奖惩历史信息等。同时，电子导游证也更便于导游执业过程中保存。这是我国旅游行业进一步进入电子信息化发展的重要举措之一。

（二）导游服务的概念

导游服务是指导游人员代表被委派的旅行社，或同游客签订合同，接待或陪同游客旅行、游览，按照组团合同或约定的内容和标准向游客提供的旅游接待服务。

具体包括以下几层含义：

（1）导游人员从执业角度分两部分，一部分是旅行社委派的，可以是专职的，也可以是兼职的，按照旅行社同游客签订的旅游合同和计划的旅游线路向游客提供接待服务；另一部分是自由职业者，他们通过线上或线下渠道，根据同游客签订的合同向游客提供向导和讲解服务。

（2）导游人员的主要业务是从事游客的接待。一般来说，多数导游人员是在陪同游客旅行、游览的过程中向其提供导游服务的，但是也有些导游人员是在旅行社设在不同地点的柜台前接待客人，向客人提供旅游咨询，帮助客人联系和安排各项旅游事宜，他们同样提供的是接待服务。不同的是，前者是在出游中提供接待服务，后者是在出游前提供接待服务。

（3）导游人员向游客提供的接待服务是有标准的。对于团体游客必须按组团合同的规定和《导游服务规范》实施，对于散客必须按事前约定的内容和标准实施。导游人员不得擅自增加或减少甚至取消旅游项目，也不得降低导游服务质量。一方面，导游人员在接待过程中要注意维护所代表的旅行社的形象和信誉；另一方面也要注意维护游客的合法权益。对于参加旅行社组织的旅游活动的游客而言，导游服务工作是其顺利完成游程的主要依托。

因此，导游服务是整个旅游过程中的服务灵魂，导游人员在旅游过程中的服务艺术、服务技能、服务效果和组织能力对游客综合旅游感受会形成最直接的影响。不仅如此，导游服务工作的优劣，还会直接影响到整个旅游行业的信誉，对旅游经济的发展产生直接或间接的影响。

二、导游服务的类型

导游服务的类型是指导游人员向游客介绍所游地区或地点情况的方式。导游服务的范围极广，内容相当复杂，不过，就现代导游服务方式而言，大致可分为两大类：物化导游方式和实地口语导游方式。

（一）物化导游方式

（1）图文导游方式：导游图、交通图、旅游指南、景点介绍册页、旅游产品目录等。

（2）声像导游方式：有关国情介绍、景点介绍的录像带、电影片、幻灯片和VCD光盘等。

（3）多媒体导游方式：利用高科技的方式，如多媒体信息查询系统，旅游网站等。

旅游业发达的国家对图文声像导游极为重视，各大中城市、旅游景点以及机场、火车站、码头等处都设有摆放着各种印制精美的旅游宣传资料的"旅游服务中心"或"旅游问讯处"，人们可以随意翻阅，自由索取；工作人员还热情、耐心地解答有关旅游活动的各种问题并向问询者提供有参考价值的建议。很多旅游公司通过定期向公众放映有关旅游目的国（地）的电影或录像、举办展览会等手段来影响潜在的旅游者。组团旅行社通常在旅游团集合后、出发前，在领队向团员介绍目的地的风俗民情及旅游注意事项的同时，都要为旅游者放映有关旅游目的地的电影、录像或幻灯片，散发旅游指南等材料，帮助旅游者对即将前往游览参观的目的地有一基本了解。此外，许多博物馆、教堂和重要的旅游景点装备有先进的声像设施，方便游客参观游览并帮助他们比较深刻、全面理解重要景观内含的深奥寓意和艺术价值，从而获得更多美的享受。

（二）实地口语导游方式

实地口语导游方式，亦称讲解导游方式，它包括导游人员在游客旅行、游览途中所做的介绍、交谈和问题解答等导游活动，以及在参观游览途中所做的介绍和讲解。

随着时代的发展、科学技术的进步，导游服务方式将越来越多样化、高科技化。图文声像导游方式形象生动、便于携带和保存的优势将会进一步发挥，在导游服务中的作用会进一步加强。然而，同实地口语导游方式相比，仍然处于从属地位，只能起着减轻导游人员负担、辅助实地口语导游方式的作用。实地口语导游不但不会被图文声像导游方式所替代，而且将永远在导游服务中处于主导地位。这是因为：

1. 有利于旅游活动中的人际交往和情感交流

旅游是客源地的人们到旅游目的地的一种社会文化活动，通过对目的地社会文化的了解来接触目的地的人民，实现不同国度、地域、民族之间的人际交往，建立友谊。导游人员是游客首先接触而且接触时间最长的目的地的居民，导游人员的仪容仪表、言谈举止和导游讲解方式都会给游客留下难忘的印象。通过导游人员的介绍和讲解，游客不但可以了解目的地的文化，增长知识，陶冶情操，而且通过接触目的地的居民，特别是与其相处时间较长的导游人员，会自然而然地产生一种情感交流，即不同国度、地域、民族之间的相互了解和友谊。这种游客与导游之间建立起的正常的人与人之间的情感关系是提高导游服务质量的重要保证。这同样是高科技导游方式难以做到的。

2. 有利于提供个性化的导游服务

由于社会背景和旅游动机的不同，不同的游客出游的想法和目的也不尽相同，有的人会直接表达出来，有的人比较含蓄，还有的人可能缄默不语。单纯依靠图文声像一类千篇一律的固定模式介绍旅游景点，是不可能满足不同社会背景和出游目的的游客需求的。导游人员可以通过实地口语导游方式掌握游客对旅游景点的喜好程度，在与游客接触和交谈中，了解不同游客的想法和出游目的，然后根据游客的不同需求，在对参观游览的景物进行必要的介绍的同时，有针对性、有重点地进行讲解。导游讲解贵在灵活，妙在变化，绝不是一部机器，甚至是一个高智能的机器人能应付的。

3. 有利于及时解决各种问题

现场导游情况纷繁复杂，在导游人员对参观游览的景物进行介绍和讲解时，有的游客会专心致志地听，有的则满不在乎，有的还会借题发挥，提出各种稀奇古怪的问题。这些情况都需要导游人员在讲解过程中沉着应付、妥善处理。在不降低导游服务质量的前提下，满足那些确实想了解参观游览地景物知识的游客的需求，想方设法调动那些对参观游览地不感兴趣的游客的游兴，还要对提出古怪问题的游客做必要的解释，以活跃整个旅游气氛。此类复杂情况也并非现代科技导游手段可以做到，只有人，而且是高水平的导游员才能得心应手地应付这种复杂多变的情况。

三、导游服务的特点

导游服务作为一种高智能、高技能的服务工作，以其独有的鲜明特点，成为旅游业中富有挑战性和创造性的工作。

(一) 独立性强

导游服务是独当一面的工作。导游人员带领旅游团队外出旅游，在整个旅游活动过程中，往往只有导游人员与旅游者终日相处，导游服务的完成是在没有他人帮助下独立进行的，因而导游服务是一种流动的、单兵作战的工作方式。导游人员必须具备较强的独立工作能力，才能够圆满地完成旅游团队的导游服务工作。导游服务的独立性表现在以下四个方面。

1. 独立宣传、执行国家政策

在旅游者心目中，导游人员是一个国家或地区形象的代表。旅游者往往希望通过导游人员来更多地了解一个国家或地区的情况。例如海外旅游者来我国旅游，不仅对我国的风景名胜古迹进行游览观赏，还会对我国的社会状况、政治局势、经济发展水平以及风俗民情进行考察和评判，他们会提出各种各样的问题要求导游人员解答，这必然要涉及国家的各项方针政策。因此，导游服务是一项政策性很强的工作。导游人员要想圆满地解答政策性问题，就要有较高的政策水平。

2. 独立组织、协调旅游活动

导游人员作为旅行社委派的代表，在为旅游者提供服务的过程中，需要独立完成许多组织协调工作。在旅行社内部，导游人员需要与外联、计调、财会等部门协调关系、密切合作，充分做好导游服务的准备工作，以保证旅游活动的顺利进行；在对外关系中，导游人员要代表本旅行社与各有关方面联系和交往，协调好各种关系；在旅游团内部，要考虑到旅游者年龄、职业、性格、兴趣各不相同，科学组织安排团队的各项活动。旅行社之间、旅行社与各单项旅游产品供给部门之间都可能产生矛盾和问题,导游人员对此也要进行组织与协调工作,使之紧密合作,各负其责。

3. 独立解决各种矛盾和突发性事件

导游人员在带团旅游过程中,旅游者的食、住、行、游、购、娱等各个方面都需依靠导游人员来安排,不可避免地会遇到各种各样的而且往往是难以预料到的问题和矛盾。因此,导游人员要具备独立处理、安排、解决有关矛盾和问题的能力。尤其是在遇到一些突发性事件时,如食物中毒、交通事故、游客突然发病或死亡等,往往因事发突然,会出现来不及向旅行社请示就必须由导游人员立即独立做出决定并进行初步处理的情况。因此,导游人员应具备并有意识地锻炼自己敢于决断,及时解决各种问题和突发性事件的能力。

4. 导游讲解具有相对的独立性

导游人员在实际讲解过程中,并不是千篇一律的固定模式,而是需要根据游客不同的文化层次、不同的审美情趣以及不同的兴趣爱好,及时调整自己的讲解内容,使导游讲解具有较强的针对性,以满足不同旅游者的需要。这是需要导游人员独立完成的主要工作,别人是无法替代的。

(二)脑、体高度结合

导游服务并不像有些人认为的那样是"游山玩水",轻松愉快,而是一项复杂、烦琐、脑力劳动和体力劳动高度结合的服务性工作。一方面,导游人员在讲解服务过程中必然会涉及许多方面的知识,这就要求导游人员博闻强记,掌握古今中外、天文地理、政治、经济、文化、教育、医疗卫生、法律、宗教、民俗等各方面丰富的知识,对音乐、舞蹈、美术、建筑、心理学、美学等也需涉猎;另一方面,导游服务流动性强、工作量大、体力支出较大。在旅游过程中,导游人员要带领旅游者一起游览并进行讲解和介绍,还要随时随地帮助旅游者解决出现的各种问题。尤其是旅游旺季时,导游人员工作"连轴转",工作难度增强,体力消耗加大,往往无法正常休息。这种智力与体力相结合的服务工作特点在其他行业中是很少见的,导游人员需具有高度的事业心和健康的体质才能胜任工作。

(三)复杂多变

导游服务是按照一定程序进行的,但在实际服务过程中却需要面对许多的不确定性,这使导游服务工作经常处于繁杂多变中。导游服务的复杂多变表现在以下四个方面。

1. 服务对象复杂

导游服务的对象是来自不同国家和地区的旅游者,他们的职业、性别、年龄、宗教信仰和受教育的情况各不相同,其兴趣爱好、性格、习惯也是千差万别。导游人员在提供服务时,面对的是一个复杂的服务对象群体。由于接待的每一批旅游者都互不相同,因此,这又是一个不断变化着的复杂群体。

2. 旅游者的需求多种多样

导游人员不仅要按照接待计划安排和落实旅游者在旅游过程中的食、住、行、游、购、娱等基本活动,还有责任满足或帮助旅游者解决其随时提出的各种个别要求,以及解决或处理旅游过程中随时出现的问题和情况。而且由于对象不同、时间与场合不同、客观条件不同,即使是同样的要求或问题往往也会出现不同的情况,这就需要导游人员根据具体情况准确判断并妥善处理。

3. 需要协调的关系复杂

导游人员为确保旅游活动的顺利进行,需要与许多相关部门和工作人员进行接洽和交往,如交通、饭店、商店、景点、娱乐部门等,需要与他们商讨各项事宜,争取各方的支持和配合。由于这些部门和工作人员都分别代表了不同的权力和利益,如果协调不好,就会产生各种各样的矛盾,给导游服务形成障碍,影响导游服务的质量。导游服务中所需处理的关系相当复杂,因为这些关系都涉及部门和个人的利益。导游人员本身具有双重身份,既代表着旅行社的利益,同时又是旅游者利益的代表者与维护者,与各方面打交道,处在一种工作关系和人际关系都比较复杂的关系网中。要处理好这些复杂繁多的关系,就需要具有较高的综合素质和较强的公关能力。

4. 直接面对多种诱惑

旅游业的发展促进了经济的发展,有利于各国、各民族之间的友好往来和文化交流,但对思想觉悟不高者也会带来一些消极影响,如可能会面对一些不健康的"精神污染",即不良的思想意识、处世方式和生活作风。这些东西的传播和渗透,无形之中会对接待人员产生影响。导游人员在工作中要跟海内外形形色色的人员打交道,直接面对这种"旅游污染"的机会要比常人多得多。因此,导游服务的复杂性还在于导游人员处在一个复杂的工作环境中,直接面对多种诱惑,比如金钱、色情和名利等。导游人员面对不同的意识形态、价值观念和生活方式,经常耳濡目染,如果意志不坚定、自制能力不强,则非常容易受其影响,甚至沦为"精神污染"的俘虏。导游人员应充分认识这一工作特点,提高思想政治觉悟,提高自身修养,始终保持清醒的头脑,增强抵制"精神污染"的能力。

(四)关联度高

旅游产品是以服务形式表现的无形产品。一个完整的旅游产品包括旅游活动的六大要素即食、住、行、游、购、娱等内容,是由许许多多的单项旅游产品组合而成的。这些单项旅游产品又是由各自独立、性质不同、功能各异的旅游供给部门分别提供的。一次成功的旅游活动需要这些环环相扣的各旅游供给部门的共同努力和通力协作,无论哪一个部门出现了问题,都会影响到旅游活动的正常进行,使旅游者感到不满或失望,从而影响到整体旅游产品的质量。导游服务涉及旅游行业的方方面面,具有很强的关联性,这就要求导游人员必须以高度的事业心和责任感,对各个相关部门进行统筹协调。

四、导游服务的原则

导游人员要把接待工作做好,需要处理好旅游者、旅行社、有关接待单位和国家之间的关系,既要维护游客的合法权益,又要维护旅行社和国家的利益。为此,在接待工作中,必须遵循如下基本原则:

(一)"游客至上"原则

"游客至上",是旅游行业的座右铭。这不仅是招徕游客的宣传口号,更是旅游行业的服务宗旨、行动指南,也是旅游服务工作中处理问题的出发点。

"游客至上",意即在游客和旅游行业的关系中,游客总是第一位的,没有游客,旅游服务的价值就无从体现,导游服务也就失去了存在的必要。

"游客至上",就是要求导游人员尊重游客,真心实意地为游客服务。要求导游人员在与游客相处时要处处以游客利益为重,而不能过多地强调自己的困难,不能以个人的情绪随心所欲地对待或左右游客，而应尽可能地满足游客的正当需求。

"游客至上"，要求导游人员在为游客服务时必须符合国家和旅游行业的有关规定，服务质量必须达到国家和行业制定的标准，并努力将规范化服务与个性化服务、细微化服务有机地结合起来，从而向旅游者提供高质量的导游服务。

（二）维护游客合法权益的原则

根据《中华人民共和国消费者权益保护法》（2013年修正），消费者购买物品和服务的合法权益应受到保护。旅游者作为旅游产品和服务的购买者和消费者，其权益也应受到该法的保护。

2013年10月1日实施的《中华人民共和国旅游法》规定，旅游经营者不得以不合理低价组织旅游活动，不得指定具体购物场所，不得安排另行付费项目。导游、领队不得擅自变更旅游行程或者中止服务活动，不得向旅游者索取小费，不得诱导、欺骗、强迫旅游者购物或者参加另行付费项目。

（三）"履行合同"原则

国家旅游局发布的《旅行社管理条例实施细则》中明确规定，旅行社组织旅游者旅游，应当与旅游者签订合同。

作为旅行社的代表，导游人员处在旅游接待的第一线，要不折不扣地按照旅游合同规定的内容和标准向旅游者提供导游服务，将维护旅游者的合法权益作为自己的服务准则，并据此对其他旅游服务的供给进行监督，同时处理旅游过程中发生的问题。

（四）平等待客的原则

要求导游人员平等待客、礼貌待客，热情地为每一位游客服务，对每一位游客都一视同仁，提供同等的优质服务。某些导游员嫌贫爱富，只关心巴结领导，关心部分有钱的游客，而不理睬或冷落了普通或购物少的游客，势必会使一些游客心理失去平衡，影响他们旅游的心情，对导游员产生成见，也不利于导游员工作的展开。导游员对游客不要分三六九等，对每个游客都热情友好礼貌，提供同样的服务。在处理问题时，公平、公正就可以赢得大家的尊重和信赖，避免不必要的麻烦。

（五）"合理而可能"原则

满足旅游者的正当要求，使他们愉快地度过旅游生活是导游人员的主要任务。旅游者提出合理要求，又是能够办到的，即使很困难，会给导游人员增添不少麻烦，导游人员也要尽力予以满足。如果旅游者提出的要求是合理的，但实在无法满足，导游人员也要实事求是地说明原委，必要时还需赔礼道歉。游客提出不合理要求，导游人员要婉拒，但要讲清道理。"合理而可能"原则既是导游服务原则，也是导游人员处理问题、满足游客要求的依据和准则。

上述五项原则不是孤立的，而是相互关联、互为补充的，它们既是导游人员的优质服务原则，也是衡量导游人员服务态度、服务质量及其工作能力的重要标准。导游人员须牢记这些原则并将其融会贯通、灵活运用，努力为游客提供高质量的导游服务。

五、导游服务的发展趋势

（一）导游知识现代化

导游服务是一种知识密集型的服务，即通过导游人员的讲解来传播文化、传递知识，促进世界各地区间的文化交流。在未来社会，人们的文化修养更高，对知识的更新更加重视，文化旅游、专业旅游、科研考察的发展，对导游服务将会提出更高的知识要求。

根据这一趋向，导游人员必须提高自身的文化修养，不断吸收新知识和新信息，掌握的知识不仅要有广度，还要有深度，使导游讲解的内容进一步深化，更具有科学性。这样，导游人员的讲解将更有说服力，不仅能同游客讨论一般问题，还能较深入地谈论某些专业问题。总之，在知识方面，导游人员不仅要成为"杂家"，还要成为某些方面的专家。

（二）导游服务内容扩大化

由最初的引路—讲解，到如今的照顾—处理各种需求，将向导、讲解、旅途照顾和交通服务集于一身，以后还将继续扩大，如寻亲访友、翻译、陪同、组织会议等。

（三）导游方法的多样化

旅游活动多样化的趋势，尤其是参与性旅游活动的兴起和发展，要求导游人员随之变化其导游方法。参与性旅游活动的发展，意味着人们追求自我价值实现的意识在不断增强。追求自我价值不仅体现在工作中，人们还将其转移到了娱乐活动之中。人们参加各种节庆活动，与当地居民一起活动、生活，还在旅游目的地学习语言、各种手艺和技能，甚至参加冒险活动，等等。这要求导游人员不仅会说（导游讲解），还要能动，与游客一起参加各种活动。

旅游活动的这一发展趋向对导游人员提出更高的要求。未来的导游人员不仅是位能说会道、能唱会跳、多才多艺的人，还要能动手，有强壮的体魄、勇敢的精神，与游客一起回归大自然，参与绿色旅游活动，一起参加各种竞赛，甚至去探险。

（四）导游服务的个性化

今天的社会是个性张扬的社会，个性化发展成为时代的主题，人们对旅游的需求个性化，旅游产品的消费也呈现个性化的趋势。导游服务的个性化要求我们导游人员要根据游客的个性差异和不同的旅游需求提供针对性的服务，使不同的游客获得更大的心理满足；另外，导游服务的个性化有利于导游人员根据自己的优势或特长、爱好，形成自己的个性风格，朝品牌化导游发展，给游客留下特色鲜明的印象。

（五）导游职业自由化

导游职业的自由化不但在西方国家早已盛行，而且也成为我国导游人员职业生涯的发展趋势。目前，国家旅游主管部门已在一些地方启动导游职业自由化的试点工作，一些导游人员已经加入试点中，随着时间的推移，将会有越来越多的导游员成为自由职业者。

为了推进导游服务自由职业化，国家旅游局在2016年8月启动了全国导游公共服务监管平台。根据该平台，今后导游人员的执业选择不再受地域限制而可以在全国范围自由择业，有序流动。对游客来说，则可通过该平台或对接该平台的商业网站提供的导游二维码进行扫描，识别导游身份，查看导游信息，自主选择导游和对导游服务进行评价、点赞和投诉。

为配合平台运用，2017年3月，国家旅游局印发《关于换发电子导游证等相关事宜的通知》，通知明确规定，在2017年6月30日前，在全国范围内完成电子导游证的换发。电子导游证将替代导游IC卡成为导游执业证件，以电子数据形式保存于导游个人的手机等移动终端设备中。按统一规格制作的"导游身份标识"是电子导游证的外在表现形式。2017

年7月1日后,导游人员在开展导游活动时,需使用电子导游证。而旅游执法检查、导游执业信息收集等将依托电子导游证展开。

任务实施

【实训项目】导游服务认知。

【任务目的】通过任务,使学生从感性上对导游工作有一个大体的印象,培养服务意识,增加对导游工作的兴趣。

【实训内容】

(1)以小组为单位,进行实训。

(2)通过网络、图书等途径搜集有关导游服务特点、原则的案例,并进行分析总结。

(3)通过案例分析及所学知识,全面认知导游服务。

(4)上交小组成果。

【实训考核】小组间进行成果分享,教师进行点评,打分。

任务三 散客旅游与团队旅游

任务介绍

团队旅游是传统的旅游形式,在出游前一次性缴费,由旅行社安排行程。近年来,随着人们旅游经验的增加,旅游景区散客接待条件日益改善,散客旅游已经成为当今旅游活动的主要形式,导游人员一定要了解散客旅游特点,掌握散客导游服务程序及服务质量要求。

任务目标

(1)了解散客旅游的特点。

(2)理解散客旅游与团队旅游的区别。

(3)掌握散客导游服务程序及服务质量要求。

任务导入

近几年来,从国际旅游统计的各种数据来看,散客旅游发展迅速,已成为当今旅游的主要方式。从国内市场来看,人们旅游的类型已经从简单的观光旅游,逐步向参与型旅游发展,国内散客市场也日益扩大。

相关知识

一、散客旅游

(一)散客旅游的概念

散客旅游又称自助或半自助旅游。它是由旅游者自行安排旅游行程,零星现付各项旅游费用的旅游形式。

散客旅游并不意味着全部旅游事务都由游客自己办理而完全不依靠旅行社。实际上，不少散客的旅游活动均借助了旅行社的帮助，如出游前的旅游咨询；交通票据和饭店客房的代订；委托旅行社派遣人员的途中接送；参加旅行社组织的菜单式旅游等。

（二）散客旅游迅速发展的原因

近几年来，从国际旅游统计的各种数据来看，散客旅游发展迅速，已成为当今旅游的主要方式。从国内市场来看，人们旅游的类型已经从简单的观光旅游，逐步向参与型旅游发展，国内散客市场也日益扩大。导致散客旅游迅猛发展的原因有：

1. 游客自主意识和旅游经验的增强

随着我国国内旅游的发展，游客的旅游经验得到积累，他们的自主意识、消费者权益保护意识不断增强，更愿意根据个人喜好自主出游或结伴出游。

2. 游客结构的改变

随着我国经济的发展，社会阶层产生了变化，一部分人先富裕起来，中产阶层逐渐形成，改变了游客的经济结构；大量青年游客增多，他们往往性格大胆，富有冒险精神，旅游过程中带有明显的个人爱好，不愿受团队旅游的束缚和限制。

3. 交通和通信的改变

现代交通和通信工具的迅速发展，为散客旅游提供了便利的技术条件。随着我国汽车进入家庭步伐的加快，人们驾驶自己的汽车或租车出游十分盛行。现代通信、网络技术的发展，也使游客无须通过旅行社来安排自己的旅行，他们越来越多地借助于网上预订和电话预订。

4. 散客接待条件的改善

世界各国和我国各地区，为发展散客旅游都在努力调整接待机制，增加或改善散客接待设施。他们通过旅游咨询电话、电脑导游显示屏等为散客提供服务。我国不少旅行社已经着手建立完善的散客服务网络，并运用网络等现代化促销手段，为散客旅游提供详尽、迅捷的信息服务，还有的旅行社设立专门的接待散客部门，以适应这种发展的趋势。

5. 《中华人民共和国旅游法》实施的影响

《中华人民共和国旅游法》要求旅行社团队出游不得安排购物店和自费项目，使得团队旅游费用直观价格升高，让一些想与团队出游的人望而却步，于是选择让旅行社代购部分旅游产品，自己安排行程。

（三）散客旅游的特点

1. 规模小

由于散客旅游多为游客本人单独出行或与朋友、家人结伴而行，因此同团体旅游相比，人数规模小。对旅行社而言，接待散客旅游的批量比接待团体旅游的批量要小得多。

2. 批次多

虽然散客旅游的规模小、批量小，但由于散客旅游发展迅速，采用散客旅游形式的游客人数大大超过团体游客人数，各国、各地都在积极发展散客旅游业务，为其发展提供了各种便利条件，散客旅游得到长足的发展。旅行社在向散客提供旅游服务时，由于其批量小、总人数多的特征，从而形成了批次多的特点。

3. 要求多

散客旅游中，大量的公务和商务游客的旅行费用多由其所在的单位或公司全部或部分承担，所以他们在旅游过程中的许多交际应酬及其他活动，一般都要求旅行社为他们安排，这种活动不仅消费水平较高，而且对服务的要求也较多。

4. 变化大

由于散客的旅游经验还有待完善，在出游前对旅游计划的安排缺乏周密细致的考虑，因而在旅游过程中常常须随时变更其旅游计划，导致更改或全部取消出发前向旅行社预订的服务项目，而要求旅行社为其预订新的服务项目。

5. 预定期短

同团体旅游相比，散客旅游的预定期比较短。因为散客旅游要求旅行社提供的不是全套旅游服务，而是一项或几项服务，有时是在出发前临时提出的，有时是在旅行过程中遇到的，他们往往要求旅行社能够在较短时间内安排或办妥有关的旅行手续，从而对旅行社的工作效率提出了更高的要求。

（四）散客服务的类型

1. 旅游咨询服务

（1）电话咨询。

（2）人员咨询。

（3）网络咨询。

2. 单项委托服务

单项委托服务是指旅行社为散客提供的各种按单项计价的可供游客选择的服务。主要服务内容有：抵达或离开的接送、行李提取与托运、代订饭店、代订汽车、代订代购交通票据、代办出入境等各种相关手续、提供导游服务等。

3. 选择性旅游服务

选择性旅游服务是将同一旅行线路或地区或相同旅游景点的不同地方的游客组织起来，分别按单项价格计算的旅游形式。其主要有小包价旅游中的可选择部分：导游服务、风味餐、娱乐节目、参观游览等。

（五）散客服务程序

散客旅游与团队旅游，在接待工作和接待程序上有许多相似的地方，但也有不同之处。地陪不能全盘照搬团队旅游的导游服务程序，而应掌握散客服务的特点。

散客部导游人员随时都在办理接待散客的业务，按散客的具体要求提供办理单项委托服务的事宜。在一般情况下，柜台工作人员先用电话通知散客部计调人员，请其按要求配备地陪和车辆，并填写旅游委托书。地陪按委托书（接待计划）的内容进行准备。

1. 服务准备

导游人员接受迎接散客旅游者的任务后，应认真做好迎接散客的准备工作，它是接待好散客的前提。

（1）认真阅读接待计划。

导游人员应明确迎接的日期，航班（车、船）的抵达时间；散客的姓名及人数和下榻的饭店；有无航班（车、船）及人数的变更；提供哪些服务项目；是否与其他散客合乘一辆车至下榻的饭店等。

（2）做好出发前的准备。

导游人员要准备好迎接散客旅游者的姓名或小包价旅游团的欢迎标志、地图，随身携带的导游证、胸卡、导游旗或接站牌；检查所需票证，如离港机（车、船）票、餐单、游览券等。

（3）联系交通工具。

导游人员要与计调部或散客部确认司机姓名并与司机联系，约定出发的时间、地点，了解车型、车号。

2. 接站服务

接站时要使散客旅游者或小包价旅游团受到热情友好的接待，有宾至如归之感。

（1）提前到港等候。

导游人员要提前抵达接站地点。若接的是乘飞机来的散客，导游人员应提前30分钟到达机场，在国际或国内进港隔离区门外等候；若散客乘火车或轮船抵达，导游人员也应提前30分钟到达接站地点。

（2）迎接旅游者。

接散客比接团队旅游者要困难，因为人数少，稍有疏忽，就会出现漏接。

比如：旅游者自行到饭店或被别人接走。因此，在航班（火车、轮船）抵达时，导游人员和司机应站在不同的出口迎接旅游者。

如果没有接到应接的旅游者，那么导游人员应该询问机场或车站工作人员，确认本次航班（火车、轮船）的乘客确已全部下车或在隔离区内确已没有出港旅客；导游人员（如有可能与司机一起）在尽可能大的范围内寻找（20~30分钟）；与散客下榻饭店联系，查询是否已自行到达饭店；若确实找不到应接的散客，导游员应电话与计调人员联系并告知情况，进一步核实其抵达的日期和航班（火车、轮船）及是否有变更的情况；当确定迎接无望时，须经计调部或散客部同意方可离开机场（车站、码头）。对于未在机场（车站、码头）接到旅游者的导游人员来说，回到市区后，应前往旅游者下榻的饭店前台，确认旅游者是否已入住饭店。如果旅游者已入住饭店，必须主动与其联系，并表示歉意。

3. 沿途导游服务

在从机场（车站、码头）至下榻的饭店途中，导游人员对散客应像对团队一样进行沿途导游，介绍所在城市的概况，下榻饭店的地理位置和设施，以及沿途景物和有关注意事项等。对个体散客，沿途导游服务可采取对话的形式进行。

4. 入住饭店服务

入住饭店服务应使旅游者进入饭店后尽快完成住宿登记手续，导游人员应热情介绍饭店的服务项目及入住的有关注意事项，与旅游者确认日程安排与离店的有关事宜。

（1）帮助办理入住手续。

散客抵达饭店后，导游人员应帮助散客办理饭店入住手续。按接待计划向散客明确说明饭店将为其提供的服务项目，并告知散客离店时要现付的费用和项目。记下散客的房间号码。散客行李抵达饭店后，导游人员负责核对行李，并督促行李员将行李运送到散客的房间。

（2）确认日程安排。

导游人员在帮助散客办理入住手续后，要与散客确认日程安排。在散客确认后，将填好的安排表、游览券及赴下站的飞机（火车、轮船）票交与散客，并让其签字确认。如散客参加大轿车游览，应将游览券、游览徽章交给散客，并详细说明各种票据的使用方法，集合时间、地点，以及大车的导游人员召集散客的方式，在何处等车、上车等相关事宜；对于有送机（车、船）服务项目的散客要与其商定好离站时间和送站安排。

（3）确认机票。

若散客将乘飞机去下一站，而散客又不需要旅行社为其提供机票，导游人员应叮嘱散客要提前预订和确认机座；如散客需要协助确认机座，导游人员可告知其确认机票的电话号码；如散客愿意将机票交与导游人员帮助确认，而接待计划上又未注明需协助确认机票，导游人员可向散客收取确认费，并开具证明。

导游人员帮助散客确认机票后，应向散客部或计调部报告确认后的航班号和离港时间，以便及时派人、派车，提供送机服务，并将收取的确认机票服务费交给旅行社。

（4）推销旅游服务项目。

导游人员在迎接散客的过程中，应相机询问散客在本地停留期间还需要旅行社为其代办何种事项，并表示愿竭诚为其提供服务。

（5）后续工作。

迎接散客完毕后，导游人员应及时将同接待计划有出入的信息及散客的特殊要求反馈给散客部或计调部。

5. 现场导游讲解

抵达游览景点后，导游人员应对景点的历史背景、特色等进行讲解，语言要生动、有声有色，引导旅游者参观。

如果是单个旅游者，导游人员则可采用对话或问答形式进行讲解，更显亲切自然。有些零星散客，有考察社会的兴趣，善于提出问题、讨论问题，导游人员要有所准备，多向旅游者介绍我国各方面的情况，从中了解旅游者的观点和意见。

如果是散客小包价旅游团，导游人员则应陪同旅游团，边游览边讲解，随时回答旅游者的提问，并注意观察旅游者的动向和周围的情况，以防旅游者走失或发生意外事故。

游览结束后，导游人员负责将旅游者分别送回各自下榻的饭店。

6. 其他服务

由于散客旅游者自由活动时间较多，导游人员应当好他们的参谋和顾问；可介绍或协助安排晚间娱乐活动，把可观赏的文艺演出、体育比赛、宾馆饭店的活动告诉旅游者，请其自由选择，但应引导他们去健康的娱乐场所。

7. 送站服务

游客在结束本地参观游览活动后，导游应使散客顺利、安全地离站。

（1）详细阅读送站计划。

导游人员接受送站计划后，应详细阅读送站计划，明确所送散客的姓名或散客小包价旅游团人数、离开本地的日期、所乘航班（火车、轮船）以及下榻的饭店；有无航班（火车、轮船）与人数的变更；是否与其他散客或散客小包价旅游团合乘一辆车去机场（车站、码头）。

（2）做好送站准备。

导游人员必须在送站前 24 小时与散客或散客小包价旅游团确认送站时间和地点。若散客不在房间，则应留言并告知再次联络的时间，然后再联系、确认。要备好散客的机（车、船）票。同散客部或计调部确认与司机会合的时间、地点及车型、车号。

如散客乘国内航班离站，导游人员则应掌握好时间，使散客提前 90 分钟到达机场；如散客乘国际航班离站，则必须使散客提前 2 小时到达机场；如散客乘火车离站，则应使散客提前 40 分钟到达车站。

（3）饭店接送散客。

按照与散客约定的时间，导游人员必须提前 20 分钟到达散客下榻的饭店，协助散客办理离店手续，交还房间钥匙，付清账款，清点行李，提醒散客带齐随身物品，然后照顾客人上车离店。

若导游人员到达散客下榻的饭店，未找到要送站的旅游者，导游人员则应到饭店前台了解旅游者是否已离店，并与司机共同寻找，若超过约定的时间 20 分钟仍未找到，则应向散客部或计调部报告，请计调人员协助查询，并随时保持联系，当确认实在无法找到旅游者时，在计调人员或有关负责人同意后，方可停止寻找，离开饭店。

若导游人员要送站的旅游者与住在其他饭店的旅游者合乘一辆车去机场（车站、码头），则要严格按照约定的时间顺序抵达各饭店。

若合车运送旅游者途中遇到严重交通堵塞或其他极特殊情况，需调整原约定的时间顺序和行车路线，导游人员则应及时打电话向散客部或计调部报告，请计调人员将时间上的变化通知下面饭店的旅游者，或请其采取其他措施。

（4）送站工作。

在送散客到机场（车站、码头）途中，导游人员应向旅游者征询在本地停留期间或游览过程中的感受、意见和建议，并代表旅行社向旅游者表示感谢。

散客到达机场（车站、码头）后，导游人员应提醒和帮助旅游者带好行李和物品，协助旅游者办理机场税。在一般情况下，机场税由散客自付；但送站计划上注明代为散客缴纳机场税时，导游人员应照计划办理，回去后再凭票报销。

导游人员在同旅游者告别前，应向机场人员确认航班是否准时起飞。若航班推迟起飞，则应主动为旅游者提供力所能及的服务和帮助。

若确认航班准时起飞，导游人员则应将旅游者送至隔离区入口处，同其告别，热情欢迎他们下次再来。若有旅游者再次返回本地，则要同旅游者约好返回等候地点。旅游者若乘国内航班离站，导游人员则要在飞机起飞后方可离开机场。

若送旅游者去火车站，导游人员要安排好旅游者从规定的候车室上车入座，协助旅游者安顿好行李后，将车票交给旅游者，然后同其道别，欢迎再来。

（5）结束工作。

由于散客经常有临时增加旅游项目或其他变化的情况而需要导游人员向旅游者收取各项费用，因此，在完成接待任务后，应及时结清所有账款，并及时将有关情况反馈给散客部或计调部。

案例分析

地陪王小姐在陪同一对老年夫妇游览故宫时工作认真负责，在两个半小时内向游客详细讲解了午门、三大殿、乾清宫和珍宝馆。老人提出了一些有关故宫的问题，王小姐说："时间很紧，现在先游览，回饭店后我一定详细回答您的问题。"游客建议她休息，她都谢绝了。虽然很累，但她很高兴，认为自己出色地完成了导游讲解任务。然而，出乎她意料的是，那对老年夫妇不仅不表扬她，反而写信给旅行社领导批评了她。她很委屈，但领导了解情况后说老年游客批评得对。

（1）为什么说老年游客批评得很对？
（2）应该怎样接待老年散客？

评析：

（1）地陪王小姐在带领一对老年夫妇时，未能按其年龄特点注意劳逸结合，行程安排未能有张有弛。

（2）此对老年夫妇为散客，地陪王小姐在讲解服务中未采用对话形式，有问有答，而是自己讲解后，客人提出问题不予以即刻回答。

（3）地陪王小姐未能按其职业、知识水平等特点进行讲解。这对老年夫妇是教授，知识渊博，针对他们提出的一些问题，地陪王小姐本应在回答问题时，以讨论形式，探讨景点的文化内涵，但是她以还有三个景点未游览、时间紧为借口，未能及时解答。

（4）从地陪王小姐的整个导游过程中可以看出，她缺乏"宾客至上，主随客便"的服务意识。

二、团队旅游

（一）团队旅游的概念

团队旅游是以旅行社为主体的集体旅游方式，由旅行社或中介机构对旅行进行行程安排和计划，团队成员遵从旅行社安排统一进行旅行，采用包价一次性提前支付旅费并在某些项目上可享受团队折扣优惠的新型旅游方式。团队旅游通常是指10人以上的团体共同出游。

旅行社提供线路，游客选择购买，然后游客在规定的时间、地点、景区，在导游的陪同下，乘坐交通工具，入住预订的宾馆，按照规定的线路完成食、住、行、游、购、娱等旅游过程。

（二）团队旅游与散客旅游的区别

1. 旅游活动安排方式

散客旅游其外出旅游的计划和旅游行程都是由自己来安排。当然，不排除他们与旅行社产生各种各样的联系。

旅游团队的食、住、行、游、购、娱一般都是由旅行社或旅游服务中介机构提前安排。

2. 人数多少

散客旅游以人数少为特点，一般由一个人或几个人组成。散客旅游可以是单个的旅游者也可以是一个家庭，还可以是几个好友。

旅游团队一般由10人以上的旅游者组成。

3. 服务内容

旅游团队是由组织按预定的行程、计划进行旅游的。而散客旅游的随意性很强，变化多，服务项目不固定，而且自由度大。

4. 付款方式和价格

散客旅游的付款方式有时是零星现付,即购买什么,购买多少,按零售价格当场现付。旅游团队是通过旅行社或旅游服务中介机构,采取支付综合包价的形式,即全部或部分旅游服务费用由旅游者在出游前一次性支付。由于团体旅游的人数多,购买量大,在价格上有一定的优惠。

散客旅游则是零星购买,相对而言,数量较少。所以,散客旅游的服务项目的价格比团队旅游的服务项目的价格相对贵一些。另外,每个服务项目散客都按零售价格支付,而团队旅游在某些服务项目(如机票、住房)上可以享受折扣或优惠,因而,相对较为便宜。

5. 服务难度

散客旅游没有领队和全陪,服务难度更大。

(三)团队旅游导游服务人员的组成

团队旅游导游服务集体一般由全陪、地陪和领队组成。他们组成旅游团队导游服务集体,按照旅游协议,共同承担并实施旅游接待计划,沟通旅游服务各方面关系,为旅游团队的游客提供或落实食、住、行、游、购、娱等方面的服务;使游客在优质的服务中获得一个美好的经历,从而保证整个旅游活动顺利有序地进行。旅游团队的导游服务人员作为各自旅行社的代表,既有分工,行使各自的职责,又有合作,共同保证旅游团多项计划的落实与进展,为旅游团提供满意的服务。

(四)团队旅游服务程序

1. 地陪导游服务程序

地陪规范服务流程是指地陪自接受了旅行社下达的旅游团接待任务起至送走旅游团整个过程的工作流程。

地陪服务是确保旅游团(者)在当地参观游览活动的顺利,并充分了解和感受参观游览对象的重要因素之一。地陪应按时做好旅游团(者)的迎送工作;严格按照接待计划,做好旅游团(者)参观游览活动中的导游讲解工作和计划内的食宿、购物、文娱等活动的安排;妥善处理各方面的关系和出现的问题。

地陪导游服务的工作程序主要包括八个步骤,即准备工作—接站服务—入店服务—核定日程—参观游览—餐饮、娱乐、购物服务—送站服务—后续工作。

2. 全陪导游服务程序

从1841年托马斯·库克作为世界上第一位全陪登上历史舞台至今,全陪的地位、作用越来越重要。全陪服务是保证旅游团(者)的各项活动按计划实施,旅行顺畅、安全的重要因素之一。全陪作为组团社的代表,应自始至终参与旅游团(者)活动中各环节的衔接,监督接待计划的实施,协调领队、地陪、司机等旅游接待人员的协作关系。全陪应严格按照服务规范提供各项服务。

全陪规范服务流程和地陪规范服务流程的概念相似,它是指全陪自接受了旅行社下达的旅游团(者)接待任务起至送走旅游团(者)整个过程的工作程序。

全陪导游服务的工作程序主要包括八个步骤,即准备工作—首站接团—入住饭店—核定日程—转站服务—各站服务—末站送团—后续工作。

3. 出境领队服务程序

随着人民生活水平的提高,有越来越多的人自费出国旅游,出国旅游已经成为一种时尚。

出境领队是经国家旅游行政管理部门批准的,经营出境业务的旅行社委派的出国旅游团队的专职服务人员,代表该旅行社全权负责旅游团在境外的旅游活动。

出境领队的工作程序主要包括三个步骤,即准备工作—全程陪同服务—后续工作。

任务实施

【实训项目】散客迎接服务。

【任务目的】通过实训的训练,使学生掌握散客接团的程序和方法。

【实训内容】

(1) 认真阅读接待计划,掌握接站地点和时间。

(2) 熟悉散客人数、特点、联系方式等。

(3) 做好接团前的各种准备工作。

(4) 站在正确地点接团并及时找到游客。

【任务要求】做好接团前各种准备工作。

【实训考核】根据双方表现进行打分。

项目二

导游人员的带团技能

项目分析

导游人员的带团技能，是指导游人员根据旅游团队的整体需要和不同游客的个别需要，运用专业知识和协调、沟通、应变、控制等技术来提高旅游者游历质量的综合技能。它贯穿于旅游活动的全过程之中，是在工作中勤学苦练、反复实践、不断积累和改进的基础上丰富与发展起来的。本项目主要介绍了导游人员与游客交往的技能、对游客个别要求处理的技能、特殊游客的接待服务技能。导游服务技能是指导游人员运用所掌握的知识和经验为游客服务的方式和技能。由于导游服务的范围很广，导游服务的技能亦包括多个方面，如人际交往技能、组织协调技能、带团技能、宣传技能、运用语言技能、导游讲解技能、保卫游客安全技能、运用导游器材技能、速算技能，等等。譬如，导游人员带团到商店购物，一位外国游客看中一种丝绸，告诉导游员他想买8英尺[①]的，导游员迅速算出是2.44米并告诉售货员，这就是其速算技能。这些导游服务技能导游人员均应学习和掌握，但因篇幅所限，本书不可能对它们一一进行阐述。要说明的是，导游服务技能主要不是依靠书本知识获得的，而是通过反复的导游实践，在实践中不断摸索、不断总结而逐步形成和丰富起来的。

学习目标

※知识目标

（1）掌握导游人员与旅游者交往的技能。
（2）掌握塑造导游人员良好职业形象的方法。
（3）掌握特殊旅游团队的接待服务技能。
（4）掌握导游人员带团常用技巧。

※能力目标

（1）能够树立导游人员良好的职业形象。

---

① 1英尺=0.304 8米。

（2）能够熟练运用与旅游者交往的技能。
（3）能够妥善处理游客的个别要求。
（4）能够做好特殊游客的接待服务。

任务一　与游客交往技能

任务介绍

在整个旅游活动过程中，导游人员与旅游者在一起的时间最长、接触机会最多。对于导游人员来说，最大的责任就是为旅游者提供细致、周到、全方位的服务。为此，导游人员要探索导游服务的规律，分析旅游者的心理，掌握与旅游者交往的技能，让旅游者在旅游过程中获得更多的愉悦感受。导游与旅游者交往的技能，是导游人员与旅游者建立友情关系的重要途径，是完成带团任务的有效保证。

任务目标

（1）了解树立导游良好形象的方法。
（2）掌握导游在旅游团队中确立主导地位的方法。
（3）熟练掌握与旅游者营造和谐关系的方法。

任务导入

导游人员在带团过程中会遇到各种性格类型的旅游者，也会遭遇旅游者情绪不好、游兴不高等情况。要想顺利地完成带团工作，导游人员必须积极主动与旅游者进行沟通，调整游览状态。这就需要导游人员在日常工作中不断培养与旅游者进行交往的技能。

相关知识

一、树立良好的导游人员职业形象

职业形象是导游人员服务规范与否的一种标志，导游人员靠自己的主观努力和实际行动，在旅游者中为自己塑造一个良好的职业形象，给游客留下训练有素的印象。树立良好的导游人员职业形象有助于增强旅游者对导游人员的信任感，有助于缩短导游人员与旅游者间的心理距离。

导游员道德风范的核心是爱岗敬业、尽职尽责，导游员要把导游工作作为自己一生热爱的职业，把为游客提供尽善尽美的服务，作为终生追求的目标。只有这样才能长期坚持导游工作，否则将被严酷的竞争所淘汰。只有全体导游员都懂得道德风范的建设，才能树立导游队伍的良好形象，获得社会大众的认同，使得全社会对导游员有一个积极的评价。

（一）塑造良好的仪容仪表

导游员要有良好的仪容仪表，接团当天要着正装，整齐合体，以表示对旅游者的尊重与欢迎。随后的游览活动中，导游员仍然要身着得体、适合工作的、与周围环境景物相协调的服

装。送行时，导游员最好着正装，表示导游员对工作的敬业。同时，导游员要注意每天更换衣服，以保持良好的形象。导游员的发型要适合自身特点，服装要注意搭配，这包括发型、着装、穿鞋、身上饰物、背包，做到全身上下和谐统一，突出个性的同时一定要注意方便工作。导游员一定要养成良好的个人卫生习惯，经常沐浴，注意身上的气味，青年男女导游员可以适当喷洒香水，但不可过度。导游员身上的饰品，要简洁明快，不可过多，以免影响工作。仪容仪表是导游员自身情趣、爱好、综合素质的体现，要在工作中不断地摸索，以求达到最佳。

所谓导游人员的仪表仪容，是指导游人员的容貌、着装、服饰及所表现出的神态。

导游人员应着重注意以下四个方面。

1. 导游人员的着装

要符合导游人员身份，并追求风格的和谐统一。切忌穿着奇装异服，或一味追求高档名牌服装，哗众取宠。必须将导游胸卡和工作牌佩在胸前，以表明自己导游人员的身份。

2. 导游人员的个人卫生

站在游客心理的角度去换位思考：第一，导游员太注重修饰自己，游客可能会想"光顾修饰自己的人怎么会想着别人、照顾别人"。第二，导游员衣冠不整、不修边幅，游客又会想"连自己都照料不好的人又怎么能照顾好别人"。所以导游员的修饰应掌握好一个度。

3. 导游人员的仪态

所谓导游人员的仪态，是指导游人员所表现出的行为举止，即导游人员的姿态和表情等诸方面。具体地讲，导游人员应注重以下几方面：

（1）表情风度：精神饱满，乐观自信；自尊而不狂傲；热情而不谄媚；活泼而不轻佻。

（2）举止姿态：站、行、走有度，但不矫揉造作。

4. 导游人员的谈吐

俗话说："说得好让人笑，说得坏让人跳。"导游人员为了博得旅游者的好感，在初次见面的时候谈吐方面尤其要注重以下几方面：

（1）语言要文明礼貌，表达对旅游者的关心和尊重。

（2）内容有趣，词汇生动，不失高雅。

（3）语速快慢相宜，亲切自然。音量适中、悦耳。

（二）重视"第一印象"

在人际知觉中，给人留下的第一个印象是至关重要的。如果一个人在初次见面时给人留下了良好的印象，就会影响人们对他以后一系列行为的评判和解释，反之也是一样。

迎接旅游团是导游员与游客接触的开始，导游人员在接团时留给游客的首次印象，对游客心理有重大影响，它往往会左右游客在以后的旅游活动中的判断和认识。游客每到一地，总是怀着一种新奇的忐忑不安的心情，用审视甚至近于挑剔的目光打量前来接团的导游员。因此，导游人员从第一次接触游客起就必须注意树立良好的形象。既要注意外表的形象，又要注意态度对游客心理的影响，而且还要通过周密的工作安排、良好的工作效率给游客留下良好的第一印象。从接站地点到下榻饭店的交通工具、行李运送和沿途导游讲解都要做好妥善的安排，迅速满足游客的要求。导游人员在接团前如能记住游客的姓名和特征，迎客时能叫出他们的名字，游客会迅速消除初到异地的孤独感和茫然感，增强安全感和信任感。这是导游服务成功的良好开端，也为以后导游人员与游客和睦相处奠定了一定的感情基础。

导游人员真正的第一次"亮相"是在致欢迎辞的时候，只有在这时，游客才会静下心来，"掂一掂导游员的分量"。他们会用审视的目光观察导游员的衣着装束和举止风度；用耳倾听导游员的讲话声音、语调、用词是否得体，态度是否真诚……然后通过分析思考对导游员做出初步的结论。导游人员应特别注意致欢迎辞这一环节的言行举止，力求在游客心目中留下良好的第一印象。

（三）注重礼节礼貌

与游客接触的时间稍长一些，有些导游人员就放松了对自己的要求，如不修边幅、不拘小节、不兑现承诺、经常迟到等，威信逐渐丧失，也就逐渐失去了驾驭团队的力度。第一印象不能"一劳永逸"，形象塑造是一个长期的、动态的过程，贯穿于导游服务的全过程之中，因此，维护形象比树立形象往往更艰巨、更重要。

在导游服务的全过程中，导游人员应以诚待人，热情服务，与游客建立良好的人际关系，赢得游客的好感与信赖；换位思考，宽以待人，理解游客的所想、所愿、所求和所为，平心静气地对待游客的"过错"，合理妥善地处理游客的要求乃至苛求。总之，导游人员要始终表现出豁达自信、坦诚乐观、沉着果断、办事利落、知识渊博、技能娴熟等职业特质。

导游员作为服务员，就要有服务员的形象。导游服务是高智商、高体能的高质量服务，其职业形象也应该是非常高尚的。良好的职业形象，包括职业化的仪容仪表、礼节礼貌、道德风范、社会评价。

礼节是人们在交际场合中相互问候、致意、祝愿的惯用形式，礼貌则是人与人之间在接触交往中互相尊重和友好的行为规范。礼节是礼貌的具体体现。礼节礼貌的核心内容是对人表示尊重。导游员要学会问候语、征询语与委婉语的用法，学会待人接物的各种礼貌。中国是泱泱大国、礼仪之邦，导游员应该以礼节礼貌见长。

二、确立在旅游团中的主导地位

旅游团队是由素不相识的、各种各样的游客构成的临时性和松散性的团体。导游人员在带团过程中应该尽快确立自己在旅游团中的主导地位，这是带好一个旅游团的关键。导游人员只有确立了主导地位并取得了游客的信任才能具有凝聚力、影响力和调控力，才能真正带好一个旅游团。

（一）以诚待人，热情服务

导游服务具有周期性短的特点，导游人员每接一个团与游客接触的时间都不长，做全陪十几天，做地陪只有几天，难以"日久见人心"，因此，导游人员要尽快与游客建立良好的人际关系，这样才能顺利开展工作。真诚对待游客是建立良好人际关系的感情基础，心诚则灵，有诚意才可靠。当导游人员的真诚和热情被游客认可，就能赢得游客的好感与信赖。

刚参加工作不久的年轻导游员带团时难免会出现一些差错，但他们之所以能得到游客的肯定和欢迎，就是因为他们的热情和真诚感动了游客。真诚和热情有时还能弥补导游工作中的某些不足，当游客认定导游人员是真心维护他们的利益时，即使遇到了问题、故障，他们也会持合作的态度。譬如，某旅游团因故提前离开武汉，游客心中不快，游览东湖时又下起了大雨，这时，该团全陪请地陪放慢前进速度，让游客边听讲解边避雨，他一人冒雨跑到停车场，在旅游车中找到游客的雨具，并冒雨将雨具送到每位游客手中。他的真诚感动了游客，提前离开武汉的不快很快消失，全团游客十分合作，全陪的工作进行得非常顺利。

（二）换位思考，宽以待客

换位思考是指导游人员站在游客的角度，以"假如我是游客"的思维方式来理解游客的所想、所愿、所求和所为，从而做到"宽以待客"，想方设法满足游客的要求，理解他们的"过错"或苛求。由于客观存在的物质条件、生活水平的差距，往往游客在客源地很容易办到的事情到目的地就很难办到，甚至成了"苛求"。如果导游人员能站在游客的角度，对游客提出的种种要求平心静气地对待，努力寻找其中的合理成分，尽力使游客的要求得到满足，那么即使是苛求也一定能妥善地加以处理。

（三）树立威信，善于"驾驭"

由于导游服务是一种引导组织游客进行各种旅游活动的积极行为，因此导游人员必须是旅游团的主导者，对旅游团具有"驾驭"技能。导游人员要确立自己在旅游团中的威信，主导游客的情绪和意向，努力使游客的行为趋于一致，使一个临时组成的松散的游客群体成为一个井然有序的旅游团队。

相关知识

如何应对游客的"从众行为"

"从众行为"是行为科学的名词，是指群体成员个人服从或遵循群体活动规则或行为标准。从众行为有自觉从众、不自觉从众和不从众之分。自觉从众行为，是指表面从众内心也从众，即个人与众人行为的真正一致。这是群体内聚力强、个性归属感和认同感极高的表现。不自觉从众行为，是指表面从众内心不从众，即迫于群体压力下，人们自觉不自觉地以某种规则或多数人意见为准则，改变态度，使自己与大多数人习惯勉强一致的表现。这种行为虽然不理想，但可以保持群体行动，不至于影响旅游日程。不从众行为，是指表面反对，内心也反对，属于破坏群体行动的行为，往往会影响旅游计划的进行。

对此，导游人员应认真对待，可采取以下方法：①如个人的不从众行为使旅游计划无法进行，后果严重，导游人员应向个别旅游者说服不从众的后果，设法说服其改变原有的态度，服从群体活动。②如个人的不从众行为不会影响群体活动，则做适当的安排后，应允许个人自由活动。③如个人确因不可克服的困难（如家中有急事或因病不能随团活动等），则应按特殊事件向旅行社汇报后，做出妥善处理。

三、营造导游人员与旅游者的和谐关系

旅游者是导游员工作的对象，与旅游者保持良好的人际关系，有助于旅游计划的完成。导游员应该维护旅游者的合法权益，忠实地执行旅游接待计划，既对旅行社忠诚又要对旅游者真诚。导游员与旅游者相处的时间最长，从迎来到送走，形影相随。旅游者有什么问题，都会直接反映给导游员，导游员要相机行事，其中有很多是人际关系的问题，包括导游员与旅游者的关系。为了出色地完成导游工作，导游员要与旅游者建立良好的人际关系，这种人际关系的建立是超常规的。导游员与旅游者之间建立良好的关系，不能依靠日久见人心的方法，旅游者在一地只停留几天，靠这种方法是来不及的。

导游员要有一套在最短的时间内，和旅游者建立良好人际关系的方法。这唯一的途径就是遵循规范化服务的原则。导游员要认真对待自己的工作，勤勤恳恳，一丝不苟，以辛勤的劳动换取旅游者的认同。

（一）尊重游客

尊重人是人际关系中的一项基本准则。不管游客来自境外，还是来自境内；是来自东方国家，还是来自西方国家；也不管游客的肤色、宗教、信仰、消费水平如何，他们都是客人，导游人员都应一视同仁地尊重他们。

尊重游客，就是要尊重游客的人格和愿望。游客对于能否在旅游目的地受到尊重非常敏感。他们希望在同旅游目的地的人们的交往中，人格得到尊重，意见和建议得到尊重；希望在精神上能得到在本国、本地区所得不到的满足；希望要求得到重视，生活得到关心和帮助。游客希望得到尊重是正常的、合理的，也是起码的要求。导游人员必须明白，只有当游客生活在热情友好的气氛中，自我尊重的需求得到满足时，为他提供的各种服务才有可能发挥作用。

"扬他人之长，隐其之短"是尊重人的一种重要做法，在旅游活动时，导游人员要妥善安排，让游客进行"参与性"活动，使其获得自我成就感，增强自豪感，从而在心理上获得最大的满足。

（二）微笑服务

微笑是自信的象征，是友谊的表示，是和睦相处、合作愉快的反映；微笑还是一种无声的语言，有强化有声语言、沟通情感的功能，有助于增强交际效果。

在旅游服务中，微笑具有特别的魅力。20世纪30年代，西方国家旅馆业受经济危机影响，呈现出大萧条的局面。希尔顿饭店集团的创始人康纳·希尔顿却告诉他的员工："我请各位切记，万万不可把我们心里的愁云摆在脸上，无论遇到多大的困难，希尔顿饭店员工脸上的微笑永远是属于顾客的阳光。"微笑服务正是希尔顿饭店成功的秘诀之一。

的确，微笑已成为一种各国宾客都理解的世界性欢迎语言。世界各个著名的饭店管理集团如喜来登、希尔顿、假日等有一条共有的经验，即作为一切服务程序灵魂与指导的十把金钥匙中最重要的一把就是微笑。美国著名的麦当劳快餐店老板也认为："笑容是最有价值的商品之一。我们的饭店不仅提供高质量的食品饮料和高水准的优质，还免费提供微笑，这样才能招揽顾客。

当然，微笑必须以优质服务为基础。下面举一个反面事例：有一次，一个西欧旅游团深夜到达某饭店，由于事先联系不周，客房已满，只好委屈他们睡大厅。全团人员顿时哗然，扬言要敲开每一个房间，吵醒所有宾客，看看是否真的无房。此时，客房部经理却向他们"微笑"着耸耸肩，表示无可奈何，爱莫能助。这使宾客更为不满，认为经理的这种微笑是一种幸灾乐祸的"讥笑"，是对他们的污辱，便拍着桌子大声喝道："你再这样笑，我们就揍你！"使这位经理十分尴尬。后来在翻译人员的再三解释下，客人的愤怒才告平息。显然，这样的"微笑"离开了优质服务，与微笑服务的本意南辕北辙。

总之，微笑服务是饭店接待服务中永恒的主题，是饭店服务一刻不可放松的必修课，它包含着丰富的精神内涵和微妙的情感艺术：热忱、友谊、情义、信任、期望、诚挚、体谅、慰藉、祝福……

(三) 使用柔性语言

"一句话能把人说笑，也能把人说跳。"导游人员有时一句话说好了会使游客感到高兴；有时一不当心，甚至是无意中的一句话，就有可能伤害游客的自尊心。因此，导游人员在与游客交往时必须注意自己的语言表达方式，与游客说话要语气亲切、语调柔和、措辞委婉、说理自然，常用商讨的口吻与游客说话。这样的"柔性语言"既使人愉悦，又有较强的征服力，往往能达到以柔克刚的效果。

(四) 与游客建立"伙伴关系"

旅游活动中，游客不仅是导游人员的服务对象，也是合作伙伴，只有游客的通力合作，旅游活动才能顺利进行，导游服务才能取得良好的效果。要想获得游客的合作，导游人员应设法与游客建立"伙伴关系"。一方面，导游人员可通过诚恳的态度、热情周到的服务、谦虚谨慎的作风、让游客获得自我成就感等方式与游客建立合乎道德的、正常理性的情感关系。当然，这种情感关系应是面对每一位游客的，绝不能厚此薄彼；另一方面，导游人员在与游客交往时还应把握正确的心理状态，尊重游客，与游客保持平行性交往，力戒交锋性交往。

(五) 了解旅游者的心理

导游人员要有效地向旅游者提供心理服务，必须了解旅游者的心理与变化。

1. 从国籍、年龄、性别和所属阶层等方面了解旅游者

每个国家、每个民族都有自己的传统文化和民风习俗，人们的性格和思维方式亦不相同，即使是同一个国家，不同地区、不同民族的人在性格和思维方式上也有很大差异；与此同时，旅游者所属的社会阶层、年龄和性别的不同，对其心理特征和生活情趣也会产生较为明显的影响。导游人员应从这些方面去了解旅游者，并有针对性地向他们提供心理服务。

(1) 区域和国籍。首先，从区域的角度看，东方人和西方人在性格和思维上有较明显的差异。西方人较开放、感情外露，喜欢直截了当地表明意愿，其思维方式一般由小到大、由近及远、由具体到抽象；东方人较含蓄、内向，往往委婉地表达意愿，其思维方式一般从抽象到具体、从大到小、从远到近。了解了这些差异，导游人员在接待西方旅游者时，就应特别注重细节。譬如西方旅游者认为，只有各种具体的细节做得好，由各种细节组成的整体才会好，他们把导游人员提供的具体服务抽象为导游人员的工作技能与整体素质。其次，从国籍的角度看，同是西方人，在思维方式上也存在着一些差别，如英国人矜持、讲究绅士风度；美国人开放、随意、重实利；法国人浪漫、爱享受生活；德国人踏实、勤奋、守纪律；意大利人热情、热爱生活等。

(2) 所属社会阶层。来自上层社会的旅游者大多严谨持重，发表意见时往往经过深思熟虑，他们期待听到高品位的导游讲解，以获得高雅的精神享受；一般旅游者则喜欢不拘形式的交谈，话题广泛，比较关心带有普遍性的社会问题及当前的热门话题。在参观游览时，期待听到故事性的导游讲解，希望轻轻松松地旅游度假。

(3) 年龄和性别。年老的旅游者好思古怀旧，对游览名胜古迹、会见亲朋老友有较大的兴趣，他们希望得到尊重，希望导游人员多与他们交谈；年轻的旅游者好逐新猎奇，喜欢多动多看，对热门社会问题有浓厚的兴趣；女性旅游者则喜欢谈论商品及购物，喜欢听带故事情节的导游讲解。

2. 从分析旅游者所处的地理环境来了解旅游者

旅游者由于所处的地理环境不同，对于同一类旅游产品会有不同的需要与偏好，他们对那些与自己所处地理环境迥然不同的旅游目的地往往情有独钟。譬如，我国北方的旅游者喜爱南国风情，南方的旅游者偏好北国风光；内陆地区的旅游者喜欢去青岛、三亚等海滨城市，沿海地区的旅游者向往九寨沟、西双版纳独特的风貌；旅游者们在盛夏时节去大连、哈尔滨等北方名城，隆冬季节奔赴海南岛和东南亚，这种反向、反季节出游已成为一种普遍的现象。导游人员可通过分析地理环境来了解旅游者的这些心理活动。

3. 从旅游者的出游动机来了解旅游者

人们旅游行为的形成有其客观条件和主观条件。客观条件主要是人们有足够的可自由支配收入和闲暇时间；主观条件是指人们必须具备旅游的动机。一般说来，人们参加旅游团的心理动机是：省心，不用做决定；节省时间和金钱；有伴侣、有团友；有安全感；能正确了解所看到的景物。导游人员通过周到、细致的服务和精彩、生动的讲解能满足旅游者的这些心理需求。

从旅游目的角度看，旅游者的旅游动机一般包括：观赏风景名胜、探求文化差异、寻求文化交融的文化动机；考察国情民风、体验异域生活、探亲访友寻根的社会动机；考察投资环境、进行商务洽谈、购买旅游商品的经济动机；休闲度假、康体健身、消遣娱乐的身心动机。导游人员了解和把握了旅游者的旅游动机，就能更恰当地安排旅游活动和提供导游服务。

4. 从旅游者不同的个性特征了解旅游者

旅游者的个性各不相同，导游人员从旅游者的言行举止可以判断其个性，从而达到了解旅游者并适时提供心理服务的目的。

（1）活泼型旅游者：爱交际，喜讲话，好出点子，乐于助人，喜欢多变的游览项目。对这类旅游者，导游人员要扬长避短，既要乐于与他们交朋友，又要避免与他们过多交往，以免引起其他团员的不满；要多征求他们的意见和建议，但注意不让其左右旅游活动，打乱正常的活动日程；可适当地请他们帮助活跃气氛，协助照顾年老体弱者等。活泼型旅游者往往能影响旅游团的其他人，导游人员应与之搞好关系，在适当的场合表扬他们的工作并表示感谢。

（2）急躁型旅游者：性急，好动，争强好胜，易冲动，好遗忘，情绪不稳定，比较喜欢离群活动。对这类比较难对付的旅游者，导游人员要避其锋芒，不与他们争论，不激怒他们；在他们冲动时不要与之计较，待他们冷静后再与其好好商量，往往能取得良好的效果；对他们要多微笑，服务要热情周到，而且要多关心他们，随时注意他们的安全。

（3）稳重型旅游者：稳重，不轻易发表见解，一旦发表，希望得到他人的尊重。这类旅游者容易交往，但他们不主动与人交往，不愿麻烦他人；游览时他们喜欢细细欣赏，购物时爱挑选比较。导游人员要尊重这类旅游者，不要急慢，更不能故意冷淡他们；要主动多接近他们，尽量满足他们的合理而可能的要求；与他们交谈要客气、诚恳，速度要慢，声调要低；讨论问题时要平心静气，认真对待他们的意见和建议。

（4）忧郁型旅游者：身体弱，易失眠，忧郁孤独，少言语但重感情。面对这类旅游者，导游人员要格外小心，别多问，尊重他们的隐私；要多亲近他们、多关心体贴他们，但不能过分表示亲热；多主动与他们交谈些愉快的话题，但不要与之高声说笑，更不要与他们开玩笑。

这四种个性的旅游者中以活泼型和稳重型居多，急躁型和忧郁型只是少数。不过，典型个性只能反映在少数旅游者身上，多数旅游者往往兼有其他类型个性的特征。而且在特定的环境中，人的个性往往会发生变化。因此导游人员在向旅游者提供服务时要因人而异，要随时观察旅游者的情绪变化，及时调整，力争使导游服务更具针对性，获得令旅游者满意的效果。

5. 通过分析旅游活动各阶段旅游者的心理变化了解旅游者

旅游者来到异地旅游，摆脱了在家乡紧张的生活、烦琐的事务，希望自由自在地享受愉快的旅游生活。由于生活环境和生活节奏的变化，在旅游的不同阶段，旅游者的心理活动也会随之发生变化。

（1）旅游初期：求安全心理、求新心理。

旅游者刚到旅游地，兴奋激动，但人生地疏、语言不通、环境不同，往往容易产生孤独感、茫然感和不安全感，唯恐发生不测，有损自尊心，危及财产甚至生命。也就是说，在旅游初期，旅游者求安全的心态表现得非常突出，因此，消除旅游者的不安全感成为导游人员的首要任务。人们来到异国他乡旅游，其注意力和兴趣从日常生活转移到旅游目的地，全新的环境、奇异的景物、独特的民俗风情，使旅游者逐渐猎奇的求新心理空前高涨，这在入境初期表现得尤为突出，往往与不安全感并存。所以在消除旅游者不安全心理的同时，导游人员要合理安排活动，满足他们的求新心理。

（2）旅游中期：懒散心态、求全心理、群体心理。

随着时间的推移、旅游活动的开展以及相互接触的增多，旅游团成员间、旅游者与导游人员之间越来越熟悉，旅游者开始感到轻松愉快，会产生一种平缓、轻松的心态。但是，正是由于这种心态的左右，旅游者往往忘却了控制自己，思辨技能也不知不觉地减退，常常自行其是，甚至出现一些反常言行以及放肆、傲慢、无理的行为。一方面，旅游者的个性充分暴露，开始出现懒散心态，如时间观念较差、群体观念弱、游览活动中自由散漫、到处丢三落四、旅游团内部的矛盾逐渐显现，等等；另一方面，旅游者把旅游活动理想化，希望在异国他乡能享受到在家中不可能得到的服务，希望旅游活动的一切都是美好的、理想的，从而产生生活上、心理上的过高要求，对旅游服务横加挑剔，求全责备，求全心理非常明显；再者，由于旅游者的思考力和判断力减弱，这时，如果团内出现思辨能力较强而又大胆直言的"领袖人物"，其他旅游者便会不假思索地附和他，唯其马首是瞻，不知不觉地陷入一种人云亦云、随波逐流的群体心理状态。

导游人员在旅游中期阶段的工作最艰巨，也最容易出差错。因此，导游人员的精力必须高度集中，对任何事都不得掉以轻心。这个阶段也是对导游人员组织技能和独立处理问题技能的实战检验，是对其导游技能和心理素质的全面检阅，所以每个导游人员都应十分重视这个阶段的工作。

（3）旅游后期：忙于个人事务。

旅游活动后期，即将返程时，旅游者的心理波动较大，开始忙乱起来，譬如，与家庭及亲友联系突然增多，想购买称心如意的纪念品但又怕行李超重等。总之，他们希望有更多的时间处理个人事务。在这一阶段，导游人员应给旅游者留出充分的时间处理自己的事情，对他们的各种疑虑要尽可能耐心地解答，必要时做一些弥补和补救工作，使前一段时间未得到满足的个别要求得到满足。

知识链接

东西方旅游者的特点及服务差异

类型	特点	导游服务
东方人	1. 比较含蓄、内向，善于控制感情 2. 思维方式是由抽象到具体的整体式	1. 可先给出结论，再讲具体事实 2. 在日程安排上，尽可能紧凑、丰富 3. 内容上体现文化的相似性和自然地理的差异性
西方人	1. 比较开放自由、感情外露，喜欢直截了当表示意愿 2. 思维方式是由具体到抽象的"分解式"	1. 不能先下结论，看事实，由客人自己下结论 2. 不宜把行程安排得过于紧张，给旅游者自由安排的时间 3. 内容上体现文化的差异性，既突出异域文化，又反映我国悠久历史

不同性别、年龄、文化层次旅游者的特点及服务差异

类型	特点	导游服务
男性	一般比较独立、行动干脆，不喜欢商量	区别对待，两者兼顾
女性	1. 一般较依赖，希望导游人员能满足其一切需求 2. 喜欢谈论商品，热衷购物，爱听带故事情节的导游讲解 3. 行动比较拖沓	区别对待，两者兼顾
年轻人	一般行动节奏较快、反应敏捷、不易孤独、追求新奇	1. 活动安排丰富，适当加快节奏，多讲热门话题和新鲜事物 2. 反复强调群体活动秩序
老年人	与年轻人相反	1. 日程安排劳逸结合，留有余地 2. 照顾行动速度，提供超常服务 3. 多讲解名胜古迹、故地旧俗，多交谈

不同个性心理特征旅游者的特点及服务差异

类型	特点	导游服务
活泼型	爱交往、爱讲话、爱表现 兴趣多变（热情、灵活、感情外露）	1. 调动其积极性，活跃气氛 2. 遇到问题，可请其出点子，帮忙 3. 满足交往需求，但不能被占有，影响其他游客情绪

续表

类型	特点	导游服务
急躁型	热情、直率、冲动、粗心（不拘小节）	1. 不感兴趣，会擅自离开，导游员应注意其动向 2. 不注意掌握时间，会不耐烦，导游员应多提醒，多解释 3. 不要激怒他，出现矛盾避其锋芒
稳重型	感情少外露、不主动交往、自制力强处事谨慎、反应较慢、有怀旧情绪	1. 尊重他，主动交谈，主动为其服务 2. 当他提出要求，应设法满足 3. 与之说话，速度可稍慢 4. 旅游活动中尽量给予充足时间
忧郁型	性格孤僻、不合群、多愁善感、沉默寡言、自尊心强、敏感、好猜疑	1. 主动关心体贴，但不宜过分热情、不宜与其说笑 2. 认真对待其意见，不能露出不耐烦神情，甚至要给予特殊照顾 3. 不触及其心理隐私 4. 安排的住房要僻静，避免与急躁型、活泼型同住

知识链接

导游人员带团模式是指导游人员在带领旅游团队开展旅游活动过程中所表现出来的一种行为特征。应该强调的是，不同的导游人员具有不同的带团模式和带团风格；同一个导游人员面对不同的团队和不同的场所，带团模式和风格也应不断地变化，以适应旅游者的需要和工作的开展。在日常工作中，有的导游人员以活泼热情而受旅游者欢迎，有的以严谨细心而博得旅游者赞赏，有的以任劳任怨而获旅游者支持。一般受旅游计划和旅游者需要两方面的影响，导游人员带团的模式可大体分为自我中心型和旅游者中心型两种。

（一）自我中心型

自我中心型带团模式的导游人员带团的主要目的是完成旅游活动的既定计划。在这种模式下，导游人员的所有工作都以旅行社与旅游者预定的旅游计划为核心，尽量不做调整，对有可能影响或破坏计划实施的因素予以坚决排除。他们往往很少答应计划外的要求，除非万不得已。虽然此种做法可能让部分旅游者感到旅游的愿望没有全部满足，但由于导游人员注重计划内的服务质量和水平，往往超出旅游者对服务质量的预期，使旅游者的情绪和注意力被高度调动起来，从而冲淡了不悦之感，并且大大降低了意外事故发生的可能性。

（二）旅游者中心型

旅游者中心型带团模式的导游人员带团的主要目的是尽量满足旅游者的需要。在这种模式下，导游人员的工作重点是旅游者而非旅游计划，他们非常关心旅游者的感受，尽一切可能满足旅游者各方面的旅游愿望。他们往往根据旅游者的特点灵活调整自己的导游服务，注重与旅游者的情感交流，使游客体会到导游人员对自己的关怀，从而获得在精神层面的旅游满足。但这种模式容易使旅游者滋生松懈和依赖心理,他们往往会提出许多难度过大的要求,从而导致旅游意外事故的产生。自我中心型和旅游者中心型并不是对立的,自我中心型带团模式并不排斥对游客的关怀;旅游者中心型带团模式也要求恪守一定的原则。导游人员可根据自己的个性特点和技能水平,融合以上两种带团模式,针对不同的团队进行不同的导游服务。

案例分析

个别游客与不合群

H市××旅行社的地陪小王接了一个团,该团到H市时已是行程倒数第二站了。带团过程中,小王发现不管是在餐厅,还是在景点,有一位姓施的游客总是不合群。小王很纳闷,他想,一位游客如果不合群,那出门旅游还有什么乐趣可言呢?小王想解开这个谜,于是他去问全陪。全陪告诉他,这个旅游团的游客,除施先生外,其他都是一个单位的员工。施先生到旅行社报名时,刚好这一团成行,且行程也一样,于是旅行社便把他安插进了这个旅游团。知道原委后,小王采取了一些措施,如在用餐时,他特意询问该游客,饮食是否符合胃口;在游览过程中,他故意与他走在一起并与他聊天等,目的是以此引起其他游客的注意,但因为行程已近尾声,收效不大,其他游客与他的交往很少。

点评:导游人员是旅游活动的组织者,他是旅游团这个大家庭的"家长",他应该使相处在这个大家庭中的每个成员都感到温馨、愉快。因此,导游员在带团过程中应该时刻观察和关心旅游团中每一个成员的言行举止、表情神态,如发现有个别游客有情绪,应及时了解原委,并采取措施,使他回到旅游团这个大家庭中来。对于本案例中的施先生来说,此次旅游一定无乐趣可言。我们可以想到,他以后也一定不会参加全陪所在的那家旅行社组织的旅游活动了。造成这种结果的原因是什么呢?首先是旅行社在旅游团组合时,将施先生这个"个体"安插进了原来就有的"群体"中,这使得施先生很难融合到旅游团中去;其次是施先生加入了旅游团后,全陪的工作没有跟上去,这是问题的症结。本案例中,虽然H市地陪小王发现问题后做了些补救工作,但因"木已成舟",收效甚微。如果本团全陪也能同地陪小王一样,细心观察游客神态、言行,一开始就把工作做起来,则对于施先生来说,此趟旅游的感受可能大不一样。那么,导游员在带团过程中碰到类似本案例中的情况应怎么办呢?首先,旅游团行程一开始时,全陪就应用"介绍法"等方法将"个体游客"介绍给全团游客,使他能和大家熟悉;其次,在一路上,全陪应对该"个体游客"适当加以关照。当然,必须掌握分寸,以免引起其他游客不满。总之一句话,设法使个体游客加入团体中,和所有游客打成一片。

任务实施

【实训项目】与游客交往的技能。

【实训内容】

(1)以小组为单位进行情景剧表演。

(2)小组内有人员分工,一名同学饰演导游人员,其余同学为旅游者。

(3)表演内容要求展示导游人员通过一定的手段与方法来激发旅游者的游兴。表演可以在教室进行,也可以在校园内进行。

【实训考核】以同学间互评为主,以教师点评为辅。

任务二　游客个别要求处理技能

任务介绍

游客的个别要求是指参加团体旅游的游客提出的各种计划外的特殊要求。面对游客的种种特殊要求，导游人员应该怎样处理？怎样才能使要求得到基本满足的游客高高兴兴，又使个别要求没有得到满足的游客也满意导游人员的服务，甚至使爱挑剔的游客也对导游人员提不出更多的指责？这是对导游人员处理问题技能的一个考验，也是保证并提高旅游服务质量的重要条件之一。

任务目标

（1）了解什么是游客的个别要求？
（2）熟练掌握游客的个别要求分为哪几种类型？
（3）熟练掌握导游人员处理游客个别要求的基本原则。

任务导入

（1）能够妥善处理游客餐饮、住房、娱乐、购物等个别要求。
（2）能够妥善处理游客要求自由活动和转递物品及其他个别要求。

相关知识

一、游客个别要求处理原则

一般来看，游客的个别要求可以分为四种情况：合理的，经过导游人员的努力可以满足的要求；合理的，但现实难以满足的要求；不合理的，经过努力可以满足的要求；不合理的，无法满足的要求。

根据国际惯例和导游服务的经验，导游人员在处理游客的个别要求时，一般应遵循以下五条基本原则。

（一）符合法律原则

《导游人员管理条例》和《旅行社管理条例》中规定了游客、导游人员、旅行社三者之间的权利和义务，导游人员在处理游客个别要求时，要符合法律对这三者的权利和义务规定。同时，还要考虑游客的个别要求是否符合我国法律的其他规定，如果相违，则应断然拒绝。

（二）合理可行原则

合理的基本判断标准是不影响大多数游客的权益、不损害国家利益、不损害旅行社和导游人员的合法权益，可行是指具备满足游客合理要求的条件。

导游人员在服务过程中，应努力满足游客合理而可行的需要，使他们能够获得一种愉快的旅游经历，从而对旅游目的地的形象、旅行社的声誉带来正面影响。特别是一些特种旅游团，如残疾人旅游团、新婚夫妇旅游团。

(三) 公平对待原则

公平对待原则是指导游人员对所有客人应一视同仁、平等对待。游客不管来自哪个国家、属于哪个民族、哪种宗教信仰、何种肤色，不管其社会经济地位高低、年老年幼、男性女性，也不管身体是否残疾，都是我们的客人，都是导游人员服务的对象。导游人员要尊重他们的人格，一视同仁，热情周到地为他们提供导游服务，维护他们的合法权益，满足他们的合理可行要求，切忌厚此薄彼、亲疏偏颇。

(四) 尊重游客原则

游客提出的要求，大多数是合情合理的，但总会有客人提出一些苛刻的要求，使导游人员为难。旅游团中也不可避免会出现无理取闹之人。对待这种情况，导游人员一定要记住自己的职责，遵循尊重游客的原则，对客人要礼让三分。客人可以挑剔，甚至吵架和谩骂，但导游人员要保持冷静，始终有理、有利、有节，不卑不亢。

在游客提出个人要求时，导游人员一要认真倾听，不要没有听完就指责游客的要求不合理或胡乱解释；二要微笑对待，切忌面带不悦、恶言相向；三要实事求是、耐心解释，不要以"办不到"一口拒绝。须强调的是，一定不要和游客正面冲突，以免影响整个旅游活动。

(五) 维护尊严原则

导游人员在对待游客的个别要求时，要坚决维护祖国的尊严和导游人员的人格尊严。对游客有损国家利益和民族尊严的要求时断然拒绝、严正驳斥；对游客提出的侮辱自身人格尊严或违反导游人员职业道德的不合理要求，有权拒绝。

面对个别游客的苛刻的要求和过分的挑剔，导游人员一定要认真倾听，冷静、仔细地分析。绝不能置之不理，更不能断然拒绝。不应在没有听完对方讲话的情况下就胡乱解释，或表示反感、恶语相加、意气用事。对不合理或不可能实现的要求和意见，导游人员要耐心解释，实事求是；处理问题要合情合理，尽量使游客心悦诚服；不能一口回绝，不能轻易地说出"不行"两字。当然，旅游团队中也难免有个别无理取闹者，面对时，导游人员应沉着冷静、不卑不亢，既不伤主人之雅又不损客人之尊，理明则让。经过导游人员的努力仍有解决不了的困难时，导游人员应向接待社领导汇报，请其帮助。总之，对游客提出的要求，不管其难易程度、合理与否，导游人员都应给予足够的重视并正确及时、合情合理地予以处理，力争使游客愉快地旅行游览。

案例分析

王导游负责接待一个来自美国新泽西州共23人组成的旅游团。这些美国游客在各地旅游时购物十分踊跃，消费金额令人瞠目结舌。

离开中国的前一天，每位游客的行李都大大超出了人们的意料。这时有几位游客满脸怒气地找到了王导游，抱怨下榻的酒店服务质量不高，没能满足他们所提出的合理要求。经过了解，原来，由于游客们担心乘坐飞机离境时行李会超重，想请行李员帮忙称量行李。可是酒店的礼宾部告知游客酒店没有行李称量工具。游客们十分失望，转而求助于导游员。客人的要求是否合理？如果你是导游你该怎样处理？

王导游看到他们垂头丧气的表情，首先安抚游客，请他们回各自的房间等候，然后去找酒店经理协商。经理表示以前没有遇到上述情况，目前没有相关设备，但是如果客人需要，则可设法帮助解决。在王导游的协商和过问下，经理派人到超市买回两个电子秤。当晚，导游亲自帮助美国朋友称量他们的行李，美国游客表示满意。

二、餐饮、住房、娱乐、购物方面个别要求的处理

食、住、购、娱是旅游活动的主要组成部分，也是游程顺利进行的基本保证。导游人员应高度重视游客的此类个别要求，认真、热情、耐心地设法予以解决。

（一）餐饮方面个别要求的处理

"民以食为天"，跨国界、跨地区的游客对餐饮的要求各不相同，因餐饮问题引起的游客投诉屡见不鲜。下面就常见的六种情况讲述导游人员面对此类要求的处理方法。

1. 对特殊饮食要求的处理

由于宗教信仰、生活习惯、身体状况等原因，有些游客会提出饮食方面的特殊要求，例如，不吃荤，不吃油腻、辛辣食品，不吃猪肉或其他肉食，甚至不吃盐、糖、味精等。对游客提出的特殊要求，要区别对待。

（1）事先有约定。

若所提要求在旅游协议书有明文规定的，接待方旅行社则须早做安排，地陪在接团前应检查落实情况，不折不扣地兑现。

（2）抵达后提出。

若旅游团抵达后或到定点餐厅后临时提出要求，则需视情况而定。在一般情况下，地陪应立即与餐厅联系，在可能的情况下尽量满足其要求；如情况复杂，确实有困难满足不了其特殊要求，地陪则应说明情况，协助游客自行解决。如建议游客到餐厅临时点菜或带他去附近餐馆（最好是旅游定点餐馆）用餐，餐费自理。

2. 要求换餐

部分外国游客不习惯中餐的口味，在几顿中餐后要求改换成西餐；有的外地游客想尝尝当地小吃，要求换成风味餐。诸如此类要求，处理时考虑以下四方面。

（1）首先要看是否有充足的时间换餐。如果旅游团在用餐前3个小时提出换餐的要求，地陪应尽量与餐厅联系，但需事先向游客讲清楚，如能换妥差价由游客自付。

（2）询问餐厅能否提供相应服务。若计划中的供餐单位不具备供应西餐或风味餐的技能，则应考虑换餐厅。

（3）如果是在接近用餐时间或到餐厅后提出换餐要求，则应视情况而定：若该餐厅有该项服务，地陪则应协助解决；如果情况复杂，餐厅又没有此项服务，则一般不应接受此类要求，但应向游客做好解释工作。

（4）若游客仍坚持换餐，地陪则可建议其到餐厅自己点菜或单独用餐，费用自理并告知原餐费不退。

案例分析

全陪小熊和一个来自德国的旅游团坐长江豪华游船游览长江三峡，一路上相处十分愉快。游船上每餐的中国菜有十分丰盛，且每道菜没有重复。但一日晚餐过后，一游客对小熊

说："你们的中国菜很好吃，我每次都吃得很多，不过今天我的肚子有点想家了，你要是吃多了我们的面包和黄油，是不是也想中国的大米饭？"旁边的游客也笑了起来。虽说是一句半开玩笑的话，却让小熊深思。晚上，小熊与游船上取得联系，说明了游客的情况，提出第二天安排一顿西餐的要求。第二天，当游客发现吃西餐时，个个兴奋地鼓掌。

3. 要求单独用餐

由于旅游团的内部矛盾或其他原因，个别游客要求单独用餐。此时，导游人员要耐心解释，并告诉领队请其调解；如游客坚持，导游人员则可协助与餐厅联系，但餐费自理，并告知综合服务费不退。

由于游客外出自由活动、访友、疲劳等原因不随团用餐，导游员应同意其要求，但要说明餐费不退。

4. 要求在客房内用餐

若游客生病，导游人员或饭店服务员则应主动将饭菜端进房间以示关怀。若是健康的游客希望在客房用餐，则应视情况办理；如果餐厅能提供此项服务，则可满足游客的要求，但须告知服务费标准。

5. 要求自费品尝风味

旅游团要求外出自费品尝风味，导游人员应予以协助，可由旅行社出面，也可由游客自行与有关餐厅联系订餐；风味餐订妥后旅游团又想不去，导游人员应劝他们在约定时间前往餐厅，并说明若不去用餐则须赔偿餐厅的损失。

6. 要求推迟就餐时间

由于游客的生活习惯不同，或由于在某旅游地游兴未尽等原因要求推迟用餐时间。导游人员可与餐厅联系，视餐厅的具体情况处理。在一般情况下，导游人员要向旅游团说明餐厅有固定的用餐时间，劝其入乡随俗，过时用餐需另付服务费。若餐厅不提供过时服务，则最好按时就餐。

（二）住房方面个别要求的处理

在旅游过程中，饭店是游客临时的家。对于在住房方面的要求，导游人员一定要尽力协助解决。

1. 要求调换饭店

团体游客到一地旅游时，享受什么星级的饭店的住房在旅游协议书中有明确规定，有的在什么城市下榻哪家饭店都写得清清楚楚。所以，接待旅行社向旅游团提供的客房低于标准，即使用同星级的饭店替代协议中标明的饭店，游客都会提出异议。

如果接待社未按协议安排饭店或协议中的饭店确实存在卫生、安全等问题而致使游客提出换饭店，地陪应随时与接待社联系，接待社应负责予以调换。如确有困难，按照接待社提出的具体办法妥善解决，并向游客摆出有说服力的理由，提出补偿条件。

2. 要求调换房间

根据客人提出的不同缘由，有不同的处理方法。

若由于房间不干净，如有蟑螂、臭虫、老鼠等，游客提出换房则应立即满足，必要时应调换饭店。

由于客房设施尤其是房间卫生达不到清洁标准，应立即打扫、消毒，如旅游仍不满意，坚持调房，则应与饭店有关部门联系予以满足。

若游客对房间的朝向、层数不满意，要求调换另一朝向或另一楼层的同一标准客房时，若不涉及房间价格并且饭店有空房，可与饭店客房部联系，适当予以满足，或请领队在团队内部进行调整。无法满足时，应做耐心解释，并向游客致歉。

若游客要住高于合同规定标准的房间，如有，则可予以满足，但游客要交付原定饭店退房损失费和房费差价。

3. 要求住单间

团队旅游一般安排住标准间或三人间。由于游客的生活习惯不同或因同室游客之间闹矛盾，而要求住单间，导游人员应先请领队调解或内部调整，若调解不成，饭店如有空房，则可满足其要求。但导游人员必须事先说明，房费由游客自理（一般由提出方付房费）。

4. 要求延长住店时间

由于某种原因（生病、访友、改变旅游日程等）而中途退团的游客提出延长在本地的住店时间。可先与饭店联系，若饭店有空房，则可满足其要求，但延长期内的房费由游客自付。如原住饭店没有空房，导游人员则可协助联系其他饭店，房费由游客自理。

5. 要求购买房中物品

如果游客看中客房内的某种摆设或物品，要求购买，导游人员则应积极协助，与饭店有关部门联系，满足游客的要求。

（三）娱乐活动方面个别要求的处理

1. 要求调换计划内的文娱节目

凡在计划内注明有文娱节目的旅游团，在一般情况下，地陪应按计划准时带游客到指定娱乐场所观看文艺演出。若游客提出调换节目，地陪则应针对不同情况，本着"合理而可行"的原则，做出以下处理：

如全团游客提出更换，地陪则应与接待社计调部门联系，尽可能调换，但不要在未联系妥当之前许诺；如接待社无法调换，地陪则要向游客耐心做解释工作，并说明票已订好，不能退换，请其谅解。

部分游客要求观看别的演出，处理方法同上。若决定分路观看文娱演出，则在交通方面导游员可做以下处理：如两个演出点在同一线路，导游人员则要与司机商量，尽量为少数游客提供方便，送他们到目的地；若不同路，则应为他们安排车辆，但车费自理。

案例分析

某旅游团早上到达 K 市，按计划上午参观景点，下午自由活动，19 点观看文艺演出，次日乘早班机离开。抵达当天，适逢当地举行民族节庆活动，并有通宵篝火歌舞晚会等丰富多彩的文艺节目。部分团员提出，下午想去观赏民族节庆活动，并放弃观看晚上的文艺演出，同时希望导游员能派车接送。

针对此种情况，导游员应怎样处理？应做好哪些工作？

2. 要求自费观看文娱节目

在时间允许的情况下，导游员应积极协助。以下两种方法地陪可酌情选择：

与接待社有关部门联系，请其报价。将接待社的对外报价（其中包括节目票费、车费、服务费）报给游客，并逐一解释清楚。若游客认可，则请接待社预订，地陪同时要陪同前往，将游客交付的费用上交接待社并将收据交给游客。

协助解决，提醒客人注意安全。地陪可帮助游客联系购买节目票，请游客自乘出租车前往，一切费用由游客自理。但应提醒游客注意安全、带好饭店地址。必要时，地陪可将与自己联系的电话告诉游客。

如果游客执意要去大型娱乐场所或情况复杂的场所，导游人员则须提醒游客注意安全，必要时陪同前往。

3. 要求前往不健康的娱乐场所

游客要求去不健康的娱乐场所和过不正常的夜生活，导游人员应断然拒绝并介绍中国的传统观念和道德风貌，严肃指出不健康的娱乐活动和不正常的夜生活在中国是禁止的，是违法行为。

（四）购物方面个别要求的处理

购物是旅游活动的重要组成部分，游客往往会有各种各样的特殊要求，导游人员要不怕麻烦、不图私利，设法予以满足。

1. 要求单独外出购物

（1）在自由活动时间尽力帮助，当好购物参谋。如建议去哪家商场、联系出租车、写中文便条等。

（2）在离开本地当天要劝阻，以防误机（车、船）。

2. 要求退换商品

游客购物后发现是残次品、计价有误或对物品不满意，要求导游人员帮其退换，导游人员应积极协助，必要时陪同前往。

3. 要求再次前往某商店购物

游客欲购买某一商品，出于"货比三家"的考虑或对于商品价格、款式、颜色等犹豫不决，当时没有购买。后来经过考虑又决定购买，要求地陪帮助。对于这种情况，地陪应热情帮助：如有时间可陪同前往，车费由游客自理。若因故不能陪同前往则可为游客写张中外文便条，写清商店地址及欲购商品的名称，请其乘出租车前往。

4. 要求购买古玩或仿古艺术品

游客希望购买古玩或仿古艺术品，导游人员应带其到文物商店购买，买妥物品后要提醒他保存发票，不要将物品上的火漆印（如有的话）去掉，以便海关查验；游客要在地摊上选购古玩，导游人员应劝阻，并告知中国的有关规定；若发现个别游客有走私文物的可疑行为，导游人员则须及时报告有关部门。

5. 要求购买中药材

有些游客想买些中药材，并携带出境。导游人员应告知中国海关有关规定。

6. 要求代办托运

外汇商店一般都经营托运业务，导游人员应告诉购买大件物品的游客。若商店无托运业务，导游人员则要协助游客办理托运手续。

游客欲购买某一商品，但当时无货，请导游人员代为购买并托运，对游客的这类要求，导游人员一般应婉拒；实在推托不掉时，导游人员要请示领导，一旦接受了游客的委托，导游人员应在领导指示下认真办理委托事宜：收取足够的钱款（余额在事后由旅行社退还委托者），发票、托运单及托运费收据寄给委托人，旅行社保存复印件，以备查验。

案例分析

美国 ABC 旅游团一行 18 人参观湖北某地毯厂后乘车返回饭店。途中，旅游团成员史密斯先生对地陪小王说："我刚才看中一条地毯，但没拿定主意。跟太太商量后，现在决定购买。你能让司机送我们回去吗？"小王欣然应允，并立即让司机驱车返回地毯厂。

在地毯厂，史密斯夫妇以 1 000 美元买下地毯。但当店方包装时，史密斯夫人发现地毯有瑕疵，于是决定不买。

两天后，该团离开湖北之前，史密斯夫妇委托小王代为订购同样款式的地毯一条，并留下 1 500 美元作为购买和托运费用。小王本着"宾客至上"的原则，当即允诺下来。史密斯夫人十分感激，并说："朋友送我们一幅古画，但画轴太长，不便携带。你能替我们将画和地毯一起托运吗？"小王建议："画放在地毯里托运容易弄脏和损坏，还是随身携带比较好。"史密斯夫人认为此话很有道理，称赞他考虑周到，服务热情，满意地离去。

送走旅游团后，小王即与地毯厂联系办理了购买和托运地毯的事宜，并将发票、托运单、350 美元托运手续费收据寄给史密斯夫妇。

试分析小王处理此事过程中的不妥之处。

（五）要求自由活动和转递物品的处理

旅游线路安排中往往有自由活动时间，在集体活动时间内也有游客要求单独活动的要求。导游人员应根据不同情况，妥善处理。

1. 应劝阻游客自由活动的几种情况

（1）如旅游团计划去另一地游览，或旅游团即将离开本地时，导游人员要劝其随团活动，以免误机（车、船）。

（2）如在地方治安不理想、复杂、混乱的地方，导游人员要劝阻游客不要外出活动，更不要单独活动，但必须实事求是地说明情况。

（3）不宜让游客单独骑自行车去人生地不熟、车水马龙的街头游玩。

（4）游河（湖）时，游客提出希望划小船或在非游泳区游泳的要求，导游人员不得答应，不能置旅游团于不顾而陪少数人去划船、游泳。

（5）游客要求去不对外开放的地区、机构参观游览，导游人员不得答应此类要求。

2. 允许游客自由活动时导游人员应做的工作

（1）要求全天或某一景点不随团活动。

由于有些游客已来过多次，或已游览过某一景点不想重复，因而不想随团活动。要求不游览某一景点或一天、数天离团自由活动。如果其要求不影响整个旅游团的活动，可以满足并提供必要帮助。

提前说明如果不随团活动，无论时间长短，所有费用不退，需增加的各项费用自理。

告诉游客用餐的时间和地点，以便其归队时用餐。

提醒其注意安全，保护好自己的财物。

提醒游客带上饭店卡片（卡片上有中英文饭店名称、地址、电话）备用。

用中英文写张便条，注明客人要去的地点的名称、地址及简短对话，以备不时之需。

必要时将自己的手机号告诉游客。

(2) 到游览点后要求自由活动。

到某一游览点后，若有个别游客希望不按规定的线路游览而自由游览或摄影，若环境许可（游人不太多，秩序不乱），则可满足其要求。导游人员要提醒其集合的时间和地点及旅游车的车号，必要时留一字条，上写集合时间、地点和车号以及饭店名称和电话号码，以备不时之需。

(3) 自由活动时间或晚间要求单独行动。

导游人员应建议不要走得太远，不要携带贵重物品（可寄存在前台），不要去秩序乱的场所，不要太晚回饭店等。

（六）游客要求为其转递物品的处理

由于种种原因游客要求旅行社或导游员帮其转递物品。在一般情况下，导游人员应建议游客将物品或信件亲手交给或邮寄给收件部门或收件人，若确有困难，则可予以协助。转递物品和信件，尤其是转递重要物品和信件，或向外国驻华使、领馆转递物品和信件，手续要完备。

(1) 必须问清何物。若是应税物品，则应促其纳税。若转移物品是食品则应婉言拒绝，请其自行处理。

(2) 请游客写委托书，注明物品名称、数量、并当面点清、签字并留下详细通信地址及电话。

(3) 将物品或信件交给收件人后，请收件人写收条并签字盖章。

(4) 将委托书和收条一并交旅行社保管，以备后用。

(5) 转递给外国驻华使、领馆及其人员的物品或信件，原则上不能接收。在推托不了的情况下，导游人员应详细了解情况并向旅行社领导请示，在领导同意后将物品和信件交旅行社有关部门，由其转递。

案例分析

某旅游团离境前，一位老年游客找到全陪小李。要求他将一个密封的盒子转交一位朋友，并说："盒子里是些贵重东西。本来想亲手交给他的，但他来不了饭店，我也去不了他家。现在只得请你将此盒子转交给我的朋友了。"小李为了使游客高兴，接受了他的委托，并认真地亲自将盒子交给了游客的朋友。可是，半年后，老年游客写信给旅行社，询问为什么李先生没有将盒子交给他的朋友。当旅行社调查此事时，小李说已经把盒子交给了老人的朋友了，并详细地介绍了整个过程。旅行社领导严肃地批评了小李。

(1) 领导的批评对不对？为什么？
(2) 怎样正确处理游客的转交贵重物品的委托要求？

三、游客其他个别要求的处理

（一）要求探视亲友活动的处理

游客到达某地后，希望探望在当地的亲戚或朋友，这可能是其旅游目的之一。导游人员应设法予以满足，并根据以下情况进行处理。

(1) 如果游客知道亲友的姓名、地址，导游人员则应协助联系，并向游客讲明具体的乘车路线。

(2) 如果游客只知道亲友姓名或某些线索，地址不详，导游人员则可通过旅行社请公安户籍部门帮助寻找，找到后及时告诉游客并帮其联系；若旅游期间没找到，则可请游客留下联系电话和通信地址，待找到其亲友后再通知他（她）。

（3）如果海外游客要会见中国同行洽谈业务、联系工作或进行其他活动，导游人员则应向旅行社汇报，在领导指示下给予积极协助。

（4）如果导游人员发现个别中国人与游客之间以亲友身份作为掩护进行不正常往来，或游客会见人员中有异常现象，则应及时汇报。

（5）如果外国游客要求会见在华外国人或驻华使、领馆人员，导游人员不应干预；如果游客要求协助，导游人员则可给予帮助；若外国游客盛情邀请导游人员参加使、领馆举办的活动，导游人员则应先请示领导，在批准后方可前往。

（二）要求亲友随团活动的处理

游客到某地希望会见亲友，但时间有限又不舍得放弃旅游活动，因此向导游人员提出亲友随团的要求，导游人员要做到：

（1）要征得领队和旅游团其他成员的同意。

（2）与接待社有关部门联系，如无特殊情况可请随团活动的人员准备好有效身份证件到接待社填写表格，交纳费用；办完随团手续后方可随团活动。

（3）如因时间关系无法到旅行社办理相关手续，则可电话与接待社有关部门联系，得到允许后代为查阅证件，收取费用；尽快将收据交给游客。

（4）若是外国驻华使馆人员或外国记者要求随团活动，则应请示接待领导，按照我国政府的有关规定办理。

（三）中途退团的处理

1. 因特殊原因提前离开旅游团

游客因患病、家中出事、工作上急需，或因其他特殊原因，要求提前离开旅游团、中止旅游活动，在接待方旅行社与组团社协商后可予以满足，至于未享受的综合服务费，按旅游协议书规定，或部分退还，或不予退还。

2. 无特殊原因执意退团的

游客无特殊原因，只是某个要求得不到满足而提出提前离团。导游人员要配合领队做说服工作，劝其继续随团旅游；若接待方旅行社确有责任，则应设法弥补；若游客提出的是无理要求，则要做耐心解释；若劝说无效，游客仍执意要求退团，则可满足其要求，但应告知其未享受的综合服务费不予退还。

外国游客不管因何种原因要求提前离开中国，导游人员都要在领导指示下协助旅游进行重订航班、机座，办理分离签证及其他离团手续，所需费用游客自理。

案例分析

某国旅游团到中国进行北京、承德、天津七日游。行程的第三天，领队找到北京地陪，急切地说："游客的国家发生骚乱，很多住宅区、商店被抢，而团内大部分人来自骚乱地区，现决定放弃旅游，立即回国。"地陪回答已得知骚乱消息，对游客表示同情并表示愿协助旅游团办理相关手续。

地陪请示旅行社，在批准后立即着手办理旅游团提前回国事宜。旅游团的机票是组团社预购的双程机票，于是地陪与该国航空北京办事处联系，得知因骚乱，机票已被预订完。地陪与其他航空公司联系，只有香港的港龙航空还有部分飞往该国的机票，于是地陪和旅游者商量，告知港龙航空有票并可给好的折扣，但要在香港转机，需9个多小时才能到该国，该国航空也只收15%的损失费。旅游者接受这一现实，地陪就马上办妥了机票及其他回国手续，将旅游者平安送抵机场。

从处理这件不常见的突发个案中，可以得出以下启示：

(1) 冷静、灵活和有主见是导游职业的需要，是正确处理事故和问题的必要条件。

(2) 地陪对突发事件和旅游者的遭遇表现出强烈的关注和同情，但没有将其与导游业务相混淆；导游人员代表旅行社为旅游者服务，处理问题的决定权一般在旅行社。

(3) 处理机票问题：地陪在了解确切情况后才与旅游者商量、解决问题，而没有用"试试吧"这样模棱两可的话来对付游客。

(4) 关于旅游者未享受的综合服务费问题，导游人员应讲清：旅行社会妥善解决这一问题，但因旅游者主动放弃，按规定不退还费用。

(5) 旅游团一旦决定提前回国，必须马上退车、退房和退餐并取消其他一切预订事项。

(6) 在处理这样的突发事件中，接待旅行社最好也出面与旅游者协商，并适当赠送一些慰问品。

(四) 延长旅游期限的处理

游客要求延长旅游期限一般有两种情况。

1. 由于某种原因中途退团，但本人继续在当地逗留需延长旅游期

对无论何种原因中途退团并要求延长在当地旅游期限的游客，导游人员应帮其办理一切相关手续。对那些因伤病住院，不得不退团并须延长在当地居留时间者，除了办理相关手续外，还应前往医院探视，并帮助解决患者或其陪伴家属在生活上的困难。

2. 不随团离开或出境

旅游团的游览活动结束后，由于某种原因，游客不随团离开或出境，要求延长逗留期限，地陪应酌情处理：不需办理延长签证的，一般可满足其要求；无特殊原因游客要求延长签证，原则上应予婉拒；确有特殊原因需要留下但需办理签证延期的，地陪应请示旅行社领导，向其提供必要的帮助。

(1) 办理延长签证手续的具体做法是：先到旅行社开具证明，然后陪同游客持旅行社的证明、护照及集体签证到公安局外国人出入境管理处办理分离签证手续和延长签证手续，费用自理。

(2) 如果离团后继续留下的游客需要帮助，则一般可帮其做以下工作：协助其重新订妥航班、机票、火车票、饭店，等等，并向其讲明所需费用自理；如其要求继续提供导游或其他服务，则应与接待社另签合同。

(3) 离团后的一切费用均由旅游者自理。

任务实施

【实训项目】通过实训，使学生了解并掌握处理旅游者个别要求的方法。

【实训内容】旅行社的导游小赵受旅行社委派，为来自H市的旅游团提供导游服务。在旅游过程中，旅游团中的一些客人提出了换房、单独用餐、单独外出购物、退换商品、专递物品、中途退团等要求，导游小赵需要妥善地处理这些要求。

【实训考核】每小组进行导游人员处理旅游者个别要求的情景表演。小组互评、讨论，教师点评、总结。

任务三　特殊游客服务技能

任务介绍

在旅游团队中有许多特殊的旅游者，不同类型的特殊游客都有其固有的特点以及对应的导游服务技能，掌握这些接待服务技能，有利于导游人员在带团过程中提供更有针对性的服务。如何做好不同类型的特殊游客接待服务，是一名优秀的导游人员必须具备的基本技能。

任务目标

（1）熟悉各类特殊游客的特征。
（2）掌握各类特殊旅游团队及特殊游客的接待服务技能。

任务导入

导游带团，经常会遇到一些特殊类型的旅游团队，例如"夕阳红"团队、学生团、政务考察团等，对于这些特殊团队，导游人员在提供服务时应注意哪些问题？有什么服务技能？

相关知识

游客来自不同的国家和地区，他们在年龄、职业、宗教信仰、社会地位等方面存在较大的差异，有些游客甚至非同一般，特点尤为突出，导游人员必须给予特别重视和关照，因此称之为特殊游客或重点游客。虽然他们都是以普通游客的身份而来，但接待方法有别于一般的游客。

（一）对儿童的接待

出于增长见识、健身益智的目的，越来越多的游客喜欢携带自己的子女一同到目的地旅游，其中不乏一些少年儿童。导游人员应在做好旅游团中成年游客旅游工作的同时，根据儿童的生理和心理特点，做好专门的接待工作。

1. 注意儿童的安全

儿童游客，尤其是2~6岁的儿童，天生活泼好动，因此要特别注意他们的安全。地陪可酌情讲些有趣的童话和小故事吸引他们，既活跃了气氛，又使他们不到处乱跑，保证了安全。在旅游过程中，经常会出现中国游客因喜爱要和外国儿童合影留念的情况。面对好客的中国人，孩子和家长开始很兴奋、新鲜，很愿意合作。但时间一长，次数一多，他们就会产生厌烦情绪。遇到这种情况，导游员一方面要代他们婉言谢绝，另一方面也可做一些工作，尽量让双方都满意。

2. 掌握"四不宜"原则

对有儿童的旅游团，导游人员应掌握"四不宜"的原则。

（1）不宜为讨好儿童而给其买食物、玩具。

（2）不宜在旅游活动中突出儿童，而冷落其他游客。

（3）即使家长同意也不宜单独把儿童带出活动。

（4）儿童生病，应及时建议家长请医生诊治，而不宜建议其给孩子服药，更不能提供药品给儿童服用。

3. 对儿童多给予关照

导游人员对儿童的饮食起居要特别关心，多给一些关照。如天气变化，则要及时提醒家长给孩子增减衣服，如果天气干燥，则要提醒家长多给孩子喝水等；用餐前，考虑到儿童的个子小，且外国儿童不会使用中餐用具，地陪应先给餐厅打电话，请餐厅准备好儿童用椅和刀、叉、勺等一些儿童必备用具，以减少用餐时的不便。

4. 注意儿童的接待价格标准

对儿童的收费根据不同的年龄，有不同的收费标准和规定，如机票、车票、船票、住房、用餐等，导游人员应特别注意。

案例分析　　　　　　　　**一次失败的带团经历**

成都某旅行社导游小李作为全陪，带领28人的中学生夏令营旅游团赴北京旅游。小李是第一次做全陪，而且是第一次带中学生团，虽然做了较多准备，但仍感觉压力很大。团队到达北京的当晚，就有一名学生睡梦中从上床滚下，摔破了下巴（地接社为降低成本，安排住大学生宿舍，睡上下床），结果送医院缝了三针；次日安排上午游览天坛，下午游览故宫。但在天坛，有七八位学生与团队走失，致使整队时多花了近2个小时才把人找齐。团队到达故宫时，已是下午3点，地陪要求一个半小时内游完故宫并在北门集合。学生只好一路小跑，这才基本准时到达集合地点；晚餐时，学生又累又饿，餐厅上菜节奏却很慢，往往一道菜上来立刻被抢光，然后众学生就敲着饭碗等菜，弄得餐厅里乌烟瘴气。

分析： 本案例讲述的中学生夏令营，是每年夏天最常见的特殊旅游团队，导游人员必须结合青少年的特点安排行程。案例中让学生住上下床，安排游程太紧，未采取有效的措施预防学生走失，未针对学生食量大、食速快的特点安排晚餐等，都反映出旅行社及其安排的导游人员对接待青少年团队经验不足，致使工作中失误频繁，严重地影响了旅游效果。

（二）对高龄游客的接待

在我国入境旅游和国内旅游市场，老年游客均占有较大的比例。而在这些老年游客中还有年龄在80岁以上的高龄游客。尊敬老人是我们中华民族的传统美德，因此，导游人员应通过谦恭尊敬的态度、体贴入微的关怀以及不辞辛苦的服务做好高龄游客的接待工作。

1. 高龄游客的特点

（1）行程舒缓。

这是高龄旅游团的明显特征，是由老年旅游者的生理条件决定的。他们不可能像年轻人那样选择风风火火、富于冒险、追求刺激、接受急行军般的旅游方式。他们需要的是旅行中的舒适、游览中的从容，注重旅游质量，而不是盲目地追求数量。他们希望游览行程的安排在时间和空间上始终处于一种轻松的状态。

（2）希望得到尊重。

任何旅游者在旅游中都希望得到别人的尊重，而老年旅游者则更为突出。在生活中，他们需要导游人员的悉心照料；在游览中，他们希望听到高水平的讲解；在日常的交往中，他们希望不被对方忽视；在他们提出意见后，希望能得到对方的重视。在旅游中，他们希望威望的回归、自我价值的实现。高兴时，希望别人与其分享；不满时，希望别人听其发泄；成功时，希望得到掌声与赞扬；失误后，希望得到理解和安慰。

（3）对讲解要求较高。

老年旅游者普遍有着较高的文化素养及丰富的社会阅历，面对观赏对象，有自己独特的理解。他们希望听到导游人员较高水平的讲解，以满足自己求知、求新、求异的需要。有些老年旅游者尤其喜欢听导游人员在历史、文学艺术、社会文化方面的深入讲解，因为能听懂高层次的讲解，水平自然也不会太低，这仍然是追求自我价值的一种体现。

（4）喜欢怀旧。

老年旅游者通常大多数会利用旅游的机会故地重游，而且一开口讲话通常就是"我们那时候……""当年……"，导游人员必须耐心加虚心，给老人以足够的回忆空间。同时，老年旅游者还特别喜欢向导游人员提问题，希望得到满意的回答。有些问题体现出旅游者较高的文化水平，既有品位又有深度；但有时也会提出较为幼稚的问题，但他们的态度绝对是认真的。

2. 高龄游客接待原则

（1）妥善安排日程。

导游人员应根据高龄游客的生理特点和身体情况，妥善安排好日程。首先，日程安排不要太紧，活动量不宜过大、项目不宜过多，在不减少项目的情况下，尽量选择便捷路线和有代表性的景观，少而精，以细看、慢讲为宜；其次，应适当增加休息时间。参观游览时可在上、下午各安排一次中间休息，在晚餐和看节目之前，应安排回饭店休息一会儿，晚间活动不要回饭店太晚；再次，带高龄游客团不能用激将法和诱导法，以免消耗体力大，发生危险。

（2）做好提醒工作。

高龄游客由于年龄大，记忆力减退，导游人员应每天重复讲解第二天的活动日程并提醒注意事项，如预报天气情况、提醒增减衣服、带好雨具、穿上旅游鞋等。进入游人多的景点时，要反复提醒他们提高警惕，带好自己的随身物品；其次，由于外国游客对人民币不熟悉，加上年纪大，视力差，使用起来较困难。为了使用方便或不被人蒙骗，地陪应提醒其准备适量的小面值人民币；此外，由于饮食习惯和生理上的原因，带高龄游客团队，地陪还应适当增加去厕所的次数，并提前提醒他们准备好零钱（收费厕所）。

（3）注意放慢速度。

高龄游客大多数腿脚不太灵活，有时甚至力不从心。地陪在带团游览时，一定要注意放慢行走速度，照顾走得慢或落在后面的高龄游客，选台阶少、较平坦的地方走，以防摔倒碰伤；在向高龄游客讲解时，导游人员也应适当放慢速度、加大音量，吐字要清楚，必要时还要多重复。

（4）耐心解答问题。

老年游客在旅游过程中喜欢提问题，好刨根问底，再加上年纪大，记忆力不好，一个问题经常重复问几遍，遇到这种情况，导游人员不应表示反感，要耐心、不厌其烦地给予解答。

(5) 预防游客走失。

每到一个景点，地陪要不怕麻烦、反复多次地告诉高龄游客旅游路线及旅游车停车的地点，尤其是上下车地点不同的景点，一定要提醒高龄游客记住停车地点；另外，还要提前嘱咐高龄游客，一旦发现找不到团队，千万不要着急，不要到处乱走，要在原地等待导游人员的到来。

(6) 尊重西方传统。

许多老年西方游客，在旅游活动中不愿过多地受到导游人员的特别照顾，认为那是对他们的侮辱，以证明他们是无用之人。对此类游客应尊重西方传统，注意照顾方式。

(三) 对残疾游客的接待

在外国旅游团队中，有时会有聋哑、截瘫、视力障碍（盲人）等残疾游客，他们克服了许多常人难以想象的困难来到中国旅游，这既表明他们有着比常人更加强烈的对旅游的渴望，也说明他们对中国有着特殊的感情，对中国悠久的历史文化有着浓厚的兴趣，而且还告诉我们他们之所以在众多的旅游目的地中选择了中国，就是相信在中国不会受到歧视。因此，在任何时候、任何场合都不应讥笑和歧视他们，而应表示尊重和友好。残疾游客的自尊心和独立性特别强，虽然他们需要关照，但又不愿给别人增添麻烦。因此，在接待残疾游客时，导游人员要特别注意方式方法，既要热情周到，尽可能地为他们提供方便，又要不给他们带来压力或伤害他们的自尊心，真正做到让其乘兴而来、满意而归。

1. 适时、恰当的关心照顾

接到残疾游客后，导游人员首先应适时地询问他们需要什么帮助，但不宜问候过多，如果过多当众关心照顾，反而会使他们反感；其次，如果残疾游客不主动介绍，就不要打听其残疾的原因，以免引起不快；此外，在工作中要时刻关注残疾游客，注意他们的行踪，并给予恰当的照顾。尤其是在安排活动时，要多考虑残疾游客的生理条件和特殊需要，譬如选择路线时尽量不走或少走台阶、提前告诉他们洗手间的位置、通知餐厅安排在一层餐厅就餐等。

2. 具体、周到的导游服务

对不同类型的残疾游客，导游服务应具有针对性。接待聋哑游客要安排他们在车上前排就座，因为他们需要通过导游人员讲解时的口形来了解讲解的内容。为了让他们获得更多的信息，导游人员还应有意面向他们放慢讲解的速度；对截瘫游客，导游人员应根据接待计划分析游客是否需要轮椅，如需要应提前做好准备。接团时，要与计调或有关部门联系，最好派有行李箱的车，以便放轮椅或其他物品；对有视力障碍的游客，导游人员应安排他们在前排就座，能用手触的地方、物品可以尽量让他们触摸。在导游讲解时可主动站在他们身边，讲解内容要力求细致生动，口语表达更加准确、清晰，讲解速度也应适当放慢。

(四) 对宗教界人士的接待

来中国旅游的外国游客中，常常会有一些宗教界人士，他们以游客的身份来华旅游，同时进行宗教交流活动，导游人员要掌握他们身份特殊、要求较多的特点，做好接待工作。

1. 注意掌握宗教政策

导游人员平时应加强对宗教知识和我国宗教政策的学习，接待宗教旅游团时，既要注意把握政策界线，又要注意宗教游客的特点。譬如，在向游客宣传我国的宗教政策时，不要向他们宣传"无神论",尽量避免有关宗教问题的争论,更不要把宗教、政治、国家之间的问题混为一谈,随意评论。

2. 提前做好准备工作

导游人员在接到接待宗教团的计划后,要认真分析接待计划,了解接待对象的宗教信仰及其职位,对接待对象的宗教教义、教规等情况要有所了解和准备,以免在接待中发生差错;如果该团在本地旅游期间包括有星期日,要征求领队或游客的意见,是否需要安排去教堂,如需要,要了解所去教堂的位置及开放时间。

3. 尊重旅游者的信仰习惯

一忌称呼不当。对寺庙的僧人应尊称为"大师""法师",对道士应尊称为"道长",对住持僧应尊称为"长老""方丈""禅师"。对喇嘛庙中的僧人应尊称"喇嘛",即"上师"之意。

二忌礼节失当。与僧人见面的行礼方式为双手合十,微微低头,或单手竖掌于胸前,头略低。忌用握手、拥抱、摸僧人头部等不当之礼节。

三忌谈吐不当。与僧人、道人交谈,不应提及杀戮之辞、婚配之事,以及食用腥荤之言,以免引起僧人反感。

四忌行为举止失当。游览寺庙时不可大声喧哗、指点议论、妄加嘲讽或随便乱走,不可乱动寺庙之物,尤忌乱摸乱刻神像。如遇佛事活动,应静立默视或悄然离开。

4. 满足旅游者的特殊要求

宗教界人士在生活上一般都有一些特殊的要求和禁忌,导游人员应按照旅游协议书中的规定,不折不扣地兑现,尽量予以满足。例如,对宗教旅游者在饮食方面的禁忌和特殊要求,导游人员一定要提前通知餐厅做好准备;又如,有些伊斯兰教人士用餐时,一定要去有穆斯林标志牌的餐厅用餐,导游人员要认真落实,以免引起误会。

(五) 对有特殊身份和地位的游客的接待

"有特殊身份和地位的游客"是指外国在职或曾经任职的政府高级官员、皇室成员;对华友好的官方或民间组织团体的负责人;社会名流或在国际国内有一定影响的各界知名人士;国际或某国著名的政治家、社会活动家、大企业家等。这些游客是世界各国人民的使者,他们来到中国除了参观游览外,往往还有其他任务或使命,因此,做好他们的接待工作意义重大。首先,导游人员要有自信心,不要因为这些游客地位较高、身份特殊而胆怯、畏惧。往往越是身份高的人,越懂得尊重别人。他们待人接物非常友好、客气,十分尊重他人的人格和劳动。如果导游人员因为心理压力过大,工作起来缩手缩脚,反倒会影响导游效果。其次,由于这些游客文化素质高、知识渊博,导游人员要提前做好相关的知识准备,如专用术语、行业知识,等等,以便能选择交流的话题,并能流利地回答他们提出的问题。再次,在接待这些游客时,由于有时中央领导人或有关负责人要接见、会谈,所以游览日程、时间变化较大,导游人员要注意灵活掌握,随时向有关领导请示、汇报,尽最大努力安排好他们的行程和相关活动。

1. 在称谓上始终使用尊称

如"各位领导""各位贵宾";旅游线路和节奏应照顾旅游者的兴趣和身体状况,根据旅游者意愿,适时地加以改变;讲解的内容应以介绍景点背景资料为主,突出具体数据(注意数据准确)和本地特色,但不要妄自尊大;对旅游者感兴趣的内容可以多讲,其他少讲或不讲。

2. 注意自己的身份

如果团队有地方官员陪同，安排行程时，多与他们商量，或请他们代为征求旅游者的意见；当地方领导与贵宾交谈时，导游人员可以暂时中断自己的讲解，以示尊敬；导游人员也不要在车上与驾驶员闲谈，而且不论领导再怎么欣赏你，也不可贸然与领导同桌吃饭或主动上前敬酒。

3. 突出团队的主要领导

导游服务要以主要领导为核心，要多听取其意见，适当地照顾其他团员；讲解也以主要领导为主，时刻伴随其左右并引领路线。当有记者摄影时，导游人员应主动后退半步，突出团队成员；在没有得到领导明确邀请的情况下，导游人员一般不参加团队合影；即使受到邀请，也应居末位或站到后排。

4. 注意购物问题

除非合同明确规定，导游人员不得安排政务型团队购物；旅游者主动要求购物时，导游人员可介绍商品特色，帮助其谈价，但是否购买应由旅游者自己拿主意。当发现商品质量不可靠或价格明显虚高时，应提醒旅游者谨慎购买。

（六）旅游团队中专业人士导游服务技能

1. 旅游团队中专业人士的主要特征

（1）有较多的相关专业知识。

（2）目的明确。

（3）观察细致。

2. 旅游团队中专业人士导游服务技能要点

（1）克服畏难情绪。

许多导游人员都怕带专业团，因为导游专业的学习，只是对与旅游有关的各类知识的学习，并没有对某类知识研究十分透彻，另外，导游词中间很多是传说、神话故事、奇闻逸事，这些东西禁不起专业的考验。于是在这些专家、学者面前，讲解的时候生怕有说错的地方，本来能说流利的也没有自信说了。其实，专家也不是什么都懂，也不是在各个领域中都是专家。地陪比专家更加了解本地，对于专家不熟悉的方面，导游也有相当的发言权。

（2）做好知识准备。

①对该专业（领域）要有一定的了解。

②搜集有关资料，掌握背景知识。

③针对考察的具体对象重点准备。

3. 讲解注意事项

讲解时尽量做到讲浅不讲深、讲外不讲内、讲个性不讲共性。首先，在讲解的时候，不要求能讲多深刻，但是所讲的内容必须正确，不能不懂装懂。另外，针对专家所精通的内容，尽量避免讲解，而主要讲解专家专业以外的内容，比如带领研究古代建筑的专家在参观岳麓书院的时候，就要避免讲解古代建筑的特点，而可以把讲解的重点放在书院的历史、制度、核心思想等方面。还有，就是不要讲些大家都知道的，特别是专家都知道的东西，而应该讲景点不同于其他景点的特点。

4. 保证充足的游览时间

专家团队一般都有自己的研究目的,并非像一般游客走马观花,所以正常参观后,还应该留出一定的时间自由活动。

任务实施

【实训内容】 以小组为单位编排旅游小品,分别针对以下团队或游客就某一情景为游客提供接待服务。

(1) 政务型旅游团队。
(2) 宗教型旅游团队。
(3) 老年人旅游团队。
(4) 团队中的聋哑人。
(5) 团队中的儿童游客。
(6) 团队中的某知名电视节目主持人。

【实训考核】
(1) 学生抽签决定表演内容,各组不能重复。
(2) 每组表演必须出现3处以上的接待错误,供其他小组挑错。
(3) 每组表演不超过5分钟。

教师、各组学生进行点评,打分。

项目三

导游人员的语言技能

项目分析

导游人员的语言技能项目主要介绍导游语言技能及导游讲解技巧；掌握自然景观和人文景观导游讲解技巧，掌握导游语言的特点，提高驾驭语言的能力，提高语言的表达能力和感染力。

学习目标

※知识目标

导游人员口头语言和态势语言的表达技巧；导游交际语言的表达要领。

※能力目标

（1）明确导游语言的基本要求；掌握导游人员口头语言和态势语言的表达技巧；掌握导游交际语言的表达要领。

（2）苦练导游基本功，培养导游人员的导游讲解能力、人际沟通交往能力和规范服务能力。

（3）培养导游人员的责任意识、敬业精神、创业创新能力。

任务一　导游语言的基本要求

任务介绍

语言是以语音为物质外壳，以词汇为建筑材料，以语法为结构规律而构成的体系。语言是人类沟通信息、交流思想感情、促进相互了解的重要手段，是人们进行交际活动的重要工具。导游是一种社会职业，与其他社会职业一样，在长期的导游实践中逐渐形成了具有职业特点的语言——导游语言。导游语言是导游人员与旅游者交流思想感情、指导游览、进行讲解、传播文化的工具,对导游人员而言,语言是必不可少的基本功。

任务目标

了解导游语言的基本要求,掌握导游语言的表达技巧。

任务导入

导游讲解,是导游人员以丰富多彩的社会实践和璀璨壮丽的自然、人文景观为题材,以兴趣和爱好各异的旅游者为服务对象,对相关知识进行加工、整理和提炼,用具有丰富表现力的语言进行的一种意境再创造。朱光潜指出:"话说得好就会如实地达意。使听者感到舒服,发生美感。这样的说话就成了艺术。"

相关知识

导游人员的语言表达直接影响着旅游者的心理活动,所以必须在语言艺术的"达意"和"舒服"上下功夫,在"美"字上做文章。因此,导游人员的语言除了要符合语言规范之外,还要满足以下基本要求。

(一)正确性

正确是导游讲解的核心。正确包含两个方面的含义:一是内容正确,二是语言正确。

1. 内容正确

内容正确是指导游讲解的内容具有客观性、准确性和健康性。

(1)客观性。导游人员的讲解一定要符合客观实际,在客观现实的基础上进行意境的再创造。知识和信息来源一定要可靠,具有权威性和可信度。即使是神话传说、民间故事也应当有所本源,不能信口雌黄、胡编乱造。无论是说古还是论今,议人还是叙事,讲故事还是说笑话,都要做到以实论虚、入情入理。

(2)准确性。对于国家的方针政策,不能随意解释;景观中涉及的数据和史实必须准确无误。不能张冠李戴,更不能用"大概""可能"之类来蒙混过关;对自然和人文景观的价值与来源,更不能随意评判。

(3)健康性。导游语言应当语气文雅,合乎礼仪,表现导游人员应有的气质和修养。健康性还表现为导游人员讲解的内容必须是健康的、向上的、无害的,不可庸俗下流或消极颓废。

2. 语言正确

(1)要做到语言规范,用词贴切。语言要符合语法和日常习惯用法;遣词造句正确,词语组合、搭配恰当;注意词义的褒贬,同具体的场合、情景相吻合。

如导游人员在向游客介绍了某一自然景观之后说:"这里的景色真叫人心旷神怡。"这里的"叫"字同心旷神怡的搭配就不如用"令"字更好,因为"令"字有"使"的含义,即客观事物使人们主观上产生一种感受。

(2)恰当使用敬语、谦语和态势语,注意游客所在国的风俗习惯和语言习惯,注意不同国家、不同民族、不同文化背景下对同一态势语言的不同理解。

在导游服务中,导游人员要特别注意不能用手指指点游客,这在西方国家是很不礼貌的动作。例如,导游人员在清点人数时用食指来点数,就会引起游客的反感。

竖起大拇指,在世界上许多国家包括中国都表示"好",用来称赞对方高明、了不起、干得好。但在有些国家还有另外的意思,如在韩国表示"首领""部长""队长"或"自己的父亲",在日本表示"最高""男人"或"您的父亲",在美国、墨西哥、澳大利亚等国则表示"祈祷幸运",在希腊表示叫对方"滚开",在法国、英国、新西兰等国人们做此手势是请求"搭车"。

(二) 清楚性

1. 发音正确,吐字清晰

导游人员在进行景点讲解、情况说明或回答游客问询的时候,一定要口齿清晰,吐字标准,发音正确,简洁明了。对于中文导游人员,一定要加强普通话训练,外语导游人员一定要加强学习,说一口地道的外语。

2. 通俗易懂,简洁明了

导游语言一定要通俗易懂,忌用歧义语和生僻词汇,避免啰唆冗长;使用中国专用的政治词汇时要做适当的解释;使用俚语要谨慎,一定要了解其正确意义及使用场合;不要乱用高级形容词。

3. 层层递进,逻辑性强

(1) 导游人员的思维要符合逻辑规律,要保持导游语言前后的连贯性。即上一句和下一句之间,上一段和下一段之间,一定要密切联系,使游客明确问题的来龙去脉。

例如,清十二帝葬身之处:清朝共有12位皇帝,10位葬在关内的河北,2位葬在关外的辽宁。关内除末代皇帝溥仪葬在华龙陵园外,其余9位皇帝,5位葬在清东陵,4位葬在清西陵。关外的2位皇帝即太祖努尔哈赤和太宗皇太极。

(2) 语言表达要有层次感。导游讲解一定要层次分明,要事先确定讲解的先后次序,即先讲什么、后讲什么,使之层层递进,条理清晰,脉络分明。例如,清初关外的"三京""三陵":

"三京"指旧时的兴京——现辽宁新宾;东京——现辽宁辽阳;盛京——现辽宁沈阳。"三陵"就是新宾的永陵,即祖陵,埋葬着肇、兴、景、显四祖;沈阳东郊的福陵,也称东陵,埋葬着清朝第一代开国君主努尔哈赤及孝慈高皇后叶赫那拉氏;昭陵位于沈阳北部,又称北陵,这里埋葬着清朝第二代开国君主皇太极和孝端文皇后博尔济吉特氏。盛京三陵与河北遵化的清东陵、河北易县的清西陵共同构成了清代皇家陵园。

再如,我们的船已缓缓启动了,我先把整个游湖的行程简单地介绍一下。环湖一周的景点有一山和二堤。一山指的孤山,孤山景区的名胜古迹多达30多处,我们沿湖所能欣赏到的有西泠桥、秋瑾墓、西泠印社、楼外楼、中山公园等。孤山之后是白堤,起自平湖秋月,终于断桥残雪,桥后还有著名的宝石流霞等景观。欣赏完沿湖景色,我们再去湖中三岛,游船最后将在苏堤靠岸。

4. 分清主次,突出中心

任何景区和景点都包含若干景观,由于时间等客观原因,在带领游客游览的过程中,不可能面面俱到。导游人员必须把握分寸,有主有次,重点讲解介绍景区中最具有代表性的景点和景物，非主流景观景点一带而过，使游客感到重点突出、脉络清晰，对所见景物留下较为深刻的印象。

在对景区重点景观和景物取舍时，一方面要遵循常规的重点；另一方面必须考虑游客的需要，不能仅凭导游人员的主观意志。导游人员的"重点"讲解内容应与游客的兴趣需要相一致，必须充分考虑游客的旅游动机和文化层次。

（三）生动性

1. 语言生动形象

生动形象是导游语言艺术性的具体体现。要求导游人员在传递故事、描绘情境、叙述事实、呈现风物时声情并茂、引人入胜，使人如闻其声、如见其人、如观其状，以此引发游客的共鸣。因此，导游人员除了要把握好语音、语调之外，还要善于运用比喻、比拟、夸张、映衬、引用等修辞手法。语言力求鲜明生动，不仅要考虑讲话的内容，也要考虑表达方式，力求与神态表情、手势动作和谐一致。看景不如听景。栩栩如生的语言能够创造美的情趣，起到画龙点睛、情景交融的作用，从而提升导游讲解的品质。

例如，前厅迎面的这幅壁画名为《白云黄鹤图》，此幅壁画取材于"驾鹤登仙"的古代神话，兼取唐诗"昔人已乘黄鹤去"之意。大家请看，在画面上有一位仙者驾着黄鹤腾空而起，他口吹玉笛，俯视人间，好像离去，又似归来。画面下方绘有清代形制的黄鹤楼，楼前人群浮动，或把酒吟诗，或载歌载舞，有如送别，又似接风。天上人间，浑然一体，洋溢着神奇而浪漫的气氛。

2. 语言诙谐幽默

列宁说过："幽默是一种优美的、健康的品质。"有位哲人也说过："幽默是人际关系的润滑剂。"幽默风趣是导游语言艺术性的重要体现，既可以融洽感情、活跃气氛，提高旅游者的游兴；又可以巧妙地化解尴尬，消除人际关系中的龃龉。智慧与幽默往往是一对孪生兄弟，幽默基于知识、阅历和性格之上，是一个人聪明才智的标志。因此，幽默的语言调侃、圆巧，但不轻浮、浅薄。幽默的语言往往在轻松中蕴涵深沉，耐人寻味。

例如，现在各位看到前面这条"间株杨柳间株桃"的长堤就是白堤。当我们的船驶到这里，西湖最秀丽的风光就呈现在大家面前了。白堤原名"白沙堤"，早在一千多年前的唐朝，就以风光旖旎而著称。它虽然与白居易主持修筑的白堤不在一个方位，但杭州人民为缅怀这位对杭州做出杰出贡献的"老市长"，仍把它命名为"白堤"。

幽默语言在运用时，必须注意以下问题：首先，幽默不宜多用，更不宜滥用，否则会冲淡讲解的主要内容，给人油腔滑调之感。其次，幽默要把握分寸。"幽默的话说得不好，很容易变成友谊的致命伤。"切勿伤害在场的任何人。不得针对一个人的身体缺陷，也不得针对他国的内政和宗教。最后，运用幽默语言时，应注意幽默的格调与品位。杜绝黄色幽默和低级趣味的玩笑。

（四）临场性

导游语言最集中发挥的场合便是景点的实讲阶段，因此，临场性便成为导游语言的一个突出特点。而这一特点是依靠系列表达手段来实现的。归纳起来，主要有表现临场性的词汇、临场导引语、临场操作提示语、设问等四种手法。

1. 表现临场性的词汇

表现临场性词汇主要是指导游词中的临场时间名词、时间副词和指示代词等。

时间名词主要有：现在、今天、刚才、此时此刻等。

时间副词主要有：刚、刚刚、正在、立刻、马上、将要等。

指示代词主要使用近指代词，如"这里""此处""这会儿""这么""这样"等。

2. 临场导引语

主要是指对旅游者的引导或提示旅游者的一些用语。

例如，"请大家往上看""请大家顺着我手指的方向看""现在大家看到的是……""现在我们所处的位置是……""我们面前的是……""映入我们眼帘的是……""车行左前方是……"，等等。此外，还有引导旅游者参与的导引语，如"请大家试着……""现在请大家猜一猜……""哪位朋友愿意（做）……"，等等。

这些导引语的使用使此情此景、此时此刻、此地此人的浏览临场特征更加突出，既有对旅游者的引导与提醒作用，又使导游词呈现出十分鲜明的临场性。

3. 临场操作提示语

临场操作提示语就是附着在导游词中的具有指示作用或指导导游人员临场操作作用的说明用语。

例如，我想你们一定看过《红楼梦》吧，那你们可知道片首的那个神石吗？对，那块神石就是黄山的这块飞来石。那么接下来就让我们去一睹它的风采吧。大家跟紧我，各位游客，现在我们经过的是百步云梯，至于它有没有百步呢，就由游客们走过时注意数一下了。

再如，在我讲解的过程中，为了更好地保护这份珍贵的遗产，也为了保证您的游园安全，请您配合：第一，请勿吸烟；第二，请勿攀爬山石；第三，看管好自己的财物；第四，爱护环境卫生，不要在园内乱丢垃圾。

4. 设问

设问就是根据旅游者的思路设计一些问题。其主要表达方式是："来到（讲到）这里，大家可能会问……""大家一定会产生这样的疑问……""刚才有位朋友问……"，等等。

例如，到此各位不禁要问：这么多的文物，是如何保存下来的呢？屋子里面的人又跑到哪里去了呢？答案是一场大火。据考古专家考证，是一场大火毁灭了他们的家，房屋倒塌，森林毁灭，所有的人都逃了出去。于是便将这些物品埋葬了7200多年。1973年6月，在大规模的挖掘中，这些文物才得以重见天日。

这种问题的要点并不是在"问"，而在于集中旅游者的注意力，收拢旅游者的思路，使导游讲解有效进行。

任务二　导游语言的表达技巧

导游语言是导游人员在导游服务过程中必须熟练掌握和运用的含有一定意义并能引起互动的一种符号。从讲解的角度来说，导游语言不仅包括有声语言（口头语言），还包括无声语言（态势语言）。

（一）导游口头语言的表达技巧

苏联教育家马卡连柯说过："只有在学会用15~20种声调说'到这里来'的时候，只有学会在脸色、姿态和声音的运用上能做出20种风格韵调的时候，你才变成一个真正有技巧的人了。"

"一年拳，两年腿，十年才练一张嘴。"导游人员应该练好导游语言这一基本功，并使其语言水平不断提高。

1. 音量大小适度

音量是指一个人讲话时声音的强弱程度。导游人员在进行导游讲解时要注意控制自己的音量。在游览过程中，音量大小往往受到游客人数、讲解内容和所处环境的影响，导游人员应根据具体情况适当地进行调节。

（1）要根据游客多少及导游地点、场合来调节音量。游客多时，音量要以使离你最远的游客听清为度；游客少时音量则要小一些。在室外嘈杂的环境中讲解，导游人员的音量应适当放大，而在室内宁静的环境中则应适当放小一些。

（2）要根据讲解内容调节音量。

首先，对于导游讲解中的一些重要内容、关键性词语或需要特别强调的信息，导游人员要加大音量，以提醒游客注意，加深游客的印象。

例如，"各位游客，我们将于今天下午四点半在景区正门处集合。"这里主要强调的是集合时间和集合地点，以提醒游客注意。

其次，故意压低嗓门，先抑后扬，造成一种紧张气氛，以增强感染力。

例如："（轻声）这天晚上，天黑得不见五指，庙里静得出奇，（提高音量）突然，一阵电闪雷鸣划破夜空……"可见，音量大小调节得当，能增强语言的表达效果。

2. 语调升降有序

语调是指一个人讲话的腔调，即讲话时语音的高低起伏和升降变化。语调一般分为升调、降调和直调三种，高低不同的语调往往伴随着人们不同的感情状态。

（1）升调。多用于表示游客的兴奋、激动、惊叹、疑问等感情状态。例如：

大家请看，前面就是"天下巨观"悬空寺了！（表示兴奋、激动）

您老十年前就来过悬空寺？（表示惊叹、疑问）

看，悬空寺凌空危挂，多神奇呀！（表示兴奋、惊叹、激动）

悬空寺是如何修建的呢？为什么经历1400多年的风雨仍能安然无恙？（表示疑问）

（2）降调。多用于表示游客的肯定、赞许、期待、同情等感情状态。例如：

我们明天早晨8点准时出发。（表示肯定）

期待与大家再次重逢，让我们后会有期！（表示期待）

这位游客答对了。（表示肯定）

我的讲解到此结束，谢谢大家！（表示尊重）

恭王府既是清代王府建筑的重要代表之一，也是中国传统建筑及造园技艺最成熟时期的重要表现。著名学者侯仁之先生称之为"一座恭王府，半部清代史"。（表示认同）

（3）直调。多用于表示游客的庄严、稳重、平静、冷漠等感情状态。例如：

首先我们来看西湖中最大的岛"三潭印月"，也叫小瀛洲。这是一个"湖中有岛、岛中有湖"的湖上花园。（表示陈述）

各位朋友，西湖沿岸的景观就介绍到这里，接着我们去观赏湖中三岛。（表示平静状态）

黄果树瀑布是中国的，同时也是属于世界的。（表示庄严、稳重）

3. 语速快慢相宜

语速是指一个人讲话速度的快慢程度。美国著名演说家费登和汤姆森在所著的《讲演的艺术经验》一书中说："关于讲演速度，所应遵循的原则，就是随时注意变化。"导游讲解应善于根据讲解的内容、游客的理解能力及反应等来控制讲解语言速度。例如，对中青年游客，导游讲解的速度可稍快些，而对老年游客则要适当放慢；对讲解中涉及的重要或需要特别强调的内容，语速可适当放慢一些，以加深游客的印象，而对那些不太重要的或众所周知的事情，则要适当地加快讲解速度，以免浪费时间，令游客不快。

导游人员在导游讲解或同游客谈话时，要力求做到徐疾有致、快慢相宜，要善于根据讲解内容控制语速，以增强导游语言的艺术性。

例如："光绪的凄苦，只有他的贴身太监王商能领会，一天晚上，王商趁慈禧熟睡之机，买通了看守珍妃的宫女，偷偷地将珍妃带到了玉澜堂同光绪见面。相见之下，两人有诉不尽的衷情、说不完的心里话，真是难舍难分。月过中天了，珍妃还不忍离去，真是相见时难别亦难啊。"讲这段话时，语速应沉重迟缓一些，但当讲到后边一段时，就要注意加快语速，以渲染紧张气氛："就在这时，殿外传来小太监的咳嗽声，王商一听，不好！慈禧太后来了，怎么办？珍妃此时再走已来不及了……"

4. 停顿长短合理

停顿是一个人讲话时语音的间歇或语流的暂时中断。这里所说的停顿不是讲话时的自然换气，而是语句之间、层次之间、段落之间的有意间歇。其目的是集中游客的注意力，增强导游语言的节奏感。导游讲解停顿的类型很多，常用的有以下四种。

（1）语义停顿。这是指导游人员根据语句的含义所作的停顿。一般来说，一句话说完要有较短的停顿，一个意思说完则要有较长的停顿。

例如，西湖作为著名的风景地，/许多中外名人对这里情有独钟。//毛泽东一生共40次来杭州，/最长的一次整整住了7个月之久，/他把杭州当作"第二个家"。//毛泽东常常称赞西湖秀美，/但他生前从未正式发表过描写西湖的诗词。//中国伟人喜欢西湖，/国际友人对西湖更是流连忘返。//美国前总统尼克松两次来杭州，/他赞叹地说：/"北京是中国的首都，/而杭州是这个国家的心脏，/我还要再来。"//尼克松还把家乡加利福尼亚州出产的红杉树送给了杭州。

（2）暗示省略停顿。这是指导游人员不直接表示肯定或否定，而是用停顿来暗示，让游客自己去判断。

例如，大家请看，那块高耸的巨石像不像一座宝塔？//"宝塔"旁边的那块石头像不像一只蹲坐的熊？//这就是被称为"宝塔雄狮"的自然景观。//这里通过停顿让游客去思考、判断，从而留下深刻的印象。

（3）等待反应停顿。这是指导游人员先说出令人感兴趣的话，然后故意停顿下来，以激起游客的反应。

例如，（承德避暑山庄阅射门前）说起这两个铜狮，还有一段动人的传说呢！相传在中国抗日战争时期，日本侵略军侵占了承德并大肆抢劫。有一天，一群日本兵发现这两个铜狮子很漂亮，是无价之宝，就想抢走。可是铜狮子太重，他们搬不动，于是就分头去找工具。等日本兵找到工具回来后发现狮子的眼睛红红的，哭出了血。（停顿下来，等待游客的反应。一些游客的脸上出现了惊疑的神色。）原来，这一切都是护院的老人干的。他想铜狮子是国家的财宝，绝不能让日本兵抢走。于是灵机一动，立即从村里找来猪血，涂在狮子的眼睛上。果然，日本兵个个吓得目瞪口呆，害怕搬动狮子会给他们带来厄运，便慌里慌张地逃走了，这对国宝才得以保留至今。

（4）强调语气停顿。这是指导游人员讲解时，每讲到重要的内容，为了加深游客内心的印象所作的停顿。

例如，敦煌千古事，苦乐谁心知？王圆箓到底是应该受到/尊重还是/唾弃呢？（导游人员讲到这里，故意把问题打住，吸引游客的注意力，加强游客对问题的印象。）

再如，那么藏经洞是/什么时候、/为什么被密封呢？/一说是11世纪西夏侵入敦煌时为了使经典不被西夏人破坏而藏；/一说是不用但又不能丢弃的经典集中存放；/再一说是为了防止伊斯兰教徒破坏而藏。后来，收藏这些经典的僧侣/逃的逃了，/死的死了，/还俗的还俗了。直到/21世纪初发现这个洞穴为止，人们才知道这件事。

经验之谈：

美国的戴尔·卡耐基在《语言的突破》中叙述了林肯用停顿进行强调的经验："林肯在讲话时，经常说着说着就把话头从中间切断，每当他讲到重要的地方，为了加深听众内心的印象，他就使出'切断话题'这一招，而暂时沉默一下，凝视听众的眼睛。为了使自己的内容和意义能深深刻在听众的心里，唯一能使他达到这一目的的，就是他所具备的沉默，因为沉默加强了他说话的力量。"

总之，导游人员讲解时注意停顿，可以使语言变得流畅而有节奏，收到"大珠小珠落玉盘"的效果。

（二）导游态势语言的表达技巧

名人名言：美国著名的心理学家艾帕尔·梅拉利思说："信息的总效果等于7的文字、38的音调、55的面部表情。"

态势语言亦称体态语言、人体语言或动作语言，它是通过人的表情、动作、姿态等来表达语义和传递信息的一种无声语言。同口头语言一样，它也是导游服务中重要的语言艺术形式之一，常常在导游讲解时，对口头语言起着辅助作用，有时甚至还能起到口头语言难以企及的作用。态势语言种类很多，不同类型的态势语言具有不同的语义，其运用技巧也不相同，下面介绍一些导游服务中常用的态势语言。

1. 首语

首语是通过人的头部活动来表达语义和传递信息的一种态势语言，它包括点头和摇头。一般说来，世界上大多数国家或地区都以点头表示肯定，以摇头表示否定。而实际上，首语有更多的具体含义，如点头可以表示肯定、同意、承认、认可、满意、理解、顺从、感谢、应允、赞同、致意等。另外，因民族习惯的差异，首语在有些国家或地区还有不同的含义，如印度、泰国等国的某些少数民族奉行的是点头不算摇头算的原则，即同意对方意见用摇头来表示，不同意则用点头表示。

2. 表情语

表情语是指通过人的眉、眼、耳、鼻、口及面部肌肉运动来表达情感和传递信息的一种态势语言。导游人员的面部表情要给游客一种平滑、松弛、自然的感觉，要尽量使自己的目光显得自然、诚挚，额头平滑不起皱纹，面部两侧笑肌略有收缩，下唇方肌和口轮肌处于自然放松的状态，嘴唇微闭。这样，才能使游客产生亲切感。

微笑是一种富有特殊魅力的面部表情，导游人员的微笑要给游客一种明朗、甜美的感觉，微笑时要使自己的眼轮肌放松，面部两侧笑肌收缩，口轮肌放松，嘴角含笑，嘴唇似闭非闭，以露出半牙为宜。这样才能使游客感到和蔼亲切。

3. 目光语

目光语是通过人与人之间的视线接触来传递信息的一种态势语言。艺术大师达·芬奇说："眼睛是心灵的窗户。"意思是透过人的眼睛，可以看到他的心理情感。导游讲解是导游人员与游客之间的一种面对面的交流。游客往往可以通过视觉交往从导游人员的一个微笑、一种眼神、一个动作、一种手势中加强对讲解内容的认识和理解。在导游讲解时，运用目光的方法很多，常用的主要有以下四种。

（1）目光的联结。导游人员在讲解时，应用热情而又诚挚的目光看着游客。正如德国导游专家哈拉尔德·巴特尔所说的：导游人员的目光应该是开诚布公的、对人表示关切的，是一种可以看出谅解和诚意的目光。切忌目光呆滞或轻视、傲视或无视的传递。

（2）目光的移动。导游人员在讲解某一景物时，首先要用自己的目光把游客的目光吸引过去，然后及时收回目光，并继续投向游客。这种方法可使游客集中注意力，并使讲解内容与具体景物和谐统一，给游客留下深刻的印象。

（3）目光的分配。导游人员在讲解时，应注意自己的目光要统摄全部听讲解的游客，既可把视线落点放在最后边两端游客的头部，也可不时环顾周围的游客，但切忌只用目光注视面前的部分游客，使其他的游客感到自己被冷落，产生遗弃感。

（4）目光与讲解的统一。导游人员在讲解传说故事和逸闻趣事时，讲解内容中常常会出现甲、乙两人对话的场景，需要加以区别，导游人员应在说甲的话时，把视线略微移向一方；在说乙的话时，把视线略微移向另一方，这样可使游客产生一种逼真的临场感，犹如身临其境一般。

4. 服饰语

服饰语是通过服装和饰品来传递信息的一种态势语言。一个人的服饰既是所在国家、地区或民族风俗与生活习惯的反映，也是个人气质、兴趣爱好、文化修养和精神面貌的外在表现。加拿大导游专家帕特里克·克伦认为，衣着装扮得体比浓妆艳抹更能表现一个人趣味的高雅和风度的含蓄。

导游人员的服饰要注意和谐得体。导游人员的衣着装饰要与自己的身材、气质、身份和职业相吻合，要与所在的社会文化环境相协调，这样才能给人以美感。例如，着装不能过分华丽，饰物也不宜过多，以免给游客以炫耀、轻浮之感。

5. 姿态语

（1）坐姿。导游人员的坐姿要给游客一种温文尔雅的感觉。其基本要领是：上体自然挺直，两腿自然弯曲，双脚平落地上，臀部坐在椅子中央，男导游人员一般可张开双腿，以显其自信、豁达；女导游人员一般两膝并拢，以显示其庄重、矜持。坐态切忌前俯后仰、摇腿跷脚或跷起二郎腿。

（2）立姿。导游人员的立姿要给游客一种谦恭有礼的感觉。其基本要领是：头正目平，面带微笑，肩平挺胸，立腰收腹，两臂自然下垂，两膝并拢或分开与肩平。不要两手叉腰或把手插在裤兜里，更不要有怪异的动作，如抽肩、缩胸、乱摇头、擤鼻子、掐胡子、舔嘴唇、拧领带、不停地摆手等。

（3）走姿。导游人员的走姿要给游客一种轻盈稳健的感觉。其基本要领是：行走时，上身自然挺直，立腰收腹，肩部放松，两臂自然前后摆动，身体的重心随着步伐前移，脚步要从容轻快、干净利落，目光要平稳，可用眼睛的余光（必要时可转身扭头）观察游客是否跟上。行走时，不要把手插在裤袋里。

导游人员在讲解时，多采用站立的姿态。若在旅游车内讲解，应注意面对游客，可适当倚靠司机身后的护栏杆，也可用一只手扶着椅背或护栏；若在景点站立讲解，则应双脚稍微分开（两脚距离不超过肩宽），将身体重心放在双脚上，上身挺直，双臂自然下垂，双手相握置于身前以示"谦恭"或双手置于身后以示"轻松"。

6. 手势语

古罗马有位大雄辩家说过："没有手，就不能雄辩。"

手势语是通过手的挥动及手指动作来传递信息的一种态势语言。在导游讲解中，手势不仅能强调或解释讲解的内容，还能生动地表达口头语言所无法表达的内容，使导游讲解生动形象。

导游讲解中的手势有以下三种。

（1）情意手势。情意手势是用来表达导游讲解情感的一种手势。

例如，人们常常把杭州西湖和瑞士日内瓦的莱蒙湖比喻为世界上东西方辉映的两颗明珠，正是因为有了西湖，才使意大利的马可·波罗把杭州比喻为"世界上最美丽华贵的天城"。西湖作为著名景点，接待过世界各国的元首不计其数。因此，西湖不仅是杭州的明珠，更是东方的明珠、世界的明珠（导游人员用握拳的手有力地挥动一下，既可渲染气氛，也有助于情感的表达）！

（2）指示手势。指示手势是用来指示具体对象的一种手势。

例如，（张氏帅府中院张作霖办公室）悬挂在办公桌两侧的是我们后期临摹的张作霖的墨宝——"书有未曾经我读，事无不可对人言"（可用指示手势来一字一字地加以说明），意思是说：书有我张作霖没有读过的，但是我做的事没有不可以对别人说的。可见老帅当年心胸非常坦荡。

再如，说了这么多，我想大家也有点迫不及待了吧。正好，大家看，窗外就是黄鹤楼景区了（用手指向窗外），请大家随我一同下车去游览。

（3）象形手势。象形手势是用来模拟物体或景物形状的一种手势。

例如，戏楼内音响效果非常好，处在大堂最边缘的贵宾席，戏台上的唱词也听得清清楚楚，这在设计上确实到了绝妙的境地。传说舞台下有9口大缸，排成V字形（用手指摆出V字形），起到了拢音和扩音的作用，俗称土音响。

导游讲解时，在什么情况下用何手势，都应视讲解的内容而定。在手势的运用上必须注意：一要简洁易懂；二要协调合拍；三要富有变化；四要节制使用；五要避免使用游客忌讳的手势。

任务三　导游交际语言的表达要领

交际是人与人之间的往来接触。在导游服务中，导游人员主要是同游客和相关接待单位有关人员进行接触，而在接触过程中，语言是最基本、最重要的工具，语言表达方式、方法和技巧对接触效果都会产生影响。因此，为了同游客（主要接触对象）及相关接待单位友好相处，导游人员应不断提高自己的导游交际语言技能。

导游交际语言包含的内容很多,如见面时的语言、交谈时的语言、致辞(欢迎辞、欢送辞)的语言,导游人员同游客交往中对游客进行劝服、提醒、拒绝、道歉的语言等。

(一) 称谓的语言技巧

在一般情况下,导游人员对游客的称谓经常使用以下三种方式。

1. 交际关系型

交际关系型的称谓主要是强调导游人员与游客在导游交际中的角色关系。如"各位游客""诸位游客""各位团友""各位嘉宾"等,这类称谓角色定位准确,宾主关系明确,既公事公办,又大方平和,特别是其中的"游客"称谓是导游语言中使用频率最高的一种。

2. 套用尊称型

套用尊称是在各种场合都比较适用,对各个阶层、各种身份也比较合适的社交通称。如"女士们、先生们""各位女士、各位先生"等,这类称谓尊称意味浓厚,适用范围广泛,回旋余地较大。但一般对涉外团较好,对国内团有点太正规。

3. 亲密关系型

多用于比较密切的人际关系之间的称谓。如"各位朋友""朋友们"等,这类称谓热情友好,亲和力强,注重强化平等亲密的交际关系,易于消除游客的陌生感,建议在和游客熟悉之后再用此称谓。对于同个别人交谈或招呼时,也可以采用职务称,如王教授、张医生;职业称,以其职业加上性别相称,如司机先生、护士小姐;姓名称,如李小姐、张先生等。

在旅游活动中,对游客的称谓总的原则应把握三点:一要得体,二要尊重,三要通用。

(二) 交谈的语言技巧

在导游交际过程中,虽然导游讲解占据主要的地位,但往往还有大量的同游客自由交谈的时间,这对导游人员与游客的沟通、对游客情况的了解非常关键,因此,在与游客自由交谈时,要注意讲究交谈的技巧。

导游人员与游客的交谈意图是明确的,是以达到协调双方关系、缩短双方心理距离、建立良好的交际基础为基本目的。因此,导游人员与游客交谈时,主要是从对方感兴趣的或对方关心的话题切入。如对旅游目的地的提前了解,女性游客对时装、美容、小孩的关注,老年游客对身体健康、怀旧的兴趣等。

交谈是双方自觉自愿、平等交流、随和开放的行为,导游人员应注意创造交谈的条件,营造交谈的氛围,根据游客的心理特征、语言习惯、文化水平、脾气秉性等各种因素,随机应变地引导交谈的过程,使交谈气氛融洽,交流愉快,达到与游客互相理解、有效沟通的目的。

(三) 劝服的语言技巧

在导游服务过程中,导游人员常常会面临各种问题,需要对游客进行劝服,如旅游活动日程被迫改变需要劝服游客接受;对游客的某些越轨行为需要进行劝说等。劝服一要以事实为基础,即根据事实讲明道理;二要讲究方式、方法,使游客易于接受。

1. 诱导式劝服

诱导式劝服即循循善诱,通过有意识、有步骤的引导,澄清事实,讲清利弊得失,使游客逐渐信服。

如某旅游团原计划自沈阳飞往上海,因未订上机票只能改乘火车,游客对此意见很大。

这时导游人员说:"没有买上机票延误了大家的旅游行程,我很抱歉,也十分理解大家旅游的急迫心情。但如果乘飞机去上海还得等两天以后,那就得不偿失了。因为我们只有短短的一天时间可以留给可爱的上海了。如果改乘火车,除了可以观赏沿途的自然风光,还有两天的时间留给上海。"导游人员的这席话使游客激动的情绪开始平静了下来,相继表示认可。

对这类问题的劝服,导游人员一要态度诚恳,使游客感到导游人员是站在游客的立场上帮助他们考虑问题;二要善于引导,巧妙地使用语言分析其利弊得失,使游客感到上策不行取其次也是最好的选择。

2. 迂回式劝服

迂回式劝服是指不对游客进行正面、直接的说服,而采用间接或旁敲侧击的方式进行劝说,即通常所说的"兜圈子"。这种劝服方式的好处是不伤害游客的自尊心,而又使游客较易接受。

如某旅游团有一位游客常常在游览中喜欢离团独自活动,出于安全考虑和旅游团活动的整体性,导游人员走过去对他说:"××先生,大家现在休息一会儿,很希望您过来给大家讲讲您在这个景点游览中的新发现,作为我导游讲解的补充。"这位游客听后会心地一笑,自动地走了过来。在这里,导游人员没有直接把该游客喊过来,因为那样多少带有命令的口气,而是采用间接的、含蓄的方式,用巧妙的语言使游客领悟到导游人员话中的含意,游客的自尊心也没有受到伤害。

3. 暗示式劝服

暗示式劝服是指导游人员不明确表示自己的意思,而采用含蓄的语言或示意的举动使人领悟的劝说。

如有一位游客在旅游车内抽烟,使得车内空气混浊。导游人员不便当着其他游客的面,伤了这位游客的自尊,在其面向导游人员又欲抽烟时,导游人员向他摇了摇头(或捂着鼻子轻轻咳嗽两声),该游客熄灭了香烟。这里导游人员运用了副语言——摇头、捂鼻子、咳嗽,暗示在车内"请勿吸烟",使游客产生了自觉的反应。

总之,劝服的方式要因人而异、因事而异,要根据游客的不同性格、不同心理或事情的性质和程度,分别采用不同的方法。

(四)提醒的语言技巧

在导游服务中,导游人员经常会碰到少数游客由于个性或生活习惯的原因表现出群体意识较差或丢三落四的行为,如迟到、离团独自活动、走失、遗忘物品等。对这类游客,导游人员应从关心游客安全和旅游团集体活动的要求出发给予特别关照,在语言上要适时地予以提醒。

1. 敬语式提醒

敬语式提醒是导游人员使用恭敬口吻的词语,对游客直接进行的提醒方式,如"请""对不起"等。导游人员在对游客的某些行为进行提醒时,应多使用敬语,这样会使游客易于接受,如"请大家安静一下""对不起,您又迟到了"。这样的提醒比"喂,你们安静一下""以后不能再迟到了"等命令式语言要好得多。

2. 协商式提醒

协商式提醒是导游人员以商量的口气间接地对游客进行的提醒方式,以取得游客的认同。协商将导游人员与游客置于平等的位置上,导游人员主动同游客进行协商,是对游客尊重的表现。一般来说，在协商的情况下，游客是会主动配合的。

如某游客常常迟到，导游人员和蔼地说："您看，大家已在车上等您一会儿了，以后是不是可以提前做好出发的准备。"又如，某游客在游览中经常离团独自活动，导游人员很关切地询问他："××先生，我不知道在游览中您对哪些方面比较感兴趣，您能否告诉我，好在以后的导游讲解中予以结合。"

3. 幽默式提醒

幽默式提醒是导游人员用有趣、可笑而意味深长的词语对游客进行的提醒方式。导游人员运用幽默的语言进行提醒，既可使游客获得精神上的快感，又可使游客在欢愉的气氛中受到启示或警觉。

如导游人员在带领游客游览长城时，提醒游客注意安全并按时返回时说："长城地势陡峭，大家注意防止摔倒。另外，也不要头也不回一股脑儿地往前走，一直走下去就是丝绸之路了，有人走了两年才走到，特别辛苦。"又如，几位年轻游客在游览时，纷纷爬到一尊大石象的背上照相，导游人员见了连忙上前提醒他们："希望大家不要欺负这头忠厚老实的大象！"这比一脸严肃地说"你们这样做是损坏文物，是要被罚款的"效果好得多。

（五）回绝的语言技巧

回绝即对别人的意见、要求予以拒绝。在导游服务中，导游人员常常会碰到游客提出的各种各样的问题和要求，除了一些通常的问题和一些合理的经过努力可以办到的要求可予以解释或满足外，也有一些问题和要求是不合理的或不可能办到的，对这类问题或要求导游人员要回绝。但是，囿于导游人员同游客之间主客关系的束缚，导游人员不便于直接回答"不"，这时导游人员必须运用回绝的语言表达方式和技巧。

1. 柔和式回绝

柔和式回绝是导游人员采用温和的语言进行推托的回绝方式。采取这种方式回绝游客的要求，不会使游客感到太失望，避免了导游人员与游客之间的对立状态。

如某领队向导游人员提出是否可把日程安排得紧一些，以便增加一两个旅游项目。导游人员明知道这是计划外的要求不可能予以满足，于是采取了委婉的拒绝方式："您的意见很好，大家希望在有限的时间内多看看的心情我也理解，如果有时间能安排的话，我会尽力的。"这位导游人员没有明确回绝领队的要求，而是借助客观原因（时间），采用模糊的语言暗示了拒绝之意。

又如，一位美国游客邀请某导游人员到其公司里去工作，这位导游人员回答说："谢谢您的一片好意，我还没有这种思想准备，也许我的根扎在中国的土地里太深了，一时拔不出来啊！"这位导游人员未明确表示同意与否，然而却委婉地谢绝了游客的提议。上述这类回绝在方式上是柔和的、谦恭的，采用的是拖延策略，取得了较好的效果。

2. 迂回式回绝

迂回式回绝是指导游人员对游客的发问或要求不正面表示意见，而是绕过问题，从侧面予以回应或回绝。

如一次某导游人员在同游客交谈时谈到了西藏，这时一位美国游客突然发问："你们1959年进攻西藏是否合法？"导游人员想了想说："你认为你们在19世纪60年代初期派兵进攻密西西比河南方的奴隶主是否合法？"美国游客一时语塞。对这类政治性很强的问题，尤其是西文游客长期受资本主义宣传的影响，一时难以和他们讲清楚，采取这种迂回式的反问方式予以回绝也是一种选择。

3. 引申式回绝

引申式回绝是导游人员根据游客话语中的某些词语加以引申而产生新意的回绝方式。

如某游客在离别之前,把吃剩的半瓶药送给导游人员并说:"这种药很贵重,对治疗我的病很管用,现送给你做个纪念。"导游人员谢绝地说:"既然这种药贵重,又对您很管用,送给我这没病的人太可惜了,还是您自己带回去慢慢用更好。"这里,导游人员用客人的话语进行的引申十分自然,既维护了自己的尊严,又达到了拒绝的目的。

4. 诱导式回绝

诱导式回绝是指导游人员针对游客提出的问题进行逐层剖析,引导游客对自己的问题进行自我否定的回应方式。

如有位法国游客问导游人员:"有人说,西藏应是一个独立的国家,对此你是怎样看的?"这位导游人员反问他:"您知道西藏政教领袖班禅、达赖的名字是怎么来的吗?"该游客摇摇头说:"不知道。"导游人员接着说:"我告诉您吧,他们的名字是清朝皇帝册封的,可见西藏早就是中国的一部分。正如布列塔尼是法国的一部分一样,您能因为那里的居民有许多自己的风俗就说它是一个独立的国家吗?"这位法国游客摇摇头笑了。

总之,导游人员无论采用哪种回绝方式,其关键都在于尽量减少游客的不快。导游人员应根据游客的情况、问题的性质、要求的合理与否,分别采用不同的回绝方式和语言表达技巧。

(六)道歉的语言技巧

在导游服务中,因为导游人员说话不慎、工作中的某些过失或相关接待单位服务上的欠缺,会引起游客的不快或不满,造成游客同导游人员之间关系的紧张。不管造成游客不愉快的原因是主观的还是客观的,也不论责任在导游人员自身还是在旅行社方面,抑或相关接待单位,导游人员都应妥善处置,需要采用恰当的语言表达方式向游客致歉或认错,以消除游客的误会或不满情绪,求得游客的谅解,缓和紧张关系。

1. 微笑式道歉

微笑是一种润滑剂,微笑不仅可以对导游人员和游客之间产生的紧张气氛起到缓和作用,而且微笑也是向游客传递歉意信息的载体。

如某导游人员回答游客关于长城的提问时,将长城说成建于秦朝,其他游客纠正后,导游人员觉察到这样简单地回答是错误的,于是对这位游客抱歉地一笑,使游客不再计较了。

2. 迂回式道歉

迂回式道歉是指导游人员在不便于直接、公开地向游客致歉时,而采用其他方式求得游客谅解的方式。

如某导游人员在导游服务中过多地接触和关照部分游客,引起了另一些游客的不悦,导游人员觉察后,便主动地多接触这些游客,并给予关照和帮助,逐渐使这部分游客冰释前嫌。在这里,导游人员运用体态语言表示了歉意。又如,某旅游团就下榻饭店早餐的品种单调问题向导游人员表示不满,提出要换住其他饭店。导游人员经与该饭店协商后,增加了早餐的品种,得到了游客的谅解。

导游人员除了采用迂回道歉方式改进导游服务外,还可以请示旅行社或同相关接待单位协商后,采用向游客赠送纪念品、加菜或免费提供其他服务项目等方式向游客道歉。

3. 自责式道歉

由于旅游供给方的过错，使游客的利益受到较大损害而引起游客强烈不满时，即使代人受过，导游人员也要勇于自责，以缓和游客的不满情绪。

如某导游人员接待了一个法国旅游团，该团从北京至武汉，17点入住饭店后发现团长夫人的一个行李箱没有了，团长夫人非常气愤，连18点30分法国驻华大使的宴请也没有参加。至次日零时，该件行李还未找到，所有团员均未睡觉，都在静静地等着。在这种情况下，陪同的导游人员一面劝游客早点休息，一面自责地对团长和团长夫人说："十分对不起，这件事发生在我们国家是一件很不光彩的事，对此我心里也很不安，不过还是请你们早点休息，我们当地的工作人员还在继续寻找，我们一定会尽力的。"不管这位团长夫人的行李最终是否找到，但导游人员这种勇于自责的道歉，一方面体现了导游人员帮助客人解决问题的诚意，另一方面也是对客人的一种慰藉。

不管采用何种道歉方式，道歉首先必须是诚恳的；其次，道歉必须是及时的，即知错必改，这样才能赢得游客的信赖；最后，道歉要把握好分寸，不能因为游客某些不快就道歉，要分清深感遗憾与道歉的界限。

任务实施

【实训项目】每人自选一段导游词进行导游讲解，符合导游语言的基本要求。

【实训内容】学生以小组为单位，分别就以下内容进行情景表演。

（1）与游客交谈。
（2）劝服游客的艺术。
（3）提醒游客的艺术。
（4）回绝游客的艺术。
（5）向游客道歉的艺术。

【实训考核】

（1）创设情境，表现出导游人员口头语言、态势语言和交际语言的表达要领。
（2）每组表演2~3分钟。

项目四

导游人员的讲解技能

项目分析

认知重点:
(1) 导游讲解的基本原则。
(2) 导游讲解常用手法的灵活运用。

认知难点:
导游讲解具体要求的达标。

学习目标

(1) 明确导游讲解的基本原则和导游讲解的具体要求,掌握导游讲解常用方法的运用。
(2) 培养导游人员的导游讲解能力、人际沟通交往能力和规范服务能力。
(3) 苦练导游基本功,培养导游人员的学习观念、敬业精神、创业创新意识。

任务一 导游讲解基本原则

任务介绍

导游的讲解能力是导游人员最重要的基本功之一。通过导游讲解,使游客感到旅游活动的知识性、趣味性和新奇性,对目的地留下美好的深刻印象。出色的导游讲解能力需要导游人员具备扎实的语言功底,包括语言的掌握、表达和运用技巧,正确、优美、生动的语言表达能力对提高导游服务质量至关重要。

相关知识

导游讲解是导游人员的一种创造性的劳动，因而在实践中，导游讲解的方式、方法可谓千差万别。要保证导游讲解的服务质量，导游讲解方式、方法的应用和创新都必须符合导游讲解的基本规律，要遵循一些基本的原则和符合一定的导游讲解要求。

（一）计划性原则

所谓计划性，是指导游讲解的科学性和目的性，要求导游人员在特定的工作对象和时空条件下，发挥主观能动性，科学地安排游客的活动日程，有计划地进行导游讲解。

首先，计划性表现为对整个活动日程的安排。遵循游览活动中的一般规律，如善于调节旅游节奏，以便游客保持旺盛的精力和体力；再如游览与购物、娱乐相结合，既能丰富旅游项目，满足游客的多方需求，也能使整个行程富于变化。

其次，在每一天的旅游活动安排上，还要特别注意科学地分配时间。如饭店至各参观游览点的距离及行车所需时间、出发时间、各条参观游览线所需时间、途中购物时间、午间就餐时间等。避免出现"前松后紧"或"前紧后松"的被动局面。另外，避免同一天旅游项目雷同，使游客始终保持稳定、持久的兴趣。

最后，计划性的另一个具体体现是每个参观游览点的导游方案。导游人员应根据游客的具体情况合理地安排在景点内的活动时间，选择最佳游览路线，导游讲解内容也要做适当取舍。什么时间讲什么内容、什么地点讲什么内容和重点介绍什么内容都应该有所计划，这样才能达到最佳的导游效果。

（二）针对性原则

所谓针对性，是指从对象的实际情况出发，因人而异，有的放矢。导游人员的工作对象复杂，层次悬殊，年龄参差不齐，审美情趣各不相同，因此，根据不同对象的具体情况，在接待方式、服务形式、导游内容、语言运用、讲解的方式方法上，应该有所不同；导游讲解时，导游词内容的广度、深度及结构应该有较大的差异。要求导游人员在较高的语言修养的基础上灵活地安排讲解内容，使其深浅恰当；灵活地运用语言，使其雅俗相宜，努力使每个旅游者都能获得美的享受。通俗地说，就是要看人说话，投其所好，导游人员讲的正是游客希望知道的、有能力接受的并且感兴趣的内容，切忌千人一面、千团一词。

例如，对专家、学者和中国通，导游人员在讲解时，要注意语言的品位，要谨慎、规范；对初访者，导游人员要热情洋溢；对年老体弱的游客，讲解时力求简洁从容；对青年，导游讲解应活泼流畅；对文化水平低的旅游者，导游语言要力求通俗化。

再如，到湖北的外国、外地游客一般都要去武当山旅游，但对不同的游客，导游讲解内容应有所区别：对初次远道而来的西方游客，导游人员可讲得简单一些，简洁明了地介绍武当山的基本情况，对多次来华的游客则应多讲一些，可从道教文化和古建筑等方面做一些较深入的讲解；对宗教旅游团应以道教文化的介绍为主，还可引导游客欣赏武当山独特的道教音乐；对"功夫团"和"健身疗养团"则要重点介绍著名的武当拳术，讲解武当拳的健身妙用；对由建筑界人士组成的专业团，导游人员可从武当山古建筑严整的规划布局、高超的建筑技艺和建筑与自然高度和谐的特征上去做深入、细致的讲解。

总之，导游人员要在导游讲解的内容和方式方法上多下功夫，使不同类型的游客各得其所，使游客的不同需求都得到合理的满足。

(三) 灵活性原则

所谓灵活性，是指导游讲解要因人而异、因时制宜、因地制宜。我们所讲的最佳时间、最佳线路、最佳旅游点等都是相对的，客观上的最佳条件若缺少主观圆满的导游艺术的运用和发挥，就不可能达到预期的导游效果。

导游讲解贵在灵活、妙在变化，这是由以下因素决定的：旅游者的审美情趣各不相同，不同景点的美学特征千差万别，大自然千变万化、阴晴不定，游览时的气氛、旅游者的情绪也随时变化。所以，即使游览同一景点，每次也都不一样，导游人员必须根据季节的变化、天气状况、具体时间、服务对象的不同，灵活地选择导游知识，采用切合实际的方式进行导游讲解。世界上没有两次完全相同的旅游，无论导游人员具有的知识和经验如何丰富，他总会遇到各种新情况，需要他随机应变。总之，导游人员应根据讲解的对象和当时的时空环境，适当地调整讲解的分量、内容的深浅、音量的大小、速度的快慢，切忌千篇一律、墨守成规。

案例分析

例如，介绍梁子湖水质纯净、清澈见底的特点，导游人员拟通过"分明看见青山顶，船在青山顶上行"的诗句来说明，但游览中不巧下起了小雨，如按计划讲解显然不合时宜，这时，导游人员就要随机应变，可改用"水光潋滟晴方好，山色空蒙雨亦奇"的诗句进行讲解。

再如，博鳌亚洲旅游论坛在桂林召开。18日早上，原定出发时间已经到了，但是由于特殊情况，部分国家领导和其他城市的领导还不能准时到达，无奈整个车队都被耽误，这该如何是好？如果再不出发，路上值勤的交通警察、限制交通的主要路段、开幕式的延迟，都面临着给下一个环节造成困难和不便，情况万分紧急之时，组委会通知她（广西十佳导游郑慧云）：小郑，你留下来带着部分迟到的代表，大部队先走……啊？又是一个考验（既不能直说他们迟到导致和大车队的步调不一致，也不能一言不发地回避此事，毕竟车上还有其他同行、局领导，更有其他城市的领导，都在看她怎么办），这时候连旅游局的领导也在为她捏着一把汗。谁料她灵机一动，将路边等待通过的市民解释为对各位代表到来的期盼。她说："各位贵宾请看，路两旁真是迟来的爱送给迟到的您，好客的桂林市民在这里等待大家的到来，为即将举行的开幕式送上他们真心的祝福……"顿时，代表们严肃的脸上露出笑容，市局领导紧锁的眉头舒展了。开幕式如期顺利地举行了。可见，即兴、即景、即情作为一个优秀导游必须具备的她都做到了。

（资料来源：桂林旅游论坛：广西十佳导游之一——郑慧云优秀事迹）

导游讲解的针对性、计划性和灵活性体现了导游活动的本质，也反映了导游方法的规律，它们不是孤立的抽象概念，而是不可分割的有机整体。导游人员应灵活地运用这三条基本原则，自然而巧妙地将其融进导游讲解之中，不断提高导游讲解水平和导游服务质量。

任务二　导游讲解的常用手法

相关知识

（一）描绘法

描绘法是指运用具体形象、富有文采的语言，对眼前的景观进行描绘，使其细微的特点显现于游客眼前。在旅游过程中，有些景观没有导游人员的讲解和指点，很难发现其美的所在，唤起美的感受。而经过导游人员一番画龙点睛或重彩浓墨似的描绘，感受就大不一样。

例如，导游这样描述辽宁冰峪沟风景区：风景区内风光旖旎，景色秀丽，有云雀峰、花果山、双龙江、仙人洞等自然人文景观400多处。这里既有云南石林的奇特，又有桂林山水的挺拔，峥嵘中含有清秀，粗犷雄奇中寓有妩媚，浓墨重彩中透出淡雅，清新豪放中显得庄重。一年四季，景色各异：春天山花烂漫，夏天溪水潺潺，秋季霜染枫叶，冬季雪野冰川，景色十分迷人，素有"东北小桂林"之美誉。

这位导游人员情景交融的描绘，使游客就像在观看彩色宽幅风景影片的同时，又听着优美的画外音。

（二）分段讲解法

分段讲解法是指对那些规模较大、内容较丰富的景点，导游人员将其分为前后衔接的若干部分逐段进行讲解的导游方法。一般来说，导游人员可首先在前往景点的途中或在景点入口处的示意图前介绍景点概况（包括历史沿革、占地面积、主要景观名称、观赏价值等），使游客对即将游览的景点有个初步印象，达到"见树先见林"的效果。然后带团到景点按顺次游览，进行导游讲解。在讲解这一部分的景物时注意不要过多涉及下一部分的景物，但要在快结束这一部分的游览时适当地讲一点下一部分的内容，目的是引起游客对下一部分的兴趣，并使导游讲解环环相扣、景景相连。

例如，进入北京故宫午门之后，可以简单介绍一下故宫的历史沿革、占地面积、历史价值、建筑布局和参观路线。然后带领游客依次游览"外朝"与"内廷"。由午门到乾清门之间的部分为"外朝"，以太和、中和、保和三大殿为中心，东西两侧有文华、武英两组宫殿对称排列。其中太和殿俗称金銮殿，是故宫最高大的一座建筑物，也是国内最高大、最壮丽的古代木结构建筑。乾清门以内为"内廷"，建筑布局也是左右对称的。中部为乾清宫、交泰殿、坤宁宫，是封建皇帝居住和处理日常政务的地方。两侧的东、西六宫是嫔妃的住所，东、西一所是皇子的住所。"内廷"还有为皇家游玩的三处花园——御花园、慈宁花园、乾隆花园。各部分讲解有机衔接、环环相扣、主次分明，给游客留下清晰而深刻的印象。

（三）突出重点法

突出重点法是指在导游讲解中不面面俱到，而是突出某一方面的导游方法。一处景点，要讲解的内容很多，导游人员必须根据不同的时空条件和对象区别对待，有的放矢地做到轻重搭配、重点突出、详略得当、疏密有致。导游讲解时一般要突出以下四个方面。

1. 突出景点的独特之处

游客来到目的地旅游，要参观游览的景点很多，其中不乏一些与国内其他地方类似的景点。导游人员在讲解时必须讲清这些景点的特征及与众不同之处，尤其在同一次旅游活动中参观多处类似景观时，更要突出介绍其特征。例如，沈阳福陵（努尔哈赤陵寝）：神道尽头是与两座"神桥"相连接的福陵"天蹬"，又称"108 蹬"。福陵"天蹬"巧妙地依山势而建，是所有明清皇陵中独一无二的建筑形式。据专家考证，108 蹬的形式在全国仅有两处，另一处在山西五台山上的菩萨顶。不管怎么说，108 蹬为福陵增色不少，不仅成为福陵的象征，也成为沈阳一个独特的景观。

2. 突出具有代表性的景观

游览规模大的景点，导游人员必须事先确定好重点景观。这些景观既要有自己的特征，又能概括全貌，实地参观游览时，导游人员主要向游客讲解这些具有代表性的景观。

例如，沈阳故宫共有建筑 300 多间，组成 20 多个院落，依建筑时间和布局，可分为中路主体和东西两翼。东路建于努尔哈赤时期，我们主要讲解的建筑是大政殿、十王亭，因为这是沈阳故宫内出现最早且最具特色的建筑群，是满族军政体制在建筑中的体现；中路建于皇太极时期，是皇太极时期的大内宫阙。院落三进，独成一体。我们选择讲解的重点是大清门、崇政殿（金銮殿）、凤凰楼（当时盛京城内最高的建筑）、清宁宫（正宫）等；故宫西路是清迁都北京后，乾隆皇帝下诏增建的。以文溯阁为主体，前有戏台、嘉荫堂、仰熙斋、九间殿等，是供皇帝看书、看戏、娱乐、消遣的地方。我们重点讲解的是文溯阁（存放四库全书的地方）。

3. 突出游客感兴趣的内容

游客的兴趣爱好各不相同，但从事同一职业的人、文化层次相同的人往往有共同的爱好。导游人员在研究旅游团的资料时，要注意游客的职业和文化层次，以便在游览时重点讲解旅游团内大多数成员感兴趣的内容。

例如，游览湖北神农架，对华侨及港澳台胞应重点介绍神农祭坛，讲解炎帝遍尝百草、搭架采药的壮举；对青年学生则把重点放在神农架自然博物馆，向他们介绍珙桐、金丝猴等珍稀动植物；对喜欢逐新猎奇的游客，多给他们讲一讲神农架"野人"之谜、神奇的白化动物、冬水夏冰的岩洞、闻雷涌鱼的暗泉等。

4. 突出"……之最"

面对某一景点，导游人员可以根据实际情况，介绍这是世界或中国最大（最长、最古老、最高，甚至可以说是最小）的……因为这也是在介绍景点的特征，很能引起游客的兴致。

例如，其（大连老虎滩海洋公园）中，珊瑚馆是亚洲最大、以展示珊瑚礁生物群为主的大型海洋生物馆；极地馆是世界最大、中国唯一的展示极地海洋动物及极地体验的场馆；鸟语林是全国最大的半自然状态的人工鸟笼；群虎雕塑是全国最大的花岗岩动物石雕；大型跨海空中索道是全国最长的。另外，公园里还有大连南部海域最大的旅游观光船。

再如，现在的大连是一座什么样的城市呢？首先说，大连是一座港口城市。大连沿海有许多优良的港口，除了我们所知道的大连港之外，还有中国最大的油港——大连新港，中国最大的渔港——大连湾港，以及 1988 年以后新建的国际四大深水中转港之一的大窑湾港，此外，旅顺还有一个举世闻名的军港。

如此介绍，可以突出景区的观赏价值，给游客留下清晰而深刻的印象。需要注意的是，在使用"……之最"进行导游讲解时，必须实事求是，言之有据，绝不能杜撰，也不要张冠李戴。另外，一定要关注社会类似景观景点的建设，及时调整讲解内容。

（四）问答法

使用问答法不仅可以避免导游人员唱独角戏，有利于活跃气氛，融洽关系，更可以满足各种游客的求知欲，还可以加深游客对所游览景点的印象。

1. 自问自答法

自问自答是指由导游人员自己提出问题，并且由自己来回答。自问自答法在掌握节奏和速度上，要比我问客答法来得快些，因为问的目的不是期待游客回答，而是吸引他们的注意力，促使他们思考，激起兴趣，如果有游客要回答或者想回答，那么导游人员也就顺水推舟、顺其自然了。

例如，承德避暑山庄文津阁前的水池边，导游人员这样讲解道：请大家站在我身边，顺着我手指的方向看，瞧！池中一弯新月，在水中轻轻抖动。这是天上月亮的倒影吗？不是，天上正是丽日当空。是我们眼睛的错觉吗？更不是，我们看得这样真真切切。这就是堪称承德一绝的"日月同辉"奇观。究竟是怎么回事呢？请各位到前面的假山中自己去寻找答案。（此时导游员给游客留出几分钟时间去寻找）大家请注意，这位先生（小姐）是最先找到答案的！原来这是利用光的反射原理，透过山洞南壁的月牙形缺口，在水中倒映出的影子。

2. 我问客答法

我问客答法是指导游人员提出问题，期待游客回答的一种导游方法。提出问题后，一般要停顿数秒，如果游客实在回答不出，导游人员应立即给予答案，避免陷入尴尬的局面。我问客答法要照顾到游客的文化层次和兴趣倾向，并且经导游人员的简单诱导可以回答部分问题。防止单调乏味，激发游客的参与感和成就感，游客的回答不论对错，导游人员都不应打断，要给予鼓励。最后由导游人员讲解，并引出更多、更广的话题。

例如，导游人员在带游客游览泰山时，可以提问："各位游客，大家知道五岳是指哪五座山？"在一般情况下，游客都能够回答出来，即使回答不完全或回答有误，游客的兴趣也因此被调动起来，导游人员可根据情况进行纠正或补充。

"岳在古今汉语中均为高大的山的意思，五岳就绝对海拔高度和山体规模而言，并不是我国最高大的，但由于五岳之名是中国古代帝王封赐的，这些山地都曾是历代帝王登基后举行盛大封禅活动的场所，故闻名天下。五岳一般是指东岳山东泰山、西岳陕西华山、南岳湖南衡山、北岳山西恒山、中岳河南嵩山。"然后，导游人员进一步提问："五岳各自的特点是什么？"提问后可稍做停顿，观察游客的反应，如游客踊跃回答，应待游客回答后做总结或补充；如游客回答不出，再予以讲解。"东岳泰山以雄伟著称，西岳华山以险峻著称，南岳衡山以秀丽著称，北岳恒山以幽静著称，中岳嵩山以峻秀闻名。"

调动游客的情绪，满足游客的求知欲，我问客答是最能奏效的。

3. 客问我答法

游客提出问题，说明他们对某一景物产生了兴趣，进入了审美角色。对他们提出的问题，导游人员必须认真对待，有选择地将回答和讲解有机地结合起来。不要让游客的提问冲击你的讲解，打乱你的安排。在长期的导游实践中，导游人员要学会认真倾听游客的提问，善于思考，掌握游客提问的一般规律，并总结出一套相应的"客问我答"的导游技巧，以随时满足游客的好奇心理。

导游界有句行话:"导游不怕说,就怕问。"这句话有没有道理? 为什么?

4. 客问客答法

导游人员对游客提出的问题并不直截了当地回答,而是有意识地请其他游客来回答问题。可以诱导游客间产生良好的互动。这种导游方法不宜多用,以免游客对导游人员的能力产生怀疑,产生不信任感。

该法是问答四法中难度最大的方法,导游人员如果使用得当,不但调动游客的积极性,而且最大的好处是能活跃旅游团队内的气氛,加强导游人员与游客以及游客与游客之间的关系。

运用客问客答法时,导游人员要把握好时间、地点和团队气氛,一般在旅游团队中游客玩得高兴时,或者对某些问题颇感兴趣时效果会更好。

(五) 虚实结合法

虚实结合法是指在导游讲解中将典故、传说与景物介绍有机结合,即编织故事情节的导游方法。所谓"实",是指景观的实体、实物、史实、艺术价值等,而"虚",则指与景观有关的民间传说、神话故事、趣闻逸事等。"虚"与"实"必须有机结合,但以"实"为主,以"虚"为辅,"虚"为"实"服务,以"虚"烘托情节,以"虚"加深"实"的存在,努力将无情的景物变成有情的导游讲解。

在实地导游讲解中,导游人员一定要注意不能"为了讲故事而讲故事",任何"虚"的内容都必须落到"实"处。导游人员在讲解时,还应注意选择"虚"的内容要"精"、要"活"。所谓"精",就是所选传说故事是精华,与讲解的景观密切相关;所谓"活",就是使用时要灵活,见景而用,即兴而发。

例如,赵州桥在河北省赵县城南。它横跨洨水南北两岸,建于隋朝大业年间,距今已有1 400多年的历史。这座桥是普陀山安济和尚投资修建的,所以也称为安济桥。它的建造者则是闻名世界的中国古代桥梁大师李春。

李春是我国隋代著名的桥梁工匠,他建造了举世闻名的赵州桥,开创了我国桥梁建造的崭新局面,为我国桥梁技术的发展做出了巨大贡献。李春是隋代的一位普通工匠,但是,在民间传说中,赵州桥却成了鲁班的杰作。结合民歌《小放牛》,讲一段鲁班造桥的传说,为景点增添许多神韵,为讲解增添许多神采。

(六) 触景生情法

触景生情法是指在导游讲解中见物生情、借题发挥的一种导游方法。在导游讲解时,导游人员不能就事论事地介绍景物,而是要借题发挥,利用所见景物制造意境,引人入胜,使游客产生联想,从而领略其中之妙趣。

例如,张氏帅府步入武汉东湖风景区听涛区,游客可看到有"活化石"之称的珍贵植物——水杉。导游人员在介绍水杉的发现过程和科学价值后,向游客特别说明:"为纪念水杉这一古老树种在湖北的发现,并以其刚毅坚强、耿直不阿的精神象征英雄的武汉人民,水杉被定为武汉市的市树";然后进一步发挥,"那么,武汉市的市花又是什么呢? 那便是不畏寒威、独步早春的梅花,它象征着武汉人民的刚强意志和高贵品质";最后,还可以向游客讲解李白"黄鹤楼中吹玉笛,江城五月落梅花"的著名诗句。

触景生情法的第二个含义是导游讲解的内容要与所见景物和谐统一,使其情景交融,让游客感到景中有情,情中有景。

例如，清朝末代皇帝溥仪1908年年底登基时，年仅3岁，由他父亲摄政王载沣把他抱扶到宝座上。当大典开始时，突然鼓乐齐鸣，吓得小皇帝哭闹不止，嚷着要回家去。载沣急得满头大汗，只好哄着小皇帝说："别哭，别哭，快完了，快完了！"大臣们认为此话不吉祥，说来也巧，3年后，清朝果真就灭亡了，从而结束了我国2 000多年的封建统治。

游客望着宏伟的太和殿，听着导游风趣的讲解，发出欢快的笑声。

触景生情贵在发挥，要自然、正确、切题地发挥。导游人员要通过生动形象的讲解、有趣而感人的语言，赋予死的景物以生命，注入情感，引导游客进入审美对象的特定意境，从而使他们获得更多的知识和美的享受。

（七）制造悬念法

制造悬念法是指导游人员在导游讲解时，提出令人感兴趣的话题，但故意引而不发，激起游客急于知道答案的欲望，使其产生悬念的导游方法，又称"吊胃口""卖关子"。通常是导游人员先提起话题或提出问题，激起游客的兴趣，但不告知下文或暂不回答，让他们去思考、去琢磨、去判断，最后才讲出结果。这种"先藏后露、欲扬先抑、引而不发"的手法，一旦"发（讲）"出来，会给游客留下特别深刻的印象。制造悬念法是导游讲解的重要手法，在活跃气氛、制造意境、激发游客游兴等方面，往往能起到重要的作用。但是，再好的导游方法都不能滥用，"悬念"不能乱造，以免起反作用。

例如，导游人员在介绍承德避暑山庄时这样说：我国园林专家们说，整个避暑山庄就是祖国锦绣河山的缩影。专家们为什么会这样说呢？这个问题我想还是请女士们、先生们游览了避暑山庄之后再来回答。不过，我这里先给大家提个醒，这原因与避暑山庄的地形有关。（导游员采用悬念法，以激发游客游览的兴趣。）

（回到汽车上。）

女士们、先生们，游览了避暑山庄以后，各位印象如何？现在我要请大家回答前面的问题：我国园林专家们为什么说避暑山庄就是祖国锦绣河山的缩影？在回答这个问题之前，请大家先说说避暑山庄的地形。……太好了！这位先生说对了！那位小姐也说对了！今天大家游览时已经看到，避暑山庄的地形是东南部地势较低，景色秀丽，如同江南；东北部地势平坦，芳草如茵，一派草原风光；西北部则地势高敞，沟壑纵横。这一切虽然是"自然天成地就势"，却好像人工雕琢了一般，竟如此巧妙地和我们伟大祖国的地形相吻合，况且全国各地的许多胜景还被神奇般地集中在山庄，因此，连园林专家们也都发出了由衷的赞叹：避暑山庄就是祖国锦绣河山的缩影。

（八）类比法

类比法是指以熟喻生，达到类比旁通的导游手法。导游人员用游客熟悉的事物与眼前的景物相比较，定会使游客感到亲切和便于理解，达到事半功倍的导游效果。运用类比法可有下面三种具体方法。

1. 同类相似类比

同类相似类比是将相似的两物进行比较，便于游客理解并使其产生亲切感。

例如，将北京的王府井比作日本东京的银座、美国纽约的第五大街、法国巴黎的香榭丽舍大街；参观苏州时，将其称作"东方威尼斯"（马可·波罗称苏州为"东方威尼斯"）；讲到梁山伯和祝英台或《白蛇传》中许仙与白娘子的故事时，将其称为中国的罗密欧和朱丽叶等。

再如，一批日本客人在参观乾陵壁画时，导游指着侍女壁画对日本客人说："中国盛唐时期美女的特征和在日本高松家古坟里发现的壁画非常相似。"在讲解西安半坡文化村时，如果导游人员加上这么一句话："半坡人的生活在很大程度上和当今美国居住在'保留地'的印第安人的生活习性很相似。"必然会让美国游客产生一种亲近感。

2. 同类相异类比

同类相异类比则是将两种同类但有明显差异的风物进行比较，比出规模、质量、风格、水平、价值等方面的不同，以加深游客的印象。

例如，在规模上，将唐代长安城与东罗马帝国的首都君士坦丁堡相比；在价值上，将秦始皇陵地宫宝藏同古埃及第18朝法老图坦卡蒙陵墓的藏宝相比；在宫殿建筑和皇家园林风格与艺术上，将北京故宫和巴黎附近的凡尔赛宫相比，将颐和园与凡尔赛宫花园相比；在海滩热带风光上，可将三亚的亚龙湾与泰国的芭堤雅相比；等等。这样不但使外国游客对中国悠久的历史文化有较深的了解，而且对东西方文化景观和传统的差异有进一步的认识。

3. 相同时代类比

导游人员在导游讲解时，可进行时代之比。由于各国纪年方式不同，在介绍历史年代时，应注重游客的理解程度，要用游客能理解的表述方式。

例如，介绍故宫的建设年代。

第一种介绍说故宫建成于明永乐十八年，外国游客听了效果不会好，因为一般不会有几个外国游客知道这究竟是哪一年。

第二种介绍说故宫建成于1420年，讲解的效果比第一种好一些，这样说起码给出一个通用的时间概念，但仍给人历史久远的印象。

第三种介绍说在哥伦布发现新大陆前72年，莎士比亚诞生前144年，中国人就建成了面前的宏伟建筑群。这种介绍讲解效果最佳。

评价：第三种介绍不仅便于外国游客记住故宫的修建年代，留下深刻的印象，还会使外国游客产生中国人了不起、中华文明历史悠久的感觉。

（九）妙用数字法

妙用数字法是指在导游讲解中，巧妙地运用数字来说明景观内容，以促使游客更好地理解的一种导游方法。导游讲解中离不开数字，因为数字是帮助导游人员精确地说明景物的历史、年代、形状、大小、角度、功能、特性等方面内容的重要手段之一，但是使用数字必须恰当、得法，如果运用得当，就会使平淡的数字发出光彩，产生奇妙。运用数字忌讳平铺直叙，所以使用数字要讲究"妙用"。

1. 精确说明

例如，少林寺塔林是历代少林寺高僧的坟茔，总面积达14 000余平方米，1996年国务院公布为国家级重点文物保护单位。塔林现存唐、宋、金、元、明、清各代砖石墓塔240余座，其中唐塔2座、宋塔2座、金塔10座、元塔46座、明塔148座，其余为清塔和年代不详的塔。少林寺塔林是我国现存古塔群中规模最大、数量最多的古塔群，这里的塔高一般在15米以下，由一级到七级不等，明塔的高低、大小、层级、形制是根据和尚生前在佛教的地位、佛学造诣、佛徒数量、威望高低、经济状况及历史条件而定的。

2. 数字换算

在实地导游中，导游人员常用数字换算来帮助游客了解景观内容。换算是指将抽象的数字换算成具体的事物，方便游客理解。

例如，导游在介绍故宫的时候，假如直接说故宫的房间有九千九百九十九间半，这个数字太过于抽象，不太好理解，可以这样来做一个换算："假如让一个婴儿从出生的第一天开始天天晚上住一间的话，等他全部房间都住完，他已经27岁多了。"这样，游客就会发出由衷的感叹。

再如，云南建水燕子洞的洞口高度为54米。导游人员可以这样来介绍："将昆明工人文化宫（昆明20世纪80年代最高的建筑物，高18层）放在燕子洞的洞口处，你（指游客）站在顶楼还要踮起脚尖才能摸到洞顶。"游客对这种换算之后的数字就会有较具体的理解。

3. 揭示传统文化

导游人员还可以通过数字来暗喻中国传统文化。

例如，北京天坛祈年殿是一座三重檐攒尖顶圆形大殿。该殿是按所谓"敬天礼神"的"天数"而建的。殿高九丈，取"九九"阳极数之意。殿顶周长30丈（100米），表示一个月有30天。大殿中部有4根通天柱，又称龙井柱（高18.5米，大头直径1.2米），古镜式柱础，海水宝相花柱身，沥粉堆金，美观壮丽，是一年有四季的象征。中层金柱12根，象征一年12个月；外层有檐柱12根，象征一日12个时辰。中、外层柱数相加为24柱，是一年中有24节令的象征。三层相加有柱28根，象征天上的28星宿。再加上顶部的8根童子柱（短柱），则为36柱，象征36天罡。大殿宝顶有一短柱，叫雷公柱，是皇帝"一统天下"的象征。

4. 反映科学真理

导游人员运用数字分析可以更准确地说明景观内容。

例如，科学家发现，各种比例关系中的最佳比值是0.618，并称其为"黄金分割率"。我国许多古建筑之所以给人布局得体、高矮适宜的感觉，就是因为其主要的比例关系接近黄金分割率的缘故。像北京故宫太和殿高35.03米，左右陪体（体仁阁、弘义阁）各高23.78米，比值为0.678；太和殿广场东西宽200米，南北进深130米，比值为0.65，均接近黄金分割率的比值，所以产生良好的审美效果。

（十）画龙点睛法

画龙点睛法是指导游人员用凝练的词句概括所游览景点的独特之处，给游客留下突出印象的导游方法。游客听了导游讲解，观赏了景观，既看到了"林"，又欣赏了"树"，一般都会有一番议论。导游人员可趁机给予适当的总结，以简练的语言，甚至几个字，点出景物精华之所在，帮助游客进一步领略其奥妙，获得更多更高的精神享受。

例如，用"古、大、重、绿"四个字概括南京的风物特色：古，指南京悠久的历史，曾是六朝古都；大，指南京有中国最大的河、最长的桥、最大的城墙；重，指南京在历史和地理两方面都举足轻重；绿，指南京树木繁多，平均每人占有10余棵树，绿色也是南京的突出特点之一。

再如，可以用五个字概括黄鹤楼的特点：高、奇、险、美、妙。高就高在山高楼更高，上刺青云与云霞比翼；奇就奇在神仙驾鹤，神化流传；险就险在临江而立；美就美在武汉风光尽收眼底；妙就妙在文人墨客，逸事流传。

除上述十种导游方法外，我国导游人员还总结出了简述法、详述法、联想法、猜谜法、引而不发法、引人入胜法、专题讲解法、知识渗透法、点面结合法等多种技法，这里不再一一介绍。导游方法和技巧虽多，但在具体工作中，各种导游方法和技巧都不是孤立的，而是相互渗透、相互依存、互相联系的。导游人员在学习众家之长的同时，必须结合自己的特点融会贯通，在实践中形成自己的导游风格和导游方法，并视具体的时空条件和对象，灵活、熟练地运用，这样才能获得良好的导游效果。

任务三　导游讲解的具体要求

任务介绍

导游讲解是为了向游客有效地传播知识、联络感情的一种服务方式。

任务目标

一方面，导游人员讲解的知识要能够为游客所理解；另一方面，要使游客产生心理上或行为上的认同和情感上的趋同。导游人员要提高自己的口头语言表达技巧，必须在"达意"和"舒服"上下功夫。

相关知识

导游人员在讲解时，应符合以下八项具体要求。

（一）言之有物

世界导游人员协会会长简·奥德女士说："你若没有具体数据，你若没有生动案例，你就不可能令人信服地谈论导游和生动地进行导游。"

导游讲解要有具体的指向，不能空洞无物。讲解资料应突出景观特点，简洁而充分。可以充分准备，细致讲解。导游人员应把讲解内容最大限度地"物化"，使所要传递的知识深深地烙在游客的脑海中，实现旅游的最大价值。

（二）言之有理

要入情入理，以理服人，另外一层含义是导游讲解要符合一定的生活和风俗习惯，符合人们的欣赏习惯，符合法律法规。

（三）言之有趣

导游人员在讲解时，要生动形象、幽默风趣，既可以活跃气氛，提高游兴，又可以融洽感情，化解矛盾。

（四）言之有神

导游人员在讲解时要精神饱满，多用形象化的语言，言者有神，言必传神，引人入胜；

导游讲解应尽量突出景观的文化内涵,使游客领略其内在的神采。

（五）言之有据

导游讲解必须有根有据,知识和信息来源一定要可靠,具有权威性和可信度。导游语言要诚实,不尚虚文。不能胡编乱造或张冠李戴。

（六）言之有情

导游人员要善于通过自己的语言、表情、神态等传情达意。讲解时,应充满激情和热情,又充满温情和友情,富含感情和人情的讲解更容易被游客接受。

（七）言之有喻

恰当地运用比喻手法,以熟喻生,通俗易懂,增加旅游审美中的形象和兴趣。

（八）言之有礼

导游人员的讲解用语和动作、行为要文雅、谦恭,让游客获得美的享受。

"八有"原则中,言之有理体现了导游语言的思想性（也称哲理性）；言之有物、言之有据是导游语言的科学性和知识性；言之有神、言之有趣、言之有喻是导游语言的艺术性和趣味性；言之有礼、言之有情则是导游人员的道德修养在导游讲解中的具体体现。

任务实施

【实训项目】常用导游手法的运用。

【实训内容】

(1) 学生以小组为单位选派一名导游,针对任选景点进行导游讲解,讲解过程中必须涉及两种以上常用导游手法的运用；小组其他成员扮演游客,与"导游"良性互动。

(2) 表演时间：3~5分钟。

任务四　自然景观导游讲解技巧

任务分析

导游员要根据各自所在的不同景点熟练且全面掌握景点的文化内涵、类型、特征等基本属性以及与本景点有关的传说、故事、风俗等人文知识。

任务目标

能够根据游客的具体需求熟练地进行讲解和介绍,根据接待安排和游客需求做好服务工作,同时也有责任和义务做好景点的保护和宣传工作,以保证景点运营的可持续发展。

山岳景观讲解服务

> **相关知识**

一、山岳景观概述

孔子说:"智者乐水,仁者乐山;智者动,仁者静;智者乐,仁者寿。"山是风景的骨架,水是风景的灵魂。山水是构成旅游资源的第一要素。人类的旅游活动首先就是从观山赏水开始的。

我国是多山的国家,习惯上将陆地海拔高度在500米以上,相对高度在200米以上,具有明显山顶、山坡和山麓组成的隆起高地通称为山。

我国广阔的山地面积和绚烂多姿的山地景观,呈现出数量多、类型全、分步广的特点,成为我国发展旅游业的自然基础。

二、山岳景观讲解服务技巧

山岳景观的讲解内容应该以山岳的外观体征给游客带来的美感、山岳的成因以及山岳所包含的文化底蕴等作为重点。

具体来说,山岳景观的讲解思路应该是:采取移步换景的方式,结合不同的季节不同的气候条件以及一天中的不同时段,分别讲解出山岳名称的由来、所处的地理位置、高度、所占面积、同类景观中的排名、成因、与之相关的内涵文化,给游客带来审美的兴趣。

(一)抓住山岳景观外部形态特征,讲解出景观的美感

山是地壳千百万年变化的产物,姿态万千,在山岳景观的讲解服务过程中,首先要根据不同的山体外形引导游客领略大自然的鬼斧神工。

1. 姿态美

山岳是自然界地壳变迁和水流冲刷的结果,大自然的鬼斧神工造就了其千姿百态的形态,这些不同的姿态给人们带来了不同的美,再加上气候等原因的综合作用,山岳的姿态美的内容就更加丰富了,这是山岳景观的主要魅力。

人们将五岳概括为泰山雄、华山险、衡山秀、恒山奇、嵩山傲,这主要是指五岳的姿态。

泰山天下雄

异峰突起在华北平原上的泰山,突兀挺拔,气势磅礴,颇有"擎天捧日"之势,常被看作崇高、伟大的象征,成为中华民族的骄傲。主峰"玉皇顶",又称"天柱峰",海拔1 545米,相对高度1 391米,是我国东部沿海第一高峰,唐代大诗人杜甫曾留下"会当凌绝顶,一览众山小"的著名诗句,至今仍脍炙人口。

华山天下险

陕西省华阴市境内的华山,为五岳中的西岳。华山的险居五岳之首,有"华山自古一条路""奇险天下第一山"的说法。

华山山路奇险,景色秀丽,燕山路从玉泉院到苍龙岭可以看到许多胜景,从华山脚下到

青柯坪，一路上风光幽静，山谷青翠，鸟语花香，流泉垂挂，令人心旷神怡。青柯坪以东才是真正爬山的开始，这里有一块巨大的回心石，站在石上往上看是危崖峭壁、突兀凌空的"千尺㠉"，胆小的人会在此停留，只有不畏艰险，勇于攀登的人才有机会领略到华山险峰上更美的风光，千尺㠉窄陡的石梯容纳一人上下，370多个石阶，若非铁索牵挽，难以攀登。过了千尺㠉经过百尺峡就到了"老君犁沟"，这是夹于陡绝石壁之间的一条沟状道路，有570多个石阶，其尽头是"猢狲愁"，顾名思义，就是连猴子都发愁的意思，可想而知崖壁是多么陡峭了。过了"猢狲愁"就到了华山北峰。北峰海拔1 614.9米，为华山主峰之一，因位置居北得名。北峰四面悬绝，上冠景云，下通地脉，巍然独秀，有若云台，因此又名云台峰。峰北临白云峰，东近量掌山，上通东西南三峰，下通沟㠉峡危道，峰头由几组巨石拼接，浑然天成。绝顶处有平台，原建有倚云亭，现留有遗址，是南望华山山峰的好地方。峰腰树木葱郁，秀气充盈，是攀登华山绝顶途中理想的休息场所。

衡山天下秀

南岳衡山自然风光秀丽多姿，人文景观丰富多彩，素有"五岳独秀"之称。祝融峰之高，藏经殿之秀，方广寺之深，水帘洞之奇，堪称南岳"四绝"。春看花，夏观云，秋望日，冬赏雪，为南岳四季奇观；飞瀑流泉，茂林修竹，奇峰异石，古树名木，是南岳游览佳景。风景区内有24岩、12洞、7潭、8溪、20泉、3瀑布。自晋以来，佛道共存，历代不衰，为宗教史上所罕见。南岳山高林密，环境宜人，气候独特，是著名的避暑和观冰赏雪胜地。

恒山天下奇

恒山又名玄岳，祖于阴山，横跨塞外，东连太行，西跨雁门，南障三晋，北瞰云代，东西绵延250千米，号称108峰，集"雄、奇、幽、奥"特色为一体，素以"奇"而著称，倒马关、紫荆关、平型关、雁门关、宁武关虎踞为险，是塞外高原通向冀中平原之咽喉要冲，自古是兵家必争之地。古有"泰山如坐、华山如立、衡山如飞、嵩山如卧、恒山如行"之说。恒山历史悠久，文化灿烂，气候凉爽，民俗独特，自然和人文景观兼胜，主峰天峰岭海拔2 016.8米，素有"人天北柱""绝塞名山""道教第五洞天"之美誉。

登上恒山，苍松翠柏、庙观楼阁、奇花异草、怪石幽洞构成了著名的恒山18景，各有千秋，犹如18幅美丽画卷，展现在游客面前：磁峡烟雨、云阁虹桥、云路春晓、虎口悬松、果老仙迹、断崖啼鸟、夕阳晚照、龙泉甘苦、幽室飞窟、石洞流云、茅窟烟火、金鸡啼晓、玉羊游云、紫峪云花、脂图文锦、仙府醉月、奕台弄琴、岳顶松风，再加上世界一绝的天下奇观悬空寺，整个恒山如诗如画，令游客如置身于世外桃源，流连驻足。

苦甜井更是自然奇观中的奇迹。苦甜井在恒山半腰，两井相隔1米，水质却截然不同。一井水甜美清凉，被称为甜井；另一井水却苦涩难饮。甜水井井深数尺，却取之不尽，可供万人饮用。唐代时，唐玄宗李隆基曾赐匾甜井为"龙泉观"。

嵩山天下傲

嵩山主要由太室、少室二山组成，山体从东至西横卧，蜿蜒70千米，似盘龙卧虎。嵩山之顶名曰"峻极"，海拔1 512米，古有"嵩高峻极"和"峻极于天"之说，站在顶峰远眺，北可望黄河之雄，南可极山川之秀。

少室山以峰奇、路险、石怪、井秀而著称。山中群峰争艳，千奇百异，有的拔地而起，有的逶迤连绵，有的像猛虎蹲坐，有的似雄狮起舞，有的若巨龙睡眠，有的如乌龟爬行，峰峦参差，峡谷纵横，3千米栈道穿梭山腰，山道弯弯，宛若丝带逶迤在崇山峻岭中。从南山北望，一组山峰，互相叠压，状如千叶舒莲，从唐代起就有"少室若莲"之说，因其名为"九顶莲花山"。

嵩山的一山一水，都留下了各个时期的名胜古迹和美丽动人的传说故事，嵩山为伟大祖国的壮丽山河和悠久历史增添了数不尽的耀眼光辉。在地质学上，嵩山是世界上唯一的一个横跨太古代、元古代、古生代、中生代和新生代的名山，在古代就被尊称为万山之祖。在文化上，嵩山是儒、释、道三教圣地，也是中国古代天文学和建筑学圣地。

2. 色彩美

山岳景观的色彩主要来源于两个方面：一是山石本身呈现不同的颜色，如丹霞地貌就是由红色砂砾岩构成"赤壁丹崖"的奇观；二是因山岳附着物不同而形成的不同色彩，如苍翠的森林、如茵的绿草、灿烂的山花、银白的冰雪，均可与山岳合成一幅幅色彩鲜明的画卷。

河北围场坝上五彩山

金秋时节，山上的植被呈现出一幅多姿多彩的画面：红的似火，黄的赛金，绿的如翠，粉的娇嫩，褐的厚重，白的晶莹……在蓝天、白云的映衬之下，五彩斑斓、纯净透彻、飞彩流丹。这座山五彩交错、斑斑驳驳，那座山色带清晰，层次分明，美景入目，令人不得不感叹大自然的丹青妙手。

3. 动态美

山不转水转。山岳景观本身是处于一种静止状态的，但如果换个角度来欣赏，却会让人感受到山的另一种姿态美——动态美。

舟中观山

船在江面之上顺流而下，速度渐渐加快，此时长江两岸的山就会如同电影的画面切换一样急速地变换着：忽而峭壁直立，忽而群峰比肩；忽而森林密布，忽而灌木丛生；忽而山谷悠远，忽而山石扑面……旧的景物依次退去，新的景色扑面而来，姿态万千的山势景观就这样在我们的眼前变换着。

4. 听觉美

山岳景观中的茂密林海在山风的吹动下，往往能够让人领略到阵阵的涛声；山中的飞流瀑布可以让人领略磅礴的气势；山间小溪的缓缓流动，能够让人聆听到潺潺的涓流；山间林中的飞禽走兽，能够让人感受到虎啸猿啼百鸟鸣。这些大山的附着物，常常能给人们的听觉带来意想不到的感受，从而领略一种别样的美。

黄果树瀑布

黄果树瀑布高68米，加上瀑上瀑6米，总高74米，宽81米。夏秋洪水暴涨，瀑布如黄河倒倾，峭壁震颤，谷底轰雷，5千米开外，也能听到它的咆哮；由于水流的强大冲击力，溅起的水雾可弥漫数百米以上，使坐落在瀑布左侧崖顶上的寨子和街市常常被溅起的水雾所笼罩。

（二）从地质构造讲解其成因

1. 花岗岩山体

九华山

佛门圣境九华山，山体由花岗岩构成。由于受构造、岩性及外力等影响，形成了以峰为主、盆地峡谷、溪涧流泉交织其中的雄奇秀丽的地貌景观。九华山有名峰70余座,千米以上高峰30余座,最高的十王峰海拔1 342米。境内奇峰峭拔、怪石嵯峨,幽谷深潭,涌泉飞瀑,风光旖旎,四季宜人。清代概括为"九华十景",现已开辟八大景区、百余处景点,可谓"处处风光,移步换景",使旅游者流连,令朝圣者忘返。九华山自然风光以秀著称,以奇取胜。唐杜牧诗云:"凌空瘦骨寒如削,照水清光翠且重。却忆谪仙诗格俊,解吟秀出九芙蓉。"

2. 岩溶山水

桂林芦笛岩

芦笛岩是一个囊状的岩洞,进口与出口相邻,进洞处为原来的天然洞口,出洞处是开凿的人工洞口。洞深240米,游程约500米。岩洞是70余万年前地下水沿着岩石的破碎带流动溶蚀而形成的。洞中大量的石钟乳、石笋、石柱、石幔、石花,是在岩洞形成以后,含有碳酸盐类的地下水顺着岩石裂隙流出,水分蒸发,碳酸盐类沉淀结晶,逐渐堆积而成,千态万状,琳琅满目。

3. 丹霞风光

广东丹霞山

全山均为红色砂砾岩,远眺全山,"色如渥丹,灿若明霞",因而又有人称之为"红石花园"。它的地质岩层是由碎屑红岩、砾石岩和粉状砂岩所组成,含有钙质、氧化铁和少量石膏,呈丹红色,是砂岩地势的代表。这种地形和福建的武夷山、韶关的金鸡岭等同属丹霞地貌。

4. 砂岩峰林峡谷景观

张家界黄龙洞

黄龙洞发育在三叠系碳酸盐岩地层中,洞穴系统为远岸大三层和近岸小六层的立体空间结构,主要通道沿岸层走向延长。约3.8亿年前,黄龙洞地区是一片汪洋大海,沉积了可溶性强的石灰岩和白云岩地层。经过漫长年代开始孕育成喀斯特地貌,直到6 500万年前地壳抬升,出现了干溶洞,然后经岩溶和水流作用才形成了今日的地下奇观。

(三)从人文因素讲解其内涵

1. 历史文化丰富自然景物的美的意蕴

泰山

泰山得天独厚的自然环境和悠久的历史文化,孕育、造就了千姿百态的丽山秀水和人文名胜,生动地记录了中华民族发展历史的文明篇章。在5万年前的旧石器时期,泰山周围已经有了人类活动的踪迹。大量史料也都记载了泰山地区早在母系氏族社会阶段已经显露出文明的曙光。在5 000年前的新石器时代,泰山南麓的大汶口文化、北麓的龙山文化,不但影响到山东,而且影响到黄河中下游的广大地区。春秋战国时期形成的"齐鲁之邦"是中国历史上政治、经济、文化高度发达的地区之一,产生了孔子、孟子等历史文化名人。历史告诉我们,泰山早在远古时代就已经成为东方文化的重要发祥地,而泰山在先秦时期就已经成为中国最早的名山,成为五岳之首。

2. 宗教文化升华审美品位

锦州北普陀山

北普陀山开山历史源远流长,文化底蕴深邃丰厚。到唐武德元年就已经修建了许多寺刹,晨钟暮鼓梵音法号经年袅袅,祥云喜雨龙光清岚百代,所以世人皆用南印度普陀珞珈山北院来称呼它。辽代让国皇帝耶律倍长期居住在这座山上,大德高僧德韶奏请辽太后,正式定名北普陀山。著名景观有"石堂松雪、枫林旭日、苍山观海、红石卧龙、滴水观音、泓池澄晖、丰台夕照"等。明清两代,以辽西"第一洞天"驰名海内,为佛、道两教高僧、宗师及信众朝拜的圣地。

北普陀山拥有奇特壮观的山峦、千姿百态的峰石、翠柏菩提掩映的山泉、古树悬挂的峭壁。名峰、古刹、摩崖移步即景,佳景天成。春可听莺啼鸟语,夏可闻蝉鸣桑林,秋可睹栌红霜染,冬可观石堂松雪。四时景致,异彩缤纷,胜如巧笑顾盼焉。九大景区共有50多处景观,云、石、水、洞、林、花、鱼、鸟浑然一体,雄、险、奇、幽、动、静、美、妙交相生辉,实为洞天福地,人间胜境。

任务实施

运用简述法、类比法、设置悬念法、知识渗透法、突出重点法等景点常用讲解方法进行模拟演练。

(1) 游览山岳景观时,游客被虫、蛇咬伤,应该如何处理?
(2) 游客发生骨折,应该如何处理?
(3) 怎样预防和处理中暑?
(4) 以自己家乡附近的一座名山为例,撰写一篇导游词。要求导游词内容新颖、全面、细致、准确,符合实际导游情况,能根据讲解内容灵活运用讲解方法,且语言生动、形象、幽默、风趣。

实训考核

学生自评,教师点评总结。

案例分析

黄山导游讲解词

朋友们:

你们好!现在我们已经到达黄山风景区南边重镇汤口。在这里先向诸位介绍一下黄山风景区的概况。

黄山,位于中国安徽南部,属南岭山脉的一部分,全山面积约1 200平方千米。山系中段是黄山的精华部分,也就是我们要游览的黄山风景区,面积约154平方千米。它在黄山市境内,南邻黄山市歙县、徽州区、休宁县和黟县,北连黄山区,这5个县(区)也都属于黄山市管辖。

黄山在中国唐代以前叫黟山,黟是黝黑的样子,因为山上岩石多为青黑色的,古人就给它起了这样一个名字。传说咱们中华民族的先祖轩辕黄帝在完成中原统一大业、开创中华文明之后,来到这里采药炼丹,在温泉里洗澡,因而得道成仙。唐朝著名的皇帝李隆基非常相信这个说法,就在天宝六年(747年)下了一道诏书,将黟山改名黄山。意思是,这座山是黄帝的山。从那以后,黄山这个名字就一直使用到现在。

朋友们,你们不远千里,甚至万里来到这里,不就是要亲眼看一看黄山的美吗?不就是要感受一下人生的快乐吗？是的，黄山是绝美的，可说天地奇山，能够登临它，亲眼看着它，确实是人生的一大乐事。在很久以前，在漫长的地质历史中，大自然的无穷力量，塑造了黄山绝美的风采和种种奇特的景观，令人倾倒，令人心醉。

黄山的美，首先就美在它的奇峰。这里群峰竞秀，峰峰称奇，各有特色，各具神韵。黄山奇峰到底有多少，还没有一个确切数字。历史上先后命名的有36大峰、36小峰，近年又有10座名峰入选《黄山志》。这80多座山峰的高度绝大多数都在海拔千米以上，其中以莲花峰最高（1 864米），光明顶次之（1 841米），天都峰排行第三（1 829.5米），这三大峰和风姿独秀的始信峰（1 683米），来黄山的朋友，哪怕登上这四座奇峰中的一座，也算不虚此行了。

下面，我再把黄山"四绝"分别介绍。

说起黄山"四绝"，排在第一的当是奇松。黄山松奇在什么地方呢？首先是奇在它无比顽强的生命力，你见了不能不称奇。一般来说，凡有土的地方就能长出草木和庄稼，而黄松是从坚硬的花岗岩里长出来的。黄山到处都生长着松树，它们长在峰顶，长在悬崖峭壁，长在深壑幽谷，郁郁葱葱，生机勃勃。千百年来，它们就是这样从岩石中迸裂出来，根儿深深扎进岩石缝里，不怕贫瘠干旱，不怕风雷雨雪，潇潇洒洒，铁骨铮铮。你能说不奇吗？其次，黄山松还奇在它那特有的天然造型上。从总体来说，黄山松的针叶短粗稠密，叶色浓绿，枝干曲生，树冠扁平，显出一种朴实、稳健、雄浑的气势，而每一处松树，每一株松树，在长相、姿态、气韵上，又各有不同，都有一种奇特的美。人们根据它们不同的形态和神韵，分别给它们起了贴切、自然而又典雅有趣的名字，如迎客松、黑虎松、卧龙松、龙爪松、探海松、团结松，等等。它们是黄山奇松的代表。

怪石是构成黄山胜景的又一"绝"。在黄山到处都可以看到奇形怪状的岩石，这些怪石的模样千差万别，有的像人，有的像物，有的反映了某些神话传说和历史故事，都活灵活现、生动有趣。在121处名石中，知名度更高一些的有"飞来石""仙人下棋""喜鹊登梅""猴子观海""仙人晒靴""蓬莱三岛""金鸡叫天门"等。这些怪石有的是庞然大物，有的奇巧玲珑；有的独立成景，有的是几个组合或同奇松巧妙结合成景。还有一些怪石因为观赏位置和角度变了，模样也就有了变化，成了一石二景，如"金鸡叫天门"又叫"五老上天都"，"喜鹊登梅"又叫"仙人指路"，就是换景的缘故。还有些怪石，在不同条件下看，会产生不同的联想，因而也就有了不同的名字，如"猴子观海"，又叫"猴子望太平"。

再说云海。虽然在中国其他名山也能看到云海，但没有一个能比得上黄山云海那样壮观和变幻无穷。大约就是这个缘故，黄山还有另外一个名字，叫"黄海"。这可不是变称，是有历史为证的。明朝有位著名的史志学家叫潘之恒，在黄山住了几十年，写了一部60卷的大部头的黄山山志，书名就叫《黄海》。黄山的一些景区、宾馆和众多景观命名，都同这个特殊的"海"有关联，有些景观若在云海中观赏，就会显得更加真切，韵味也更足了。这些也都证明，"黄海"这个名字是名副其实的。

最后，介绍一下温泉。我们常讲的和游览的温泉是前山的黄山宾馆温泉，古时候又叫汤泉，从紫石峰涌出。用它命名的温泉景区，是进入黄山南大门后最先到达的景区。温泉水量充足，水温常年保持在42摄氏度左右，水质良好，并含有对人体有益的矿物质，有一定的医疗价值，对皮肤病、风湿病和消化系统的疾病，具有一定的疗效。但是它能浴，不能饮；过去说它可以饮用，是不科学的。其实，黄山温泉不止一处。在黄山北坡叠嶂峰下，还有一个温泉，叫松谷庵，古称锡泉。它与山南的宾馆温泉水平距离7.5千米，标高也近，南北对称，遥相呼应。这也够奇了，不过因为它地处偏僻，目前还未开发利用。

除了"四绝"之外，黄山的瀑布、日出和晚霞，也都是十分壮观和奇丽的。黄山，山高坡陡，溪流从高山峡谷中奔涌出来，从陡谷悬岩上飞落下来，就形成了瀑布。"山中一夜雨，处处挂飞泉"，就是黄山瀑布的生动写照。黄山瀑布很多，最壮观的有"九龙瀑""人字瀑"和"百丈瀑"。

黄山四季分明：春天青峰滴翠，山花烂漫；夏季清凉一片，处处飞瀑；秋天天高气爽，红叶如霞；寒冬则是银装素裹，冰雕玉砌。黄山确实是一个旅游、避暑、赏雪的绝好去处。

徐霞客曾两游黄山，赞叹说："登黄山天下无山，观止矣！"又留有"五岳归来不看山，黄山归来不看岳"的美誉，更有"天下第一奇山"之称，黄山还兼有"天然动物园和天下植物园"的美称，有植物近1 500种，动物500多种。黄山气候宜人，是得天独厚的避暑胜地，是国家级风景名胜区和疗养避暑胜地。1985年入选全国十大风景名胜，1990年12月被联合国教科文组织列入世界文化与自然遗产名录，是中国第一个同时作为文化、自然双重遗产列入名录的。2004年2月入选世界地质公园。2007年5月8日，黄山风景区经国家旅游局正式批准为国家AAAAA级旅游景区。

各位朋友们，今天的游览就到此结束。欢迎你们和你们的朋友再次来黄山游玩。

谢谢！

水体景观讲解服务

相关知识

一、水体景观基础知识

水体是指以相对稳定的陆地为边界的水域，是河流、湖泊、沼泽、水库、地下水和海洋的总称。

水体可分为海洋水体和陆地水体两大类。陆地水体又可分为地表水体和地下水体，地表水体有河流、湖泊、沼泽、水库等。从水体存在的区域看，可将其划分为水域和水系。水域是指某一具体被水覆盖的地段，如洞庭湖、鄱阳湖；水系是指流域内大大小小的水体，构成脉络相通的系统，由干流及若干支流及流域内的湖泊、沼泽等组成，如长江水系、黄河水系、滦河水系等。

二、水体景观讲解服务技巧

（一）水体景观讲解服务基本要求

1. 分析游客旅游动机，灵活运用讲解方法

不同游客文化层次不同，旅游动机也不同。水体的外部形态和文化内涵不同，因而在水体景观游览中，游客获得的美感和感悟也存在很大差别。这就要求导游要抓住旅游地水体景观的特色，制定合理的旅游线路，选择不同的讲解方法，灵活运用。

2. 全面了解水体的风格与差异

同为水景，但因为水的类型不同，如海水、江水、河水、湖水、泉水、溪水等，带给人们的景致不同。

（1）水体类型不同，美的风格不同。直观地看，海洋浩瀚无际、碧波万顷、怒潮澎湃、深邃奥妙，唐代诗人白居易的"海漫漫，直下无底傍无边"的诗句，就是这种望洋兴叹的写照；流泉、溪涧、小湖，则多给人以秀丽、幽美之感；江河大湖常介于两者之间，江河虽有"孤帆远影碧空尽"的意境，但终不及海洋带给人们的意境真切与强烈。某些海岸虽然也具有秀丽优美的景色，但终不如泉、溪、小湖带给人的恬静与浓厚。所有这些，都是由于它们各自水体类型不同的缘故，所以，同为水体，其类型不同，美的风格不同。

（2）同一水体类型，但因各自组合条件不同，其美的意境也不同。以河流为例，如黄河、长江、珠江等江河，虽然皆有源头和入海口，但由于受各自地貌、气候、植被等自然地理环境条件的影响，其各自的水文特点也不同。故各条江河，各有其特色。如宋代范成大的《初入峡谷》中写道："束江崖欲合，漱石水多漩。卓午三竿日，中间一罅天。"长江在这里显得很险峻；唐朝诗人王之涣在《登鹳雀楼》中描述的"白日依山尽，黄河入海流。欲穷千里目，更上一层楼"成为描写黄河壮阔场面的千古绝唱。即使同一条江河，因地段不同，所造景致也不同，如长江三峡中瞿塘雄、巫峡秀、西陵险，美的具体内容是有差异的。

（3）从景观类型讲解其特征、从景观配合讲解其特色。不同的水体由于其存在状态的不同，表现出来的景观特征不同，即使是同一水体类型，由于所处地域环境的差异，各自然地理因素组合的不同，表现出来的特征也存在差异。在导游讲解中，导游员要根据具体水体景观的特点来把握好它们的特征，突出景观的个性。

对于不同的水体景观，讲解过程中要突出不同的特点：①海洋景观，要突出海滨的伟岸、辽阔。②江河景观，要体现其景色多姿，类型丰富。③湖泊景观，要突出湖形、湖影、湖色。④泉水景观，要突出其奇特的功能。⑤瀑布景观，则要体现形、声、态。

（4）引导游客"亲近"水。直接亲近，如游泳、漂流、垂钓等活动；康体疗养，如洗温泉浴；品茗，如西湖双绝——虎跑泉水泡龙井茶。

（二）不同水体景观的导游讲解

1. 河流的导游讲解

由于河流分布极为广泛，在地球上不同温度带的江河其景色不同，同一江河的不同地段的景色也不同，因此在实际游览导游中，导游员的游览与讲解要根据不同的景观特点、具体的景点分布和景色的构成及多种导游讲解方法，进行游览引导和导游讲解。

（1）不同温度带河流的景观特色。位于北回归线以南热带季风区的河流，河流虽短，却有热带季雨林景观，所谓椰林风光、雨林奇观便是其代表景观。亚热带季风区江河具有亚热带常绿阔叶林景观，如长江因其流量大、汛期长、植物丰、湖泊多、农业富，成为一条"黄金旅游路线"。暖温带河流，如黄河，主要地处落叶阔叶林地带，虽然流量少、泥沙多、植被稀，但它是中华民族主要的文明发祥地之一。所以，黄河旅游路线是展示我国古老灿烂文化的一条最佳旅游线路。中温带以松花江、鸭绿江为代表，它流量大、植被丰，具有山清水秀的风景特色。寒温带以黑龙江北段为代表，暖季水漫漫，冬季成冰带，具有典型的林海雪原的北国风光特色。

（2）同一河流不同流段的景观特色。一条巨川，其上、中、下游各段因地貌地势差异而景色不同。以长江为例，其上游的江源处，终年白雪皑皑，冰峰雪岭，具有原始、幽静、清新、神秘诱人的特色；上游的峡谷处是典型的河川峡谷景观，它由雄伟险峻的瞿塘峡、曲折幽深的巫峡、滩多水急的西陵峡组合成壮丽的长江三峡而闻名中外；长江的中游，江涛滚滚、银光闪闪，组成平原巨川风光；长江的下游，更是河渠纵横交错、湖泊星罗棋布，形成"水乡泽国"的景色；河口地带，口宽岛多、波涛万顷、江海相连、水天一色，造就出河口三角洲风光。所以整条长江的各段，都是优美的旅游走廊。其他江河上、中、下游各段的风光，也都各有其特色。

由于河流的线状特点，具体讲解程序及讲解方法建议如下：

第一步：河流概况介绍。概况的讲解重在突出综合性，讲出要点即可。因此，建议采用概述法或突出重点法。具体要求明确讲解中心主题思想，确定分布区及目的地所处的地理位置。

第二步：具体游览河段的讲解。首先讲源头。一般源头多在构造上升区，河段多出现峡谷、陡崖、激流、跌水、怪石等险峻景色和幽深美妙的意境。其次分上、中、下游讲河段，主要突出讲解游客所游览的河段。

讲解范例

长 江

主题——"滚滚长江东逝水，浪花淘尽英雄"。

1. 地位及概述

长江，是中国第一长河，以"长"而得名。它不仅是我国最长的河流，而且也是世界上著名的巨川之一。

长江全长6 300多千米，仅次于南美洲的亚马孙河和非洲的尼罗河，雄踞世界长河的第三位。长江每年输送入海的总水量约1万亿立方米，占全国河流入海总水量的1/3以上，是欧洲最大河流伏尔加河的4倍，仅次于亚马孙河（69 300亿立方米）和非洲的刚果河（13 300亿立方米），在世界上也排名第三。长江水系的水能资源极为充沛，占全国的2/5，相当于美国、加拿大和日本三国水能资源的总和，在世界上同样位居第三。

2. 长江源头

长江的源头，是一处神灵之所，神性，圣洁，孕育了华夏的文化。位于世界屋脊青藏高原腹地，环抱于号称"亚洲屋脊"的昆仑山脉和青海、西藏交界处的唐古拉山脉两大山脉之间。由于恶劣的自然环境，那里很少有人触及，但它却是科学家、探险家和环保爱好者所神往的地方。长江源头的景观十分壮丽，雪山冰峰，无垠的草地，蓝天白云倒映在河水中，构成了令人心旷神怡的美景。正是这雪山群的冰川融水，成为万里长江的水源。

3. 长江三峡

长江三峡是中国十大风景名胜之一，也是全国40佳旅游景观之首。它西起重庆奉节的白帝城，东至湖北省宜昌市的南津关。全长193千米，是世界上最大的峡谷之一。之所以称为三峡，是因为它是由著名的三段峡谷组成的，分别是：瞿塘峡、巫峡和西陵峡。而它们又分别以"雄伟、秀丽和险峻"而著称。

瞿塘峡西起白帝城，东到大溪镇。这是峡谷入口处，在这里，两面是隔江对峙的绝壁，组成了一道天造地设的大门，这就是夔门。夔门自古以来就有"天下雄"的美称。过了夔门就进入了瞿塘峡。瞿塘峡虽然只有短短的8千米，但两岸的风景名胜却非常多。像风箱峡、石栈道等。我们现在所在的地方就是风箱峡。大家请看前面那个黄褐色的峭壁上面有一道裂缝，裂缝上放着几个好似风箱的东西，风箱峡便由此得名。那么那些酷似风箱的东西究竟是什么呢？原来竟是古代的棺木。据考证，那些悬棺至今已有2 000多年的历史了。至于古人是怎样把这么重的棺木挂上悬崖，至今仍是一个谜。

游玩了短暂的瞿塘峡，现在就来到了巫峡。巫峡横跨重庆、湖北两地。从重庆巫山县的大宁河口一直延绵到湖北巴东县的官渡口。全长有45千米，是三峡中最完整的一个峡，因此也被称为"大峡"。巫峡两岸的群峰以12峰为奇。而其中最俏丽者为神女峰。各位朋友，现在我们就在神女峰的脚下。请大家抬头看，在群山的封顶旁有一人形石柱，宛若一位亭亭玉立的少女在深情地俯视着长江。而关于她的来历也有一段感人的传说。很久以前，一个渔夫出江打鱼，不幸遇到暴雨，最终船毁人亡。而他的妻子每天都会来到峰顶守望，盼望着丈夫的归来，可是很多年过去了，丈夫始终没有回来，妻子则一直在那等待着，直到今天。这个感人的故事在千百年来广为传颂，神女峰也因此成了夫妻间同甘共苦、生死相依的美好象征。现在我们的船也已经驶出了巫峡，大家有没有觉得江面顿时开阔了不少呢？而面前丘陵连绵、沟壑纵横的就是著名的香溪宽谷了。这就是古代大美女王昭君的家乡了。相传，昭君出塞之前，曾回乡探亲，船经过香溪时，她想在香溪中洗脸，可一不小心将脖子上的项链弄丢了，珠宝撒落在香溪中，从此，小溪就变得清澈见底，芳香四溢。人们就称这条小溪为"香溪"。除了昭君，这里还孕育了我国伟大的爱国主义诗人——屈原。而如今这里又出现了一位"名人"，那就是曾轰动世界的神农架野人。

时间过得非常快，我们现在来到了三峡最后一个峡西陵峡了。西陵峡西起香溪口，东至南津关，全长76千米，它是以宜昌市的西陵山而得名的。西陵峡有三个之最，首先，它是三峡中最长的一个峡，自下而上，共分为四段：香溪宽谷，西陵峡上段宽谷，庙南宽谷，西陵峡下段峡谷；其次，它是自然风光最优美的一个峡，北宋著名文学家欧阳修为此留下了"西陵山水天下佳"的千古名句；再次，它是三峡的最险处，过去这一带触礁沉船的事故层出不穷，青滩北岸有一座"白骨塔"，以堆积死难船工的尸骨而得名的。当然现在的西陵峡在治理后早已今非昔比了。

西陵峡的主要景观有兵书宝剑峡、牛肝马肺峡、崆岭峡和灯影峡。这就是著名的"西陵四峡"了。但我今天主要介绍的是西陵峡的灯影峡。灯影峡是以形取景得名的。山上有四块石头，非常像《西游记》中唐僧师徒四人西天取经满载而归的生动形象。而每当到了夕阳西照的时候，从峡中远远望去，这四块石头就像皮影戏中的人物一般，非常有意思。所以这个峡就被称为灯影峡了。

2. 湖泊的导游讲解

（1）概述性导游。做湖泊概述性导游时，要注重概念的导入、分布地区介绍及旅游价值三方面的内容。

（2）科普性导游。做科普性导游要从湖泊的成因开始进行讲解。

> 讲解范例

西 湖

　　西湖在 12 000 年以前还是与钱塘江相通的浅海湾，耸峙在西湖南北的吴山和宝石山，是环抱这个海湾的两个岬角。后来由于潮水的冲击导致泥沙淤塞，把海湾和钱塘江分隔开来。地质学上把这种由浅海湾演变而成的湖泊叫潟湖。到了西汉时期，西湖的湖形已基本固定，而真正定型是在隋朝。此后西湖承受山泉活水的冲刷，再经过由白居易、苏轼、杨孟瑛、阮元等发动的 5 次大规模的人工疏浚治理，终于从一个自然湖泊成为风光秀丽的半封闭的浅水风景湖泊。

　　（3）景观导游。人们常用湖光山色来形容自然风光的优美妩媚。一个风景区有了湖光，山色自然就会增辉；有了山清水秀，绿水环绕，湖光波影，岸边垂柳，自然风光才能更加绚丽多彩。

　　（4）文化承载的讲解。讲解要与周围人文景物相配合，尽可能采用名人效应和诗词歌赋借用法，积极导入民间故事和传说烘托讲解效应。例如，讲解杭州西湖十景，每一景都要引出一段故事、一些名人，如白居易、苏轼等。

3. 瀑布的导游讲解

　　（1）科普讲解。科普讲解要注意两方面：一是要讲清瀑布的形成原因；二是要讲解瀑布的主要特征。

　　（2）景观讲解。做景观讲解时，导游必须交代 3 个数据，即落差、宽度、水量，同时要注意游览与讲解的程序。一是造瀑层，如黄果树瀑布的造瀑层是石灰岩，壶口瀑布的造瀑层是砂岩，吊水楼瀑布的造瀑层是玄武岩；二是瀑布；三是瀑下深潭；四是瀑前峡谷。

　　（3）观景与审美引导。瀑布是山水结合、别具风格的旅游资源，它的最大特点是山水完美结合、融为一体。它常常形成千岩竞秀、万壑争流、飞泻千仞、银花四溅、蔚为壮观的旅游胜地。瀑布与青山、白云、蓝天、文物、古迹相结合，组成一幅幅动态的图画。

　　（4）瀑布旅游功能及人文精神的引申讲解。瀑布以宏大的造型、磅礴的气势、咆哮的巨响、洁白的色态，吸引着无数勇敢者去进取，促进弱者去锻炼，开拓沉思者的胸怀，给人以勇敢、坚定、果断、健美等品质的陶冶。

4. 泉的导游讲解

　　（1）科普导游。做泉的科普导游，要从成因和成分开始。

> 讲解范例

黄山温泉

　　黄山温泉古称汤泉、朱砂痣，有两个出露口，温泉水质以含重碳酸为主，无硫。自唐代开发以来，享誉千年。传说中华民族的始祖轩辕黄帝曾在此沐浴，皱褶消除，返老还童，温泉因此名声大振，被称为"灵泉"。温泉位于紫石峰南麓，汤泉溪北岸，海拔 650 米。温泉主泉泉口的平均温度为 42.5 摄氏度，副泉泉口水温为 41.1 摄氏度，水温还随气温、降水量的变化而变化。温泉的昼夜最大流量为 219.51 吨，最小流量为 145.23 吨。温泉具有一定的医疗价值，对消化、神经、心血管、新陈代谢、运动等系统的某些疾病，有一定的治疗和保健效果。温泉区现建有独立的温泉浴室和游泳池，游客也可在下山后到此沐浴，舒缓登山疲劳。

　　（2）景观导游。做泉的景观导游，要注意描述其风光特色及相关数据等。

| 讲解范例 | 济南泉景 |

"若到济南行乐处,城西泉上最关情。"的确,泉水是济南的象征、济南的标志,是济南的财富,更是济南的灵魂!走进济南,就仿佛走进了一个神奇的泉的世界……趵突泉,位居济南72名泉之首,风流的乾隆皇帝被趵突泉的美丽所感染,御笔亲封"天下第一泉"。进入趵突泉公园,还未到泉边,那趵突泉喷涌的声音就会响彻耳畔;来到泉边,泉池中央那三股吊桶粗的泉水喷涌而出,势如鼎沸,声若雷鸣,蔚为壮观,波涛声震大明湖。除了趵突泉,公园内还散布着漱玉泉、金线泉、柳絮泉、马跑泉等20多处名泉,它们各有各的形态,各有各的风采。

(3)引申文化导游,如泉与文化、温泉与康体、泉与酒。

| 讲解范例 | 赤城温泉 |

赤城温泉也称汤泉,史称"关外第一泉",位于赤城县城西7.5千米的苍山幽谷之中,距张家口140千米。赤城县环境清幽,气候宜人。全年平均气温在12.6摄氏度~26.1摄氏度之间,四周峰峦青翠,绿树蓊郁,泉水淙淙,庙宇隐然,康熙帝亲陪皇祖母孝庄文皇后在这里驻跸洗浴50多天,抗日名将吉鸿昌也曾在此"洗耻"。出水充足的天然温泉分为总泉、眼泉、胃泉、平泉、气管炎泉、冷泉6个泉,由于出落地区水温高低和所含化学物质各不相同,所以分为治疗皮肤病、胃病、眼病、呼吸道及风寒性疾病的不同的疗养区域。

5. 海岸景观的导游讲解

做海岸景观的导游讲解时,要从依托的角度进行导游,还要注意以海滨旅游为主。

> **特别提示**
> 游客观水六要素:观水面、看水色、听水声、识水态、赏水光、嗅水味。
> 玩水前要先问清价格,后参与活动;游泳、漂流要注意安全警戒提示。

| 讲解范例 | 台湾日月潭导游词 |

日月潭,旧称水沙连,又名水社里,位于阿里山以北、能高山之南的南投县鱼池乡水社村,是台湾最大的天然淡水湖泊,堪称明珠之冠。在清朝时即被选为台湾八大景之一,有"海外别一洞天"之称。区内依特色规划有6处主题公园,即景观、自然、孔雀及蝴蝶、水鸟、宗教等六个主题公园,还有8个特殊景点以及水社、德化社两大服务区。

日月潭由玉山和阿里山的断裂盆地积水而成。环潭周长35千米,平均水深30米,水域面积达9平方千米,比杭州西湖大1/3左右。日月潭中有一小岛,远望好像浮在水面上的一颗珠子,名"珠子屿"。抗战胜利后,为庆祝台湾光复,把它改名为"光华岛"。岛的东北面湖水形圆如日,称"日潭",西南面湖水形舣如月,称"月潭",统称日月潭。

日月潭之美,在于它环湖皆山、重峦叠峰、郁郁苍苍;湖面辽阔、水平如镜、潭水湛蓝;湖中有岛、水中有山;波光岚影;一年四季,晨昏景色,各有不同。在风和日丽的春天,翠山环绕、堤岸曲折、山水交映、变化多端;当晨曦初上时,万籁俱寂,湖水放射出绮丽的色彩,倏忽变易,神秘莫测;每逢夕阳西下,日月潭畔霞光四起,轻纱般的薄雾在湖面上飘荡回旋;若遇细雨蒙蒙,四周山峦显得格外清净,水光山色,更是碧绿得可爱;尤其是秋季的夜晚，明月照潭，清光满湖，碧波素月交相辉映、宁静幽雅，置身其间，如临仙境。清人曾作霖曾用"山中有水水中山，山自凌空水自闲"的诗句来赞美日月潭这"青山拥碧水，明潭抱绿珠"的美丽景观。游人常把它与西湖相比，究竟谁美？其实，祖国山河，何处不美！日月潭不仅是台湾人民的骄傲，大陆同胞亦为它那"万山丛中突现明潭"的奇景而自豪。

日月潭湖中风光绮旎，景色如画。湖畔的山麓上还建有许多亭台楼阁，是观赏湖光山色的极好场所。四周秀美的自然景致中点缀着寺庙古塔，更显得幽雅。其中最引人的是潭南青龙山麓的玄奘寺和潭北山腰的文武庙。山麓建有玄奘寺，供奉唐代高僧玄奘法师，寺中悬有"民族法师"匾额一方。寺前有一座白色柱子的门楼，画栋雕梁的楼顶，飞檐挑角，富有民族特色。寺中三楼有一小塔，供奉着玄奘法师的头顶灵骨。寺后的青龙山巅，几年前建了一座九层高塔，名曰"慈恩塔"。塔仿辽宋古塔式样，为八角宝塔，每层檐尾垂挂小钟，迎风叮当作响。登塔远眺，明潭风光，尽收眼底。有人说，在天高云淡时，于塔顶可望见西子湖畔六和塔的塔尖，虽近似神话，却反映了人们对祖国大陆的向往之情。

如今，环湖而游，至西北岸山脚，远远就可听见水流怒吼如雷鸣，原来就是日月潭水源的入水口。这是从浊水溪上游通过18千米长的大隧道引来的水，入水口喷出的水花，高达四五米至七八米，势若蛟龙吐水，湍激排空，使日月潭有了源源不断充足的水源。现在潭边修堤筑坝，湖面更加辽阔，成为一个水力发电站的蓄水池。虽然潭边低地被水淹没，月潭形状变得像一片枫叶，日月潭名称已名不副实，但其水光山色依然充满诗情画意，不愧为台湾秀丽风景的突出代表。

【评析】本篇导游词着重描绘了日月潭的美，并能够引导游客去发现这种美，这是导游必备服务技能。同时，在讲解过程中善于运用引用、夸张等修辞手法对日月潭内在文化进行挖掘，体现了导游水平的深度。总之，通过这篇导游词，让我们身临其境地感受到了日月潭吸引众多游客的魅力。

任务实施

【实训项目】水体导游——避暑山庄湖区。

搜集信息整理资料并撰写导游讲解词；熟悉所选景观的特色；注意水体和景观的文化拓展。

【实训内容】

(1) 游客落水应该如何处理？

(2) 参与漂流等游览项目应提醒游客注意哪些安全事项？

(3) 如何引导游客"观"水和"玩"水？

(4) 从河流、湖泊、温泉、瀑布、海洋等任选一景观创作导游词，进行模拟讲解。要求：内容丰富翔实，知识性与趣味性并重；采用讲述法、突出重点法、虚实结合法、悬念法等多种方法；讲解深入浅出，通俗易懂，具有吸引力。

【实训考核】

综合运用分段讲解法、突出重点法、引用法等多种讲解方法。学生自评，教师点评总结。

动植物景观讲解服务

相关知识

一、动植物景观基础知识

（一）动植物景观概述

1. 动植物景观概念

凡是具有旅游观赏价值的植物或动物资源及其相关内容，统称为动植物景观，包括植物景观和动物景观两大类。

2. 动植物景观分类

（1）植物以植物茎的形态分类可分为：乔木、灌木、亚灌木、草本植物与藤本植物等。

（2）植物以植物的生态习性来分类可分为：陆生植物、水生植物、附生植物、寄生植物与腐生植物等。

（3）植物以植物的生活周期来分类可分为：一年生植物、二年生植物与多年生植物。

（4）动物可分为无脊椎动物和脊椎动物两类。

二、动植物景观讲解服务技巧

（一）植物景观导游要求

植物景观具有极高的观赏价值，其中蕴含了形态美、声音美和寓意美等多种审美要素。导游时要注意引导审美和讲解相结合。具体讲解时应注意：①掌握植物景观的要领，了解不同植物的习性，选择最佳观赏时间和角度。②掌握观赏不同植物的程序。③进行科普导游讲解，引导并教会游客认识植物。④讲解不同植物的作用和功能，如装饰功能、造景功能、修身保健功能等。⑤进行文化寓意的引申讲解，对比不同文化环境下，不同植物的人文精神，教会游客识"花语"。

（二）植物景观与导游讲解

（1）突出形态。如银杏、水杉高大，而有的草木只有几厘米；巨莲的叶子可坐小孩，青莲的叶子不足1厘米；白杨树直插蓝天，荔枝树形团团帷盖，水杉如宝塔，雪杉如巨伞；遒劲刚直，柳树万条丝绦，凌霄花似一口倒挂的金钟，牵牛花像喇叭，珙桐花像白鸽。中国特有第三纪古代植物区系孑遗种，分布于西南地区、湖北、湖南、陕西。生于海拔1 250～2 200米处的常绿阔叶林带和常绿落叶阔叶混交林中，偶有小片纯林。在研究古植物区系方面有重要的科学价值。

（2）突出色彩。花有不同色彩，不同色彩对不同地区的游客有不同的含义。导游员要针对游客的心理和习俗对比讲解介绍。

（3）突出香味，如荷花香远益清，桂花浓郁扑鼻，兰花幽香缕缕，梅花暗香浮动。

（4）突出性能，如药用价值、实用价值、经济价值。

（5）突出寓意，如松柏刚强长寿；竹子刚直、清高、虚心；梅花坚骨孤高；荷花洁身自好等。

我国独具特色的十大名花是"花王"牡丹、"花相"芍药、"花中皇后"月季、"花中隐士"菊花、"花中佳人"兰花、"花中君子"莲花、"花中仙女"海棠、"花中妃子"山茶、"凌波仙子"水兰、"花中高士"梅花。

（三）动物景观导游

1. 动物景观的特点和导游要领

（1）动物景观特点包括：①奇特性，如扬子鳄、娃娃鱼、四不像、金丝猴；②珍稀性，如武夷角怪、峨眉弹琴蛙、褐马鸡、丹顶鹤、大熊猫、东北虎；③药用性，如虎骨、麝香；④表演性，如大象表演、猴子耍杂、赛马、训熊、斗鸡等；⑤宗教与寓意等，在不同国家和不同民族，有宗教文化中把某些动物奉为神灵；⑥观赏有特定距离要求特别是野生动物园，游客不能进行零距离接触。

（2）导游要领包括，安全与保护第一；科普讲解与动物保护教育结合。突出珍稀性，寓意内涵相结合。

2. 动物景观导游讲解

（1）观形讲态。动物千奇百怪，各具特色。东北虎给人以王者气质。色壮观：长颈鹿体态典雅华贵；大象为长鼻动物；麋鹿俗称"四不像"。

（2）赏色讲意。世界动物色彩斑斓，例如金丝猴毛色金黄，金光闪闪；非洲的斑马黑白相间；白熊通身雪白等。

（3）表演与娱乐，如大象按摩、猴子听戏、孔雀开屏、大熊猫表演等。

（4）听声动物。动物中有许多"歌唱家"，如学舌的八哥、峨眉山的弹琴蛙等。

（5）动物科学观赏，包括教学观赏和科普观赏。

（四）自然保护区导游讲解

1. 自然保护区的内涵

自然保护区是国家把一些能揭示自然界内在规律的具有典型意义和价值的森林、草原、水域、湿地、荒漠等各种生态系统类型以及自然历史遗迹地等，划出一定的面积，设定机构，管理和建设起来，作为保护自然资源和开展科研工作的基地。自然保护区包括自然环境和自然资源两个部分。保护区能保护人类生存的大环境和这个环境中的一切资源。

我国于1956年在广东肇庆建立了的第一个自然保护区——鼎湖山自然保护区，此后国家和当地都在积极开展工作。

2. 自然保护区的类型

（1）综合型自然保护区。以保护完整的自然生态环境为主，如长白山、阿尔金山、西双版纳等自然保护区。

（2）珍稀植物型自然保护区，如小兴安岭森林自然保护区。

（3）珍稀动物型自然保护区。重点保护珍稀动物，如卧龙大熊猫保护区。

（4）自然遗迹型自然保护区。保护各类有价值的自然或历史遗迹，如五大连池火山地貌。

3. 自然保护区游览与导游讲解

首先，要突出"保护"二字；其次，要遵守保护区的规定，如限人数限线路；最后要以科普讲解为主。

> **小贴士**
>
> 遵循"安全与保护第一的原则",例如,游客品尝水果要进行安全提示:注意卫生;水果可能产生的过敏情况。

讲解范例

北京动物园

各位朋友:

你们好!热烈欢迎你们到北京动物园游玩。北京动物园位于西城区西直门外大街,是中国开放最早、珍禽异兽种类最多的动物园。动物园占地面积约 0.9 平方千米,饲养展览动物 4 900 余种 2 万多只,每年接待中外游客 600 多万人次。

北京动物园由清代乐善园、广善寺、三贝子花园、惠安寺和部分民房、稻田先后合并而成。原为明代皇家园囿,清初赐给康亲王,后园亭被废。清乾隆十二年(1747 年)重修,名乐善园。后为清乾隆朝大学士傅恒三子福康安员子的私人园囿,俗称三员子花园。其东部为原乐善园,西部为原可园(1879 年曾改名为继园),清光绪三十二年(1906 年),清政府开始购置许多珍禽异兽,把原园内东南角辟为"小动物园",还设有气象、蚕桑农田等部,并把广普寺和慧安寺并入,筹办农事实验场。1915 年改名为中央农事实验场。1928 年改为北平农事实验场,次年改称天然博物馆。1934 年改回原名。俗称万牲园。1949 年后辟为西郊公园,1955 年改名为北京动物园。北京动物园内建筑面积达 5 万多平方米,有犀牛馆、河马馆、狮虎山、熊山、猴山、象房、羚羊馆、长颈鹿馆、熊猫馆、海兽馆、猩猩馆、两栖动物馆、鸣禽馆、小动物园、鹿园等,展出我国珍奇动物如大熊猫、东北虎、金丝猴、麋鹿等。还有来自世界各地的代表性动物品种,共 490 余种近 5 000 头,是我国最大的动物园,在亚洲乃至全世界都有着巨大影响力。

为了给每一位游客带来更多的乐趣,动物园经常办各种参与性很强的活动。朋友们,一天的行程即将结束。希望你们能再来北京动物园游览。谢谢大家!

评析:本篇导游词介绍了北京动物园的概况、发展历史,在讲解的过程中还介绍了动物园的主题活动及引人之处,体现了讲解的灵活性和趣味性,导游词中描述性的语言生动、真实,能够充分抓住游客的心理,更能够激起游客重游的欲望,是值得同学们学习的一种导游词创作的思路。

任务实施

【实训项目】动植物导游——塞罕坝国家森林公园动植物景观。

【实训内容】选一代表性动植物景观,创作导游词,并进行模拟讲解。要求内容丰富、翔实、新颖、准确、生动,深入浅出,通俗易懂,知识性与趣味性并重,可采用讲述法、突出重点法、悬念法等多种方法。

【实训考核】搜集信息整理资料并撰写导游讲解词;熟悉所选景观的特色;注意动植物景观的文化拓展;综合运用科学成因介绍法、悬念法、引用法、突出重点法等多种讲解方法。教师评价与学生评价相结合。

中国古典园林景观讲解服务

相关知识

一、中国古典园林景观基础知识

在一定的地域范围内，利用并改造天然山水地貌或者人为开辟山水地貌，结合植物的栽植和建筑的布置，而构成的一个供人们观赏、游憩、居住的环境，就称为园林。

中国古典园林是指以江南私家园林、北方皇家园林和岭南园林为代表的中国山水园林的形式。

二、中国古典园林景观讲解思路

中国古典园林景观凝聚了古代社会人们对生存空间的一种向往，是人们的审美观念、社会科学技术的综合反映。游览此种景观可以丰富视野，为生活创造美丽。讲解时应注意结合实地情况，尊重自然。一般来说，要从以下几个方面入手。

（一）讲清历史背景，解读园林名称

悠久的历史、特定的文化背景决定着中国园林的风格特点。导游员要深入了解与之有关的史料背景，包括政治、经济、社会等条件，熟悉其历史发展沿革。特别要重视对园林名称的理解，不少园林的名称往往是造园林者的理念、情趣、爱好和造园指导思想的集中体现，应细心领会，重点介绍。

知识链接

网师园

南宋淳熙年间，吏部侍郎史正志（扬州人）身为朝中大臣，面对南侵的金兵，一味贪生求和被罢了官，流落到苏州，于1174年请人建了一座宅园，自誉藏万卷书，取园名"万卷堂"，并在大门对面造圃，意思是泛舟五湖，自号"渔隐"，这便是网师园的前身。

从宋朝到清初的500多年间，这座花园的主人换了又换，到乾隆中叶（1765年左右），光寺少卿宋宗元隐退，购万卷堂故址，重新规划布置，宋宗元自比渔人，号网师并以此定园名为"网师园"。网师乃渔夫、渔翁之意，又与"渔隐"同义，含有隐居江湖的意思，网师园便意谓"渔夫钓叟之园"，此名既借旧时"渔隐"之意，且与巷名"王思"（一说王四，即今阔街头巷）谐音。园内的山水布置和景点题名蕴含着浓郁的隐逸气息。宋宗元死后，园大半倾圮，至乾隆末年园归瞿远村，按原规模修复并增建亭宇，瞿远村增建亭宇，叠石种树，半易网师旧观，有梅花铁石山房、小山丛桂轩、月到风来亭、竹外一枝轩、云冈诸胜。由于瞿远村的巧为运思，使网师园"地只数亩，而有迂回不尽之致；居虽近廛，而有云水相忘之乐"。园仍旧名，人又称瞿园、莲园，园布局即奠定于此时。今"网师园"规模、景物建筑是瞿园遗物，至今尚总体保持着瞿氏当年造园的结构与风格，保持着旧时世家一组完整的住宅群及中型古典山水园。

瞿园在后来的历史中几易其名，1940年，文物收藏家何亚农（日本陆军士官学校毕业，收藏文物书画甚富）购得此园，费时3年，对此进行全面整修，悉从旧规，并充实古玩书画，复用"网师园"旧名。

（二）讲清艺术特点，品出园林意境

中国园林在不断发展中逐渐形成了独特的艺术风格，即布局匀称、错落有致、交相辉映、山水交融，富有浓郁的诗情画意，体现了人与自然的和谐相处。导游员带领游客参观过程中要让游客感受到中国园林造园的艺术特点和独特魅力，品味园林深层次的意境。

知识链接

避暑山庄烟雨楼

园林的审美要素是山水、建筑与花草树木。建筑是园林的点睛之笔，建筑物对园林景象空间的影响很大。建筑的兴建改变了自然，成为有景可观的园林。山庄把建筑物作为点缀园林姿态和控制景区的一种手段。建园者采取了"天人合一"的美学原则，将建筑物和园林小品都与所在自然环境紧密结合，并融为一体，同时与外界的优美景色建立起有机的联系。

我们眼前的自然景观高处有奇绝的棒槌山、僧帽山，低处是云雾萦回缭绕冬不结冰的热河泉水。远有青山，近有草原及万树园。极目所见的建筑更多，右有烟雨楼，左有沿湖四亭：水流云在、濠濮间想、莺啭乔木、甫田丛樾，高处有南山积雪、北枕双峰、青枫绿屿，低处有永佑寺、舍利塔。我们来看山庄的设计者是如何"度高平远近之差，开自然峰岚之势"，将人工的建筑之美与自然的云山胜水互为衬托，相得益彰。

对面的岛屿叫青莲岛，因在青莲翠叶的簇拥之中而得名。岛上的主体建筑取名烟雨楼，是乾隆皇帝数游江南见浙江嘉兴南湖烟雨楼风物清华，在晨烟暮雨中别有诗情画意，便在山庄仿建。景点岛小阁大，坐落在岛上凌空水面，形成水面包围建筑的局面。烟雨楼顾名思义，就是乾隆皇帝为欣赏澄湖烟雨而建。澄湖水面宽广，每当细雨缥缈时，湖面朦胧迷漫，再加远处的热河泉水，即便是秋凉时间，也能引起烟云雾气。晴日登楼远眺，山峦含笑，湖水生情，人的思绪遥寄湖山之外，胸无块垒，身心通达；阴雨天时，山雨袭来，满园空濛，恍如梦境。乾隆皇帝第一次登上烟雨楼时欣喜地赞美道："最宜雨态烟容处，无碍天高地广文。"

避暑山庄的单体建筑很多，烟雨楼就是最有代表性的一处。从烟雨楼的建筑内部看来，上下各五楹，进深两楹，回廊墙壁上设有10个非方非圆、如桃似李的什锦窗，透窗远望，是一幅幅丰富多彩的风景画面，人如游历在优美的长卷画廊之中。

从烟雨楼外部来看，卷棚歇山、青砖灰瓦、粉墙红柱，这种最为简单的程式化的建筑左倚假山，前后临水，又有花木扶疏，亭子点缀，实际上是整个避暑山庄作为园林的一个重要组成部分。再仔细欣赏，殿座前后两面都是面向景物的主要立面，向内是庭院的主殿，向外又是一一个风景画面的主体，却一楼平台直入水平。一楼、二楼的窗户、围廊、假山的月亮门，是内向空间的遮拦，又是外部环境的观赏点或被观赏的画面。园林设计者成功地将园林建筑中简单与丰富的关系结合得恰到好处；同时也成功地运用了开闭结合、内外贯通的美学原则，将建筑与自然融为一体，体现了天人合一的美学思想。

山庄作为园林景色成功地采用了借景远山的造园之法，我们眼前就可以观赏到棒槌山在澄湖的微波荡漾中化直为曲，随波摇曳的身姿。

山庄的建筑与自然景色的关系，还直接地表现在建筑的框景之上。所谓框景就是将园内园外、奇峰秀水、建筑小品引入"画框"之中，就是我们所说的照相取景的方法，将景色纳入画框中。我们看到紧依烟雨楼的假山之上有一六角亭子，它的名字叫翼亭。亭子的六根木柱之间正好是六个长方框，可以从六个角度观赏远山近水，正南以僧帽山为主景，东南以金山亭为主景，东北以棒槌山为主景，西南则以山区中的建筑小品锤峰落照为主景。山庄的诗情画意、山庄的林泉心致都从这细小的框景中表现出来。

各位朋友，我们游览避暑山庄，惊叹于它得天独厚的云山胜地；惊叹于它天人合一的完美结合；惊叹于它平凡简单的建筑中透露出丰富多彩的内涵；惊叹于它程式化的建筑中显现的灵活与自由。更让我们惊叹的是康熙皇帝、乾隆皇帝就是在这样具有诗情画意的园林里养性怡神、运筹帷幄、一统天下；就是在这里，他们迈着轻松、从容而安详的步履，将复杂的政治问题转化为幽静闲适、淡雅秀美的园林；就是在这里，他们将刀枪剑戟的军事问题转化成外围一圈香火缭绕的寺庙，这是何等的胸怀、何等的大手笔！

（三）讲清景点内涵，领会构景匠心

园林景观凝聚着设计者的思想，每个景点体现着设计者智慧的火花，并镌刻着时代的烙印，导游员要学会透过各种构园手法和构景方式，解读造园者的艺术匠心及抒情意境，把景点的内涵讲给游客，通过一个景点让游客去认识园林内在的思想感情，领略园林景观文化的博大精深。

知识链接

网师园——月到风来亭

网师园彩霞池西岸有一个小亭——月到风来亭，亭名一说是取自唐代大文豪韩愈的"晚色将秋至，长风送月来"诗句之意，还有一说是取义于宋理学家邵雍的《清夜吟》："月到天心处，风来水面时。一般清意味，料得少人知。"如果只是从字面上看，后者好像比较接近，但无论源自韩愈还是取自邵雍，这个亭名都堪称是绝佳之作。亭内正中有一面很大的镜子，在明月当空的月夜里，水中、镜中、天上3个圆月珠联璧合，形成"三月同辉"的奇景。临风赏月，波光月影，松风桂香齐来，的确是个好去处。如果再加上琵琶、弦子、评弹、昆曲，正像《红楼梦》中贾母所说："箫笛之音，须隔水远远地吹，方显出悠扬婉转的妙处。"试想如果在月圆之夜，洞箫横吹，琵琶慢调，玉人歌喉婉转隔水凌波而来，在亭中边品茶饮酒，边倾听充满姑苏风味的民乐徐徐传来，几个寄情山水的老友，谈笑江山，该是何等的情怀！真是"江山无限好，都聚一亭中"。

任务实施

【实训项目】模拟训练，中国古典园林导游——拙政园。

【任务要求】搜集整理并撰写中国古典园林（选择一处）导游词；熟悉导游路线图；运用概述法、类比法等多种讲解方法生动地讲解中国古典园林景观。

【实训考核】以中国著名古典园林为例，撰写一篇导游词，要求内容客观翔实、有逻辑性、语言准确、生动、具有实用性，并综合运用简单概述法、触景生情法、问答法等多种讲解方法进行生动讲解。

中国古代建筑景观讲解服务

相关知识

一、中国古代建筑景观概述

中国古代建筑景观是指定区域内的民族在某历史时期所创造的建筑物,它具有鲜明的地域性、时代性、科学性和艺术性。它综合地反映了该民族在某一历史阶段所达到的科学技术和文化艺术水平,是当时物质文明和精神文明的标志。

二、中国古代建筑景观讲解思路

中国古代建筑具有悠久的历史和光辉的成就。我国古代建筑的赏析是导游人员引导游客游览古建筑类景区必备的技能之一。我国古代建筑类别繁多,特征丰富。因此要做好古建筑景区的讲解,除了要具备一定的常识外,还要注重讲解的思路。一般来说,要从以下几个方面入手。

(一)讲清历史背景,注意时代特征

建筑艺术是时代的产物,是典型的"历史载体",它与一定的社会条件是分不开的。导游员要具有中国历史文化知识,掌握其历史背景,才能生动形象地向旅游者讲解其文化内涵。建筑是"凝固的音乐",是当时社会形态的缩影,是当时社会文化的真实反映。

(二)讲清建筑特点,注意建筑内涵

中国古代建筑都有一定的特点,体现出一种境界,给游客一定的美感。一个优秀的古代建筑导游员应能够将建筑的内涵向游客做出解释,从而让游客从文化的角度更深层次地了解中国古建筑。

案例分析

天 坛

天坛建筑的主要设计思想就是要突出天空的辽阔高远,以表现"天"的至高无上。具体表现为:

在布局方面,内坛位于外坛的南北中轴线以东,而圜丘坛和祈年坛又位于内坛中轴线的东面,这些都是为了增加西侧的空旷程度,使人们从西边的正门进入天坛后,就能获得开阔的视野,以感受到上天的伟大和自身的渺小。

就单体建筑来说,祈年殿和皇穹宇都使用了圆形攒尖顶,它们外部的台基和屋檐层层收缩上举,也体现出一种与天接近的感觉。

天坛还处处展示着中国传统文化所特有的寓意、象征的表现手法。北圆南方的坛墙和圆形建筑搭配方形外墙的设计,都寓意着传统的"天圆地方"的宇宙观。而主要建筑上广泛地使用蓝色琉璃瓦,以及圜丘坛重视"阳数",祈年殿按天象列柱等设计,也是这种表现手法的具体体现。

古代中国将单数称作阳数,双数称作阴数。在阳数中,数字9是"阳数之极",表示天体的至高至大,叫作"天数",古人认为9是阳数之极,表示至高至大,皇帝是天子,也至高至大,所以整个圜丘坛都采用9的倍数来表示天子的权威。

圜丘坛的栏板望柱和台阶数等,处处是9或者9的倍数。顶层圆形石板的外层是扇面形石块,共有9层。最内一层有9块石块,而每往外一层就递增9块,中下层亦是如此。三层栏板的数量分别是上层栏板72块,中层108块,下层180块,合360周天度数。三层坛面的直径总和为45丈,除了是9的倍数外,还暗含"九五之尊"的寓意。

（三）讲清景观细节,注意建筑功能

中国古代建筑景观形式多样、内涵深厚,无论是主体建筑还是配套建筑,无论是建筑小品还是建筑构件,都具有一定的意义和相当强的使用功能,在导游过程中要讲解清楚、分析到位,这"凝固的音乐"才会优美动听。

案例分析

故宫太和殿大吻

紫禁城内的宫殿楼阁、亭榭轩馆,多为琉璃瓦顶,宫殿区大部分饰以黄色,花园等处用各色琉璃装饰。屋面之上装有吻兽、吻锁、帽钉,檐头有沟头、滴水,皆根据建筑物的使用功能、所处环境和等级差别来确定。富于变化的色彩和装饰,为建筑外观做了美的点缀。

大吻是安放在正脊两端的琉璃构件。屋顶的前后坡交会接缝处易进雨水,于是在这里压脊,称之为正脊。在正脊的两端与戗脊相接处装有龙形的琉璃构件,清代称之为吻,也叫龙吻。龙吻有一个漫长的发展过程。汉代西像砖上正脊的两端已经微微向上翘起,有的屋脊之上可以看到形似凤凰的图案,体态轻盈而美丽,汉代以后逐步变化成鱼尾形态。唐以后的鸱尾装饰发生了明显的变化,鱼尾变成了鱼吻,回过头来紧咬正吻不放。正吻经过了鱼形—鱼龙形—龙形的变化之后,遂成为紫禁城宫殿顶上的龙吻。从鱼吻到龙吻经过唐宋辽金元长期的变化过程,所以这一时期龙吻的造型多种多样,纹饰复杂,非常具有装饰性。

明清时期,出现在宫殿建筑上的吻均为龙吻,龙吻口吞大脊,面视前方,形象凶猛生动,它象征的是降雨灭火。体积大的吻,重量多在1吨以上,多为拼接而成。太和殿大吻为13拼,高3.4米,重达4.3吨,它是现存古建筑中拼数最多、体积最大、体量最重的大吻。

（四）从审美角度看古建筑

导游讲解需要审美。古建筑审美主要需把握等级观念制度、建筑特色、细节特色、民俗文化等方面的问题。

任务实施

【实训项目】模拟训练：中国古代建筑导游——故宫。

【实训内容】收集整理并撰写中国古代建筑导游词；熟悉中国古代建筑（选择一处）导游路线图。

【实训考核】以中国著名古代建筑为例,撰写一篇导游词。要求内容客观翔实、有逻辑性、语言准确、生动、具有实用性,综合运用平铺直叙法、触景生情法、问答法等多种讲解方法进行生动讲解。

项目五

导游人员的协作技能

项目分析

带团技能是导游人员的主要技能，贯穿于导游服务的整个过程，直接影响导游服务的效果。导游人员的带团技能，是指导游人员根据旅游团队的整体需求和不同游客的个别需求，运用专业知识的协调、沟通、应变、控制等技术来提高旅游者旅游质量的综合能力。本项目主要介绍了导游人员与游客交往的技能、导游人员的协作技能、特殊旅游团队的接待服务技能以及导游人员带团常用技巧。

学习目标

※知识目标

（1）掌握导游人员与海外领队的协作技能。
（2）掌握地陪与全陪间的协作技能。
（3）掌握导游人员与司机间的协作技能。
（4）掌握导游人员与相关旅游接待单位之间的协作技能。

※能力目标

（1）能够树立导游人员的良好职业形象。
（2）能够熟练运用与海外领队和全陪交往的技能。
（3）能够熟练运用与司机和旅游合作单位协作技能。

相关知识

导游服务是一项集体的协作共事，导游服务集体由全陪、地陪、景区景点导游员、领队等组成。他们必须互相协作，彼此补充。因为他们的服务对象是一致的，即同一旅游团队的旅游者；他们有共同的工作任务，即执行共同的旅游计划，为其安排落实各项旅游服务；他们有共同的努力目标，即组织好旅游者的旅游活动，使旅游者获得满意的服务。

当导游工作集体成员之间出现矛盾、分歧时，各方又应以何种态度和工作原则作为处理彼此关系的基础呢？首先，是相互尊重。相互尊重是处理人际关系的准则；其次，是求同存异；最后，如仍有争论，则以旅游协议为依据。因为旅游协议是旅行社之间、旅行社和旅游者之间的协议，各方都应遵守，它是导游工作集体协作共事的原则基础。为使旅游活动能够顺利进行，导游服务集体成员之间建立良好的协作关系是关键，这种良好关系的建立有赖于各方的共同努力。为此，各方都应遵循以下几条原则。

第一，切忌本位主义，主动争取各方的配合。
第二，主动沟通，达成一致意见。
第三，尊重各方的权限和利益，做到平等对待。
第四，互相学习，建立友情关系。
第五，勇担责任，切忌相互推诿、指责。

任务一　导游人员与领队的协作

任务介绍

导游工作是联系各项旅游服务的纽带和桥梁。导游人员在执行旅游接待计划时，务必要与海外领队搞好关系，保证顺利完成接待任务。导游工作与其他旅游服务工作的相辅相成关系决定了导游人员必须掌握一定的协作技能。

任务目标

（1）掌握导游人员与领队间的协作技能。
（2）掌握导游人员与海外领队之间的协作技巧。

任务导入

一个旅游团队往往会出现地陪、全陪、境外旅游领队三名导游人员共同为游客提供导游服务的情况，他们彼此之间应该如何共事，如何相处？除了导游人员，为旅游团提供服务的还有旅游车司机以及旅游接待单位，导游人员又该如何与他们相处呢？

相关知识

领队是受海外旅行社委派，全权代表该旅行社带领旅游团从事旅游活动的人员。在旅游团中，领队既是海外旅行社的代表，又是旅游者的代言人，还是导游服务集体中的一员，在海外社、组团社、接待社以及旅游者导游人员之间起着桥梁作用。导游人员能否圆满完成任务，在很大程度上要靠领队的合作和支持，因此，搞好与领队的关系就成为导游人员不能忽视的重要内容。

导游人员的带团技能很重要的一项就是要搞好与领队的关系，需注意做好以下几个方面的工作。

一、尊重领队，遇事与领队多磋商

带团到中国来旅游的领队，多数是职业领队，在海外旅行社任职多年并受过专业训练，对我国的情况尤其是我国旅游业的业内情况相当熟悉。他们服务周到细致，十分注意维护组团社的信誉和旅游者的权益，深受旅游者的信赖。此类领队是中方旅行社长期合作的海外客户代表，也是旅游团中的"重点客人"，对他们一定要尊重，遇事要与他们多磋商。旅游团抵达后，地陪要尽快与领队商定日程，如无原则问题应尽量考虑采纳领队的建议和要求。在遇到问题、处理矛盾时，全陪、地陪更要与领队磋商，争取领队的理解和支持。

"尊重人"是人际关系的基本原则之一，要想搞好与领队的关系，首要的是导游人员要尊重领队。导游人员要尊重领队的人格，尊重他的工作，尊重他的意见和建议，适当发挥他的特长，还要随时注意给他颜面，如遇到一些可显示权威的场合，应多让领队，尤其是职业领队出头露面，使其博得团员们的好评。

尊重领队的最重要方面是遇事与领队多磋商。在旅游日程、旅行生活的安排上，在出境问题上多与领队商量，一则是领队有权审核旅游活动计划的落实情况，二则导游人员可通过领队更清楚地了解游客的兴趣爱好以及他们在生活、游览方面的具体要求，从而向他们提供更具针对性的服务，掌握工作的主动权。在游览项目被迫变更、旅游计划发生变化、增加新的游览项目、游客与接待方导游人员之间出现矛盾时，导游人员要多与领队商量，实事求是地说明情况，争取领队的理解和合作。

只要诚心诚意地尊重领队，多给他荣誉，一般情况下他会体会到导游人员的心情和诚意，从而采取合作的态度。

二、关心领队，支持领队的工作

职业领队常年在异国他乡履行自己的使命，进行着重复性的工作，十分辛苦。由于他的"特殊的身份"，旅游者一般只要求他如何关心自己而很少去主动关心领队。因此，导游人员如果在生活上对领队表示关心、在工作上给予领队支持，他会很感动。当领队的工作不顺利或旅游者不理解时，导游人员应主动助其一臂之力，能办到的事情尽量给予帮助，办不到的多向旅游者解释，为领队解围，如说明原因不在领队而是本方条件所限或是不可抗拒的原因造成的，等等。但要注意，支持领队的工作并不是取代领队，导游人员应把握好尺度。此外，作为旅游团中的"重点人物"，导游人员要适当给领队以照顾或提供方便，但应掌握分寸，不要引起旅游者的误会和心理上的不平衡。

尊重领队权限，主动争取配合尊重领队。支持其工作，维护旅游团的团结，与接待方旅行社的导游人员联络,是领队的主要工作。领队提出意见和建议时,接待社导游人员要给予足够的重视;在工作中或生活上遇到麻烦时,接待社导游人员要给予领队必要的支持和帮助;旅游团内部出现纠纷、领队与游客之间产生矛盾时,接待社导游人员一般不要介入,以尊重领队的工作权限,但必要时可助其一臂之力。这样做有助于相互产生信任感,加强双方的合作。尊重领队,主要表现在遇事要多与领队磋商;对该团的旅游活动日程和旅行活动安排,一定要征求领队的意见,如果没有原则问题应尽量考虑和采纳他的意见和要求;在旅行计划被迫改变时,在游览项目发生变更时,要得到领队的理解和支持。

三、多给领队荣誉,调动领队的积极性

要想搞好与领队的关系,首先是导游人员要尊重领队。导游人员要尊重领队的人格,尊重他的工作,尊重他的意见和建议,适当发挥他的特长,还要随时注意给他面子,如遇到一些可显示权威的场合,应多让领队尤其是职业领队出头露面,使其博得团员们的好评。要适当发挥领队的特长,使其在旅游者面前有表现的机会;在旅游者面前表现出对领队的尊重,维护其形象,满足其表现欲望,使领队的心态保持平衡。只要导游人员诚心诚意地尊重领队,多给他荣誉,一般情况下领队会领悟到导游人员的用心和诚意,从而采取合作的态度。

四、灵活应变,掌握工作主动权

由于旅游团成员对领队工作的评价会直接影响到领队的得失进退,所以有的领队为讨好旅游者而对导游工作指手画脚,当着全团游客的面"抢话筒",一再提"新主意",给导游人员出难题,使地陪的工作比较被动。遇到类似情况,地陪应采取措施变被动为主动,对于"抢话筒"的领队,地陪既不能马上反抢话筒,也不能听之任之,而应灵活应变,选择适当的时机给予纠正。让游客感到"还是地陪讲得好"。这样,导游人员既表明了自己的态度又不失风范,工作上也更为主动了。

五、坚持原则,避免与领队正面冲突

在导游服务中,接待方导游人员与领队在某些问题上有分歧是正常现象。一旦出现此类情况,接待方导游人员要主动与领队沟通,力求及早消除误解,避免分歧扩大。在一般情况下,接待社导游人员要尽量避免与领队发生正面冲突。在入境旅游团中也不乏工作不熟练、个性突出且难以合作的领队。对此,导游人员要沉着冷静,坚持原则,分清是非,对违反合同内容、不合理的要求不能迁就;对于某些带侮辱性的或"过火"的言辞不能置之不理,要根据"有理、有利、有节"的原则讲清道理,使其主动道歉,但要注意避免与领队发生正面冲突。

有时领队提出的做法行不通,导游人员无论怎样解释说明,领队仍固执地坚持己见。这时导游人员就要向全体游客讲明情况,争取大多数旅游者的理解和支持。但要注意,即使领队的意见被证明不对也不能把领队"逼到绝路",要设法给领队台阶下,以维护领队的自尊和威信,争取他以后的合作。无论遇到什么问题都要沉着冷静,坚持原则,分清责任;对领

队提出的违反合同内容的不合理要求不能迁就，对于某些侮辱性的言行不能置之不理；要采取适当措施，避免正面公开冲突，要有理、有利、有节地与之交涉，但不能过分纠缠，影响行程。同时也要提高导游服务技能，掌握工作主动权。对于喜欢抢话的领队，最好的办法是先让其亮相一番，可记住其在讲话中的错误和不足，在适当的时候予以纠正；导游讲解要注意扬长避短。

导游人员应该关心领队，支持领队工作，尽最大努力帮助领队解决所遇到的实际问题和困难；协助与支持领队的工作并不是取代领队，导游人员要把握好尺度；旅游团领队与旅游者发生矛盾时、旅游者之间出现争执时，应由领队自行调解，导游人员不应介入其中；当矛盾影响到旅游活动的进行时，导游人员应出面协助领队做好调节工作。

知识链接　　　　　　　　　　**导游带团的不同风格**

1. 服务型导游人员

这类导游人员熟练地运用专门知识和技能为旅游者组织、安排旅游和游览事项，尤其擅长代表旅行社协调与相关旅游企业的关系，以真诚热情的态度对待游客，善于处理旅游过程中出现的问题，在游客面前树起了旅游目的地唯一熟识的、真诚的、可信赖的形象。

为游客服务，是导游人员最基本、最重要的宗旨。因而在导游人员中，服务型占了一半，即便是其他性格特征明显的导游人员，只要是一名真正的出色的导游人员，一定兼有"服务型"特征。

2. 轻松型导游人员

这类导游人员大多比较年轻，性格活泼、开朗，有的能歌善舞，善于模仿，长于幽默；有的怀一技之长、一门绝招。尤其在车上是他们发挥特长的最佳场所。他们往往比较"讨巧"，赢得游客频频笑声和掌声。

3. 文化型导游人员

善于讲解，喜欢分析、比较、归纳，喜欢爱听介绍、爱提问题的游客，是文化型导游的特征。文化型导游人员能察言观色并较多地顾及游客习惯与爱好，把握游客所在国（省、市）和本国（省、市）间由于社会历史差异和民族文化心理造成的距离，并善于在讲解中缩小距离。掌握许多知识并懂得表达，但在顾及游客方面欠缺，或者懂得"深入"而不善于"浅出"的导游人员是书生气十足的学者，但不是优秀导游人员。

4. 综合型导游人员

综合型导游人员综合具备以上各类型导游人员的特点。

任务实施

【任务项目】导游人员和海外领队的协作技能。
【任务目的】导游人员和海外领队的协作技能，掌握协作技巧。
【任务内容】
（1）以小组为单位，进行实训。

（2）通过网络、图书等途径搜集有关导游协作技能的案例，并进行分析总结。
（3）通过案例分析及所学知识，总结提高导游人员协作技能的方法与经验。
（4）上交小组成果。

【任务要求】以小组汇报形式完成。

【任务考核】小组间进行成果分享，教师进行点评、打分。

任务二　全陪与地陪的协作

任务介绍

导游工作是联系各项旅游服务的纽带和桥梁。导游人员在执行旅游接待计划时，全陪和地陪务必要搞好关系，保证顺利完成接待任务。导游工作之间的合作和相辅相成关系决定了导游人员必须掌握一定的协作技能。

任务目标

（1）掌握全陪与地陪之间的协作技能。
（2）掌握全陪与地陪之间的协作技巧。

任务导入

一个旅游团队往往会出现地陪、全陪、境外旅游领队等导游人员，由他们共同为游客提供导游服务的情况，他们彼此之间应该如何共事、如何相处？

相关知识

组团社的导游员所代表的是地接社的客户，组团社所委派的导游员即全陪兼有两种角色，他（她）不仅是组团社派出的为游客提供服务的导游员、地接社导游员的同行，同时也是地接社团队服务质量的监督员。全陪和地陪有着共同的利益，即发展旅游目的地旅游业的共同目标，有统一的政策、法规和协议作为处理问题的准绳，为他们之间的合作共事创造了前提。无论是做全陪还是地陪，都有一个与另一个地陪或全陪配合的问题。协作成功的关键便是各自应把握好自身的角色或位置，要有准确的个人定位。要认识到虽受不同的旅行社委派，但都是旅游服务的提供者，都在执行同一个协议。全陪与地陪的关系是平等的关系。

一、与全陪导游的协作

对地陪而言，与组团社的协作主要体现在与全陪的协作上。根据全陪的职能特点，导游员与全陪的良好协作不仅有利于团队在本地游览的顺利进行，也能进一步加强组团社对地接社的信心和感情，有利于地接社的业务发展。

与组团社全陪协作主要体现在两个方面。

第一是主动沟通，友好配合。

第二是尊重全陪，相互照顾。

全陪导游是组团旅行社派出的人员，专门负责监督接待质量，协调团队与当地旅行社、当地导游的各种关系，以确保团队参观游览活动顺利进行。而对于地陪来说，一个旅游团来到当地，如何把团带好让客人高兴而来，满意而去，也应该是他首先要考虑的问题。地陪导游员与全陪导游有一个共同的目的，即确保团队旅游的顺利进行，所以在这个大前提下，我们一定要掌握一些协作技巧：敬、捧、让、抗、晾。

（一）"敬"与"捧"

在正常工作状态下，作为主人，地陪导游应主动与全陪导游协商工作，以示尊敬，比如主动与全陪导游讨论行程，有变化时主动征求全陪导游意见以调整行程等；在平时，也当客人面说一些全陪导游的好话（捧），让全陪导游感受到地陪导游的一颗诚心并给予善意回报，这种协作便是愉悦的。

（二）"让""抗""晾"

当全陪导游置团队利益于不顾的特殊场合中，导游员应采取以下几种工作方式。

"让"——地陪导游自觉能力有限，"爱莫能助"，那就做好分内工作，将游客的损失减少到最低限度。

"抗"——争取大多数游客的支持，在绝对做好分内工作的同时，与全陪导游"叫板"。

"晾"——在抗争之后，地陪导游应采取"晾"的策略，像没事似的照样与游客谈笑风生，不再提已发生的冲突，把全陪导游"晾"在一边，直到把团送走。这是一种"边缘"方式，不到迫不得已时不可采用，而宁可采取第一选择——"让"。

导游全陪和地陪之间的合作，首先要尊重全陪或地陪，努力与合作者建立良好的人际关系；其次，要善于向全陪或地陪学习，有事多请教；此外，要坚持原则，平等协商。如果全陪或地陪"打个人小算盘"，提出改变活动日程、减少参观游览时间、增加购物等不正确的做法，导游人员应向其讲清道理，尽量说服并按计划执行，如对方仍坚持己见、一意孤行，应采取必要的措施并及时向接待社反映。

案例分析

导游员小颜是个从事导游工作时间不长的小伙子，一次，旅游旺季的时候，他出任全陪带一个26人的旅游团去黄山。依照计划，该团在黄山住××饭店，客房由黄山地方接待社代订。下了车，进了饭店，小颜把游客安顿在大厅，就随地陪、领队来到总台拿客房。地陪刚报完团号，总台小姐就不好意思地跟地陪、小颜及领队说："对不起，今晚饭店客房非常紧张，原订13间客房只能给11间客房，有4个游客要睡加床，但明天就可以给13间客房。"山上饭店少，附近没有其他饭店，而此时天色已晚，若下山找饭店，因索道已停开，也无可能。小颜是个急性子，这种情况又是第一次碰到，当确知饭店已不可能提供客房时，他转过身来对着站在自己后边的地陪，脱口说道："你们社怎么搞的，拿客房能力这么差！"

地陪也不是个好捏的软柿子，听了这话，起先还一愣，但马上针尖对麦芒地回了一句："有本事，你们社可以自己订嘛！何必委托我们订房呢？"说完，就离开了总台，赌气地在大厅沙发上坐了下来。

领队看到小颜、地陪闹意见，也没多说什么，拿了11间客房的钥匙，把游客召集到一起，把情况和大家摊了牌，然后态度诚恳地说："各位，情况就是这样，希望大家能相互体谅，也能帮我的忙。有愿睡加床的客人请举手。"说完，领队自己先举起了手，跟着好几位游客也举起了手。就这样，领队轻而易举地解决了一个让小颜恼火、为难，又让地陪赌气的问题。

点评：

导游工作集体三成员间的关系告诉我们：全陪、地陪、领队只有协作共事，才能摆脱困难，才能完成共同的任务。本案例中，因为组团社委托地方接待社订房，但结果饭店少给了两间客房，责任似乎在地方接待社。但是，地方接待社作为组团社的合作伙伴恰恰是经过组团社认可的，地方接待社方面出了问题，难道作为"资格审定者"的组团社没有责任吗？小颜作为组团社派出的全陪难道仅仅是责怪和埋怨吗？正确的做法是：小颜应该和地陪、领队紧密配合，商量出问题的解决方法。应该说，领队的做法是给小颜和地陪上了一课。埋怨、赌气不但无济于事，反而会加剧双方的矛盾，这种做法是绝对不可取的。

任务实施

【任务项目】导游人员中全陪和地陪之间的协作技能。

【任务目的】了解导游人员中全陪和地陪之间的协作技能，掌握协作技巧。

【任务内容】

(1) 以小组为单位，进行实训。

(2) 通过网络、图书等途径搜集有关导游协作技能的案例，并进行分析总结。

(3) 通过案例分析及所学知识，总结提高导游人员协作技能的方法与经验。

(4) 上交小组成果。

【任务要求】以小组汇报形式完成。

【任务考核】小组间进行成果分享，教师进行点评、打分。

任务三　导游人员与司机的协作

任务介绍

导游工作是联系各项旅游服务的纽带和桥梁。导游人员在执行旅游接待计划时，和司机务必要搞好关系，保证顺利完成旅游接待任务。导游和司机工作之间的合作和相辅相成关系决定了导游人员必须掌握一定的协作技能。

任务目标

(1) 掌握导游人员与司机之间的协作技能。

（2）掌握导游人员与司机之间的协作技巧。

任务导入

一个旅游团队往往会出现地陪、全陪、境外旅游领队和司机等导游人员，由他们共同为游客提供导游服务的情况，导游人员与司机彼此之间应该如何共事、如何相处？

相关知识

地陪导游员出团在外，司机是一路行程中的本地战友。在旅游景区范围不断扩大、新线路不断开发推广的背景下，各地旅游对车辆的依赖程度增大。对游客来说，旅游车服务是当地旅行社提供的整体服务的一部分，如果车辆行驶不顺利，游客则会认为是旅行社的服务出了问题。所以导游员和司机的配合十分重要，不仅是在共同提供旅游服务的质量上，而且也是为了将来所在社和车队双方进一步更多的合作。

一、导游人员和司机的协作

旅游车司机在旅游活动中扮演着非常重要的角色，司机一般熟悉旅游线路和路况，经验丰富。导游人员与司机配合得好坏，是导游服务工作能否顺利进行的重要因素之一。

（一）及时通报信息

（1）旅游线路有变化时，导游人员应提前告诉司机。

（2）如果接待的是外国游客，在旅游车到达景点时，导游人员用外语向游客宣布集合时间、地点后，要记住用中文告诉司机。

（二）协助司机做好安全行车工作

大部分旅游车的司机具有丰富的驾驶经验，可以胜任旅游团的安全驾驶任务。但有些时候，导游人员适当给予协助能够减轻司机的工作压力，便于工作的更好开展。可经常性地为司机做一些小的事情。

（1）帮助司机更换轮胎，安装或卸下防滑链，或帮助司机进行小修理。

（2）保持旅游车风挡玻璃、后视镜和车窗的清洁。

（3）不要与司机在行车途中闲聊，以免影响驾驶安全。

（4）遇到险情，由司机保护车辆和游客，导游人员去求援。

（5）不要过多干涉司机的驾驶工作，尤其不应对其指手画脚，以免司机感到被轻视。

（三）与司机研究日程安排，征求司机对日程的意见

导游人员应注意倾听司机的意见，从而使司机产生团队观和被信任感，积极参与导游服务工作，帮助导游人员顺利完成带团的工作任务。

二、导游人员和司机的合作技巧

导游人员和司机的合作在旅游接待工作中尤为重要。在与司机的协作中，导游员应注意

以下几点。

（一）充分做好接团准备

无论是不是自己旅行社（或旅游公司）的车辆，导游员均应事先联系司机，确认司机的联系方法，了解出团车辆的车况和使用须知，做好必要的辅助导游工具的配备，如麦克风、景区宣传 VCD、音乐带等以及车座垃圾袋、旅行社标志标签等。对团队的情况及特殊的交通要求也应及时告诉司机。

预先的信息沟通可保证旅游环节通畅或出现问题有足够的应对时间，导游员的预先信息沟通意识必须强。

（二）尊重司机，礼貌对待

接团进行欢迎介绍时应把司机介绍给游客，送团时勿忘对司机一路安全行驶服务表示感谢。游客提出的关于行车的意见和建议，导游员应及时反馈给司机，注意说话方式，多用平等协商的语气。如果接待外国游客，在车到景点时，用外语宣布的集合时间、地点等要素，同时用中文告诉司机。

（三）注意倾听，征询意见

团队进程中，如果日程安排或线路需要变化，导游员应注意听取司机的意见。一方面可使司机了解行程变化，提前做好准备；另一方面有利于使司机积极参与导游服务工作，以其丰富的行车接团经验，提出合理化建议，有利于合理调整和统筹安排。

（四）主动帮助，确保安全

导游员应熟知安全行车要求，主动协助司机做好安全行车工作，如帮助司机更换轮胎，装卸防滑链或其他的小修理等。保持旅游车风挡玻璃和车窗的清洁，提醒游客车内活动和饮食的安全及车内保洁的注意事项，提醒司机不喝酒，不开超速车、斗气车等；遇有险情，由司机保护游客和车辆，导游去求援等。

（五）耐心说服，争取主动

有时候，司机因为种种原因在服务上不配合或不恰当地对游客鼓动一些不适宜的活动，导游员应坚持原则，耐心说服，必要时可与所在社联系。要记住：在出团过程中，导游员是旅游团在当地的方向和灵魂，在导游和司机的服务协作关系中，导游应争取主动。

任务实施

【任务项目】导游人员和司机之间的协作技能。

【任务目的】了解导游人员和司机之间的协作技能，掌握协作技巧。

【任务内容】

(1) 以小组为单位，进行实训。

(2) 通过网络、图书等途径搜集有关导游协作技能的案例，并进行分析总结。

(3) 通过案例分析及所学知识，总结提高导游人员协作技能的方法与经验。

(4) 上交小组成果。

【任务要求】以小组汇报形式完成。

【任务考核】小组间进行成果分享，教师进行点评、打分。

任务四　导游人员与旅游接待单位的协作

任务介绍

导游工作是联系各项旅游服务的纽带和桥梁。导游人员在执行旅游接待计划时，和旅游接待单位务必要搞好关系，保证顺利完成旅游接待任务。导游和旅游接待单位工作之间的合作和相辅相成关系决定了导游人员必须掌握一定的协作技能。

任务目标

（1）掌握导游人员与旅游接待单位之间的协作技能。
（2）掌握导游人员与旅游接待单位之间的协作技巧。

任务导入

一个旅游团队往往会出现地陪、全陪、境外旅游领队和旅游接待单位等导游人员，由他们共同为游客提供导游服务的情况，导游人员与旅游接待单位彼此之间应该如何共事、如何相处？

相关知识

旅游产品是一种组合性的整体产品，不仅包括沿线的旅游景点，还包括沿线提供的交通、食宿、购物、娱乐等各种旅游设施和服务，需要旅行社、饭店、景点和交通、购物、娱乐部门等旅游接待单位的高度协作。作为旅行社的代表，导游人员应搞好与旅游接待单位的协作。所谓旅游接待单位是指宾馆、饭店、旅游车出租单位、娱乐场所、购物商店以及旅游景点等。导游员在执行旅游接待计划时，势必要与旅游接待单位打交道，因此，搞好与这些单位的关系，是保证旅游团队活动顺利健康进行的重要因素。

导游员必须清醒地认识到，这些旅游接待单位提供的服务在某种意义上说就是游客购买的"旅游产品"，导游员要按照旅游接待计划书上的要求，监督旅游接待单位按标准向游客提供服务。同时，导游员要尊重这些接待单位的工作人员。既不应因带着"财神爷"前来而显得盛气凌人，也不因工作上出现一些矛盾和问题而变得低声下气，始终要保持着一种热情上进的姿态。其次，要及时向他们互通信息和情况，遇到工作上的困难和问题时要事先打招呼，并取得他们的支持和谅解，共同搞好旅游接待工作。导游员在接待过程中，不可避免地要同许多部门、单位、企业和个人进行合作，在合作的过程中，有时会因各种原因同这些部门、单位、企业和个人发生误会或甚至冲突。当这种情况发生时，导游员应以大局为重，在一些非原则的问题上委曲求全，尽量向对方解释，设法取得谅解，以消除误会、加强合作。还有，在各自单位经济利益都将受损时，导游员要在请示旅行社的基础上妥善协调好双方之间的关系和利益，切忌一时感情冲动或考虑欠妥而影响与旅游接待单位的关系。导游人员要熟悉与旅游接待单位之间的协作内容，了解各个环节可能出现的差错和失误，一旦发生，就采取措施及时协调，做好衔接工作，使各单位的服务供给正常有序，保证旅游活动顺利进行。

为了确保旅游接待任务顺利完成，导游人员与旅游接待单位的协作就显得非常重要。合作的时候需注意以下几点。

（一）预先的信息沟通

导游人员在服务过程中，要与饭店、车队、机场（车站、码头）、景点、商店等许多部门和单位打交道，其中任何一个接待单位或服务工作中的某一环节出现失误和差错，都可能导致"一招不慎，满盘皆输"的不良后果。导游人员在服务工作中要善于发现或预见各项旅游服务中可能出现的差错和失误，通过各种手段及时予以协调，使各个接待单位的供给正常有序。譬如，旅游团活动日程变更涉及用餐、用房、用车时，地陪要及时通知相关的旅游接待单位并进行协调，以保证旅游团的食、住、行能有序地衔接。

为了保证旅游环节通畅或出现问题有足够的应对时间，导游员的预先信息沟通意识必须强。如餐馆用餐，除了提前的餐位确认外，在团队抵达用餐前的15分钟应再次确认餐桌号，以确保客人抵达时直接就座，不至于等待抱怨。再如景区游览点或专项娱乐活动，在天气异常或媒体报道有重大接待活动时，应事先了解专项活动是否能正常进行，以便做好安排和解释，等等。

（二）平等合作中的人际关系协调

导游员在工作中应注意积累与协作单位的责任人员人际关系的协调经验，建立与定点合作单位的良好关系，有效促进团队行程的顺利进行。如入住酒店，导游员应注意事先根据团队游客的性别、家庭、旅伴、爱好等排好住宿名单，这样在总台取钥匙卡时不会耽误时间，也便于总台人员迅速登记姓名。再如与景区（点）的接触，导游员带游客游览时，应注意景区（点）有关停车、卫生、门票、开放时间等的相关规定，服从景区（点）管理员的管理。

导游服务工作的特点之一是独立性强，导游人员一人在外独立带团，常常会有意外、紧急情况发生，仅靠导游人员一己之力，往往问题难以解决，因此导游人员要善于利用与各地旅游接待单位的协作关系，主动与协作单位有关人员配合，争取得到他们的帮助。譬如，在游览过程中发现旅游者走失，经寻找仍然找不到走失者，导游人员应向景点管理部门求助，用广播的方式帮助寻找，请管理部门的工作人员在各进出口协助寻找等。又如，旅游团离站时，个别旅游者到达机场后发现自己的贵重物品遗落在饭店客房内，导游人员可请求饭店协助查找，找到后将物品立即送到机场。

（三）尊重相关旅游接待工作人员

所有旅游接待单位都是旅游服务体系中的重要环节，没有他们的支持与配合，导游服务工作就不可能尽善尽美。因此，导游人员要尊重其他接待单位工作人员的人格，对其付出的辛勤劳动要表示感谢。当他们为旅游者提供服务时，导游人员应起到辅助和补充的作用，配合该单位所提供的服务。

任务实施

【任务项目】 导游人员和旅游接待单位的协作技能。

【任务目的】 了解导游人员和旅游接待单位的协作技能，掌握协作技巧。

【任务内容】

（1）以小组为单位，进行实训。

（2）通过网络、图书等途径搜集有关导游协作技能的案例，并进行分析总结。

（3）通过案例分析及所学知识，总结提高导游人员协作技能的方法与经验。

（4）上交小组成果。

【任务要求】 以小组汇报形式完成。

【任务考核】 小组间进行成果分享，教师进行点评、打分。

项目六

导游服务中突发问题和事故的预防与处理

项目分析

　　旅游活动无论计划多么周密，都会存在一些不可控的因素。对各位游客而言，发生任何问题、事故都是不愉快的，甚至是不幸的。因此，问题、事故一旦发生，导游人员必须当机立断、沉着冷静，在领导的指示下合情合理地处理一系列问题，力争将事故的损失和影响减少到最低限度。

学习目标

※知识目标
(1) 了解导游人员在带团过程中常见的各种事故。
(2) 熟悉带团过程中常见的各种事故发生的原因。
(3) 掌握事故处理的方法程序以及如何做好事故发生的预防工作。
※能力目标
(1) 带团过程中努力避免各种常见事故的发生。
(2) 能正确处理带团过程中常见的各种事故。

任务一　漏接、空接、错接的预防和处理

任务介绍

　　有的时候，问题、事故的发生并不是导游人员的责任，但导游人员是在旅游接待第一线的工作人员，有帮助解决问题和协助处理事故的责任。并且，在导游服务过程中对问题和事故的处理，也是对导游人员工作能力和独立处理问题能力的重大考验。处理得好，游客满意

了，导游人员的威信就会因此提高；反之，不仅游客会不满，还可能留下隐患，使旅游活动不能顺利进行，更严重的可能会演变为涉外事件。

任务目标

（1）漏接的预防和处理。
（2）空接的预防和处理。
（3）错接的预防和处理。

任务导入

在旅游活动过程中，出现问题、发生事故，不管责任在哪一方，导游人员都必须全力以赴，认真对待，及时、果断、合情合理地进行处理。导游人员在带团过程中，要尽力做好服务工作，与各方密切合作时刻警惕，采取各种必要措施，预防问题和事故的发生。

相关知识

一、漏接的预防与处理

漏接是指旅游团抵达机场、车站，没有导游人员迎接的现象。这会造成旅游团原地滞留、活动受阻、影响行程等一系列的麻烦。

（一）漏接的原因

1. 主观原因造成漏接

由导游人员自身的原因造成漏接的情况主要有：
（1）导游人员未按预定的时间抵达接站地。
（2）导游人员工作疏忽，将接站地点搞错。
（3）由于某种原因，班次变更旅游团提前到达，接待社有关部门在接到上一站旅行社通知后，已在接待计划（或电话记录、传真）上注明，但导游人员没有认真阅读，仍按原计划去接团。
（4）新旧交通时刻表交替，导游人员没有查对新的时刻表，仍按照旧时刻表时间去接团等。
（5）导游人员举牌接站的地方选择不当。

2. 客观原因造成的漏接

（1）由于交通部门的原因，原定班次或车次变更，旅游团提前到达。
（2）因接待社有关部门没有接到上一站旅行社的通知，或接到上一站通知但没有及时通知该团的导游人员。
（3）司机迟到，未能按时到达接站地点，造成漏接。
（4）由于交通堵塞或其他预料不到的情况发生，未能及时抵达机场（车站），造成漏接。
（5）由于国际航班提前抵达或旅游者在境外转站换乘其他航班而造成漏接。

（二）漏接的预防

每一名导游人员都应该深知旅游服务中"第一印象"的重要性。无论何种原因造成漏接，都会给以后的工作带来不利影响。因此，有效的预防措施非常重要。

（1）认真阅读接待计划，仔细查阅变更通知。地陪接到任务后，不仅要认真阅读接待计划，而且还要详细阅读原始计划和变更通知，尤其变更通知更为重要。

（2）仔细核对一切相关事宜。对旅游者的名单、抵达日期、地点、饭店等，导游人员务必须亲自核对并同时核对交通工具到达的准确时间。

（3）与司机联系。与司机核对团名、出发时间、集合地点。

（4）再次核实确切的抵达时间。旅游者抵达当天，地陪应与接待社有关部门再次联系，核实该团是否有新的变更通知，并及时与机场、车站联系，核对确切的时间。

（5）按规定应提前半小时到达接站地点。

（6）站在醒目位置，举接站牌迎接旅游团。

（三）漏接的处理

1. 主观原因造成漏接的处理方法

（1）导游员应实事求是地向旅游者说明情况，诚恳地赔礼道歉，求得谅解。

（2）还可采取适当的弥补措施，如果有费用问题（如旅游者乘出租车到饭店的车费），则应主动将费用赔付旅游者。

（3）提供更加热情周到的服务，高质量地完成计划内的全部活动内容，以求尽快消除因漏接而给旅游者造成的不愉快情绪。

2. 客观原因造成漏接的处理方法

（1）导游人员不要认为与自己无关而草率行事，应立即与接待社联系，告知现状，查明原因。

（2）耐心向旅游者进行耐心细致的解释，消除误解。

（3）尽量采取弥补措施，努力完成接待计划，使旅游者的损失减少到最低限度。

（4）必要时请接待社领导出面赔礼道歉，或酌情给旅游者一定的物质补偿。

二、空接的原因及处理

所谓空接，是指导游人员按预定计划前往机场、车站接站，但没有接到旅游团的现象。空接虽然不经常出现，但一旦发生就是一个很难解决的问题，一个环节没处理好，就会环环出问题。

（一）造成空接的原因

1. 地陪按原计划前往接站，但飞机没有抵达

造成此类情况的原因可能是：

（1）气候的突然变化或机械故障，飞机没有起飞或滞留在途中某地，上一站旅行社不知道，也就无法通知本站接待社。

（2）上一站旅行社知道，但因应对突发事件，无暇顾及通知本站；或者已经通知本站，但接待社没能及时通知导游人员。

2. 导游人员按原计划前往接站，飞机、火车准时抵达，但没有接到旅游者

造成这类情况的原因可能是：

（1）旅游团在上一站误了飞机、火车，或上一站旅行社改变了旅游团的行程，或改换了交通工具，但没有及时通知本站地接社；或者通知了本站地接社，但没有及时通知导游人员。

（2）旅游者因生病、急事，临时取消旅游计划，但没有及时通知旅行社，造成空接。

（二）空接的处理

（1）地陪应立即与本社有关部门联系并查明原因。

（2）如推迟时间不长，地陪可留在接站地点继续等候，迎接旅游团的到来。

（3）如推迟时间较长，要按本社有关部门的安排，重新落实接团事宜。

三、错接的预防及处理

所谓错接，是指导游人员在接站时未认真核实旅游团队的信息，接了不应该由他接的旅游团（者）的现象。错接属于责任事故，主要是由导游人员责任心不强、粗心大意造成的。

（一）错接的预防

（1）认真阅读接待计划，掌握旅游团的相关信息。

（2）地陪应提前到达接站地点迎接旅游团。

（3）接团时认真核实。地陪要认真逐一核实旅游客源地组团旅行社的名称，旅游目的地组团旅行社的名称，旅游团的代号、人数、领队姓名（无领队的团要核实游客的姓名）、下榻饭店等。

（4）杜绝迟到现象，警惕非法导游接走旅游团（者）。

通常，发生错接，必然伴生漏接。即错接的导游人员应接的旅游团就会发生无人迎接的现象。

（二）错接的处理

发现接错旅游团（者），导游人员应：

1. 立即报告旅行社

发现错接，应立即报告接待社，请其寻找接待该旅游团的旅行社和导游人员。解决方法主要有以下两种：

（1）若错接发生在同一家旅行社接待的两个旅游团，地陪应立即向领导汇报，经领导同意，地陪可不再交换旅游团；如是地陪兼全陪，则应交换旅游团并向游客道歉。

（2）若错接的是另外一家旅行社的旅游团，地陪应立即向接待社领导汇报，找到后应立即办理移交手续，并向游客实事求是地说明情况并诚恳地道歉。

2. 寻找自己的旅游团

地陪应设法寻找自己的旅游团或旅游者，找到后，要向旅游者实事求是地说明情况，真诚地赔礼道歉。

3. 非法导游接走旅游团或旅游者的处理

若发现非法导游接走了旅游团或旅游者，地陪应立即报告接待社，请其协助寻找。若找到非法导游，交由有关旅游管理部门予以严肃处理。

案例分析

大连一个25人的旅游团，原计划当日21点由大连飞抵北京，但那天大连机场因故临时空中管制，计划中的航班都无法按时起飞，全陪没有及时通知旅行社，造成了北京的空接事故。地陪的手机出了故障，所以北京地陪虽然在机场与多方联络，但毫无结果；加上北京地接社计调员的一时大意，将计划书上的旅游团出发城市大连错写成沈阳，致使地陪没能发现大连的航班没有准点起飞的情况。该团最终于次日到达北京，但因双方没有合适的联络电话，造成全团近5 000元的损失。

案例中的旅游团因为航班原因，推迟到次日抵达北京。在这种情况下，北京接待社要重新安排住房、餐饮、车辆，地陪要与计调部门协商，重新安排活动计划。

从该事故中，可以得出四点教训：

（1）全陪必须随时将旅游团行程中任何变化通知相关人士，旅行社则应及时通知下一站地方接待社。

（2）北京地接社最好在团队抵达的当天与上一站地接社联系，再次确认旅游团抵达的准确时间。

（3）手机是最方便的联络工具，导游人员在接团时一定要将其处于最佳状态，当然，导游人员必须记住必要的电话号码。

（4）计调人员要加强责任心，下达的接待计划必须正确无误。

任务实施

【任务项目】导游人员漏接和错接的预防和处理。
【任务目的】掌握导游人员漏接和错接的预防及处理技巧。
【任务内容】
（1）以小组为单位，进行实训。
（2）通过网络、图书等途径搜集有关漏接和错接的案例，并进行分析总结。
（3）通过案例分析及所学知识，总结提高导游人员接待的方法与经验。
（4）上交小组成果。
【任务要求】以小组汇报形式完成。
【任务考核】小组间进行成果分享，教师进行点评、打分。

任务二　旅游活动计划和日程变更的处理

任务介绍

在旅游服务中，任何问题和事故一旦发生都是不愉快的，甚至是不幸的。出现问题或者发生事故会给游客带来烦恼和痛苦，甚至是灾难，这不但给导游人员的工作增添了许多麻烦和困难，而且直接影响国家或地区旅游业的声誉。杜绝责任事故，不出或少出问题，处理好非责任事故是保证并提高旅游服务质量的基本的条件。

任务目标

（1）旅游活动计划变更的处理。
（2）旅游活动日程变更的处理。

任务导入

带团技能是导游人员的主要技能，贯穿于导游服务的整个过程，直接影响导游服务的效果。导游人员的带团技能，是指导游人员根据旅游团队的整体需求和不同游客的个别需求，运用专业知识的协调、沟通、应变、控制等技术来提高旅游者旅游质量的综合能力。

相关知识

一、旅游活动计划和日程

（一）旅游活动计划和日程的定义

1. 旅游活动计划

旅游活动计划是旅行社根据与旅游者签订的旅游合同制订的旅行游览计划，包括参观游览的景区景点、旅游交通方式、旅游总日程、餐饮和住宿安排、导游服务、旅游接待等级和标准等核心内容。由于旅游计划的唯一性和权威性，无论导游员还是旅游者，都不能随意更改或违背旅游计划，旅游团队的一切纠纷也必须在完成旅游接待计划的范畴内寻求解决。旅游监察人员在执法检查时如果发现导游未经旅行社和游客同意，擅自增加或减少旅游项目，可以按照相应的法规对导游给予严厉处罚。

2. 旅游活动日程

旅游活动日程是旅行社计调部门根据团队旅游计划制订的详细的行程安排。旅游活动日程的制订遵循科学合理、劳逸结合、不同类型旅游项目交替安排、景点之间交叉游览的规律。旅游活动日程是旅行社线路产品的重要代表，也是旅行社计调实力和线路设计实力的真实体现。旅行社下发给导游人员的行程安排，一般都经过了周密的考虑和多个团队的实践检验，导游不可轻易否定或任意调整。如果导游对日程有更好的建议，可以通过逐级向上反映的方式，经计调、质检等部门实地调查属实，才能由旅行社的工作人员予以修改。

（二）旅游活动计划和日程变更的原则

导游员原则上应严格按旅行社下发的计划和日程安排旅游团队参观游览，对旅游计划和日程的变更要严格把握。如果因各种主客观原因确实需要变更计划时，必须先报告旅行社，并区分不同的情况，有针对性地提出变更方案供旅行社选择，然后按旅行社确定的方案组织实施。

（三）旅游活动计划和日程变更的类型和应变方法

旅游活动计划和日程的变更是导游经常会遇到的，但是又必须慎重处理的重大事件。

一旦处理不慎，轻则导致行程受阻、日程延误，重则可致游客出现意外伤害或遭受巨大损失，旅行社赔钱受罚。因此，导游人员应正确判断变更旅游活动计划和日程的利弊，善于选择既尊重游客意愿，符合旅游团队实际，又不损害旅行社和导游利益，不引起恶性投诉的方案。

二、旅游团（者）要求变更计划行程

在旅游过程中，由于种种原因，游客向导游人员提出变更旅游路线或旅游日程时，原则上应按旅游合同执行；遇有较特殊的情况或由领队提出，导游人员也无权擅自做主，要上报组团社或接待社有关人员，须经有关部门同意，并按照其指示和具体要求做好变更工作。

旅游团队要求变更计划和日程，肯定有一定的主客观原因。大的变动，组团旅行社会与地接旅行社直接协商，变动后由地接旅行社外联部或计调部通知导游更改行程即可。小的微调，组团社领队或全陪可以直接与地陪导游协商。地陪应该充分听取领队或全陪的意见，坚持变更计划从严、调整日程从宽的原则，正确判断是日程调整还是实质性地改变了旅游计划安排（如改变了接待等级、食住行游标准、增减了景点等）。如果仅仅是游览日程的调整（游览时间和游览先后顺序的变化），不改变游览的内容，不改变旅行社已有的预订，导游在报告旅行社时可以建议旅行社予以满足，借此增进与领队、全陪和旅游者的友好关系。

如果对方的要求含有改变旅游计划的内容，导游就应该慎重处理。在一般情况下，导游应坚持按合同办事，不轻易改变旅游计划，这样可以避免一些不必要的纠纷。但导游人员也应认真听取客人建议，对于合理的要求，在报经旅行社同意后，可以适当做出调整。

三、客观原因需要变更计划和日程

客观原因导致旅游活动计划和日程的变更往往由地接旅行社提出，组团社领队或全陪决定是否采纳，组团社领队或全陪也可以提出合理化建议。导致旅游活动计划和日程变更的客观因素很多，主要有恶劣天气、自然灾害、公路塌方、航班取消、海关紧急关闭、交通和景区封闭、旅游地出现重大疫情，等等。客观原因被迫变更旅游活动计划或日程的事情是常见的，导游人员遇到这类问题时不要惊慌，应按照相关程序处理。

首先导游要了解具体情况，判断是否确实需要变更旅游活动计划和日程；然后安抚好游客，稳定客人的情绪；在对事态充分了解后，导游（地陪、领队或全陪）分析计划和日程变更的后果，共同商量应变办法。导游应将应变办法分别向各自旅行社报告；在旅行社同意后，及时向游客通报，争取客人的理解和支持，并根据计划变更情况对日程做出相应的调整。

按照合同，如果是不可抗力造成的旅游活动计划和日程变更，旅行社则不承担赔偿责任，但应该对客人没有享受的服务项目退还必要的费用，因此增加的费用由客人自行承担。在实际操作中，有的旅行社从宾客至上的理念出发，对利益受损的游客给予一定的物质或精神补偿；也有的旅行社对于计划变更后增加的费用，采用组团社和地接社共同消化的方式，不再向游客收取。导游应该知道的是，旅行社有权根据合同的约定决定维护还是放弃自己的这部分权益。

旅游过程中，因天气、自然灾难、交通问题等客观原因和不可预料的因素，而需要变更旅游团的旅游计划、路线和活动日程时，一般会出现三种情况，针对不同情况要有灵活的应变措施：

(一) 缩短或取消在某地的游览时间

1. 旅游团或旅游者抵达时间延误，造成旅游时间缩短

（1）仔细分析因延误带来的困难和问题，并及时向接待社外联或计调部门报告，以便将情况尽快反馈给组团社，找出补救措施。

（2）在外联或计调部门的协助下，安排落实该团交通、住宿、游览等事宜。提醒有关人员与饭店、车队、餐厅联系及时办理退房、退餐、退车等一切相关事宜。

（3）地陪应立即调整活动日程，压缩在每一景点的活动时间，尽量保证不减少计划内的游览项目。

2. 旅游团或旅游者提前离开，造成游览时间缩短

（1）立即与全陪、领队商量，采取尽可能的补救措施；立即调整活动时间，抓紧时间将计划内游览项目完成；若有困难，无法完成计划内所有游览项目，地陪则应选择最有代表性、最具特色的旅游景点，以求游客对游览地有一个基本的了解。

（2）做好游客的工作：不要急于将旅游团提前离开的消息告诉旅游团（者），以免引起全体游客的不满。待与领队、全陪制定新的游览方案后，找准时机向旅游团中有影响的游客实事求是地说明困难，诚恳地道歉，以求得谅解，并将变更后的安排向他们解释清楚，争取他们的认可和支持，最后分头做游客的工作。

（3）地陪应通知接待社计调部门或有关人员办理相关事宜，如退饭店、退餐、退车等。

（4）给予游客适当的补偿：必要时经接待社领导同意可采取加菜、风味餐或者赠送小纪念品等物质补偿的办法。当旅游团的活动受到较大的影响，游客损失较大而引起强烈的不满时，可请接待社领导出面表示歉意，并提出补偿办法。

（5）若旅游团（者）提前离开，全陪则应立即报告组团社，并通知下站接待社。

(二) 延长在某地的旅游时间

游客提前抵达或推迟离开都会造成延长游览时间而变更游览日程。出现这种情况，地陪应该采取以下措施。

（1）落实有关事宜。与接待社有关部门或有关人员联系，重新落实旅游团（者）的用房、用餐、用车的情况，并及时落实离开本站的交通票证。

（2）迅速调整活动日程。适当地延长在主要景点的游览时间。经组团社同意，酌情增加游览景点，晚上安排文体活动，努力使活动内容充实。

（3）提醒有关接待人员通知下站该团的日程变化。

（4）在设计变更旅游计划时，地陪要征求领队和全陪的建议和要求，共同商量，取得他们的支持和帮助。在改变的旅游计划决定之后，应与领队、全陪商量好如何向团内游客解释说明，争取他们的谅解与支持。

(三) 逗留时间不变，但被迫改变部分旅游计划

出现这种情况，主要是外界客观原因造成的。有时，计划中列出的景点实际上已经不存在；或由于自然因素（大雪、洪水、地震等），计划中的某一景点无法前往；或某一景点正在大修，无法参观。遇到此类情况时，导游员应采取以下措施。

（1）实事求是地将情况向游客讲清楚，求得谅解。

（2）提出由另一景点代替的方案，与游客协商。

(3) 以精彩的导游讲解、热情的服务带动游客的游览兴趣。
(4) 按照有关规定做些相应补偿，如用餐时适当地加菜，或将正餐改为风味餐，赠送小礼品等。必要时，由旅行社领导出面，诚恳地向游客表示歉意，尽量让游客高高兴兴地离开。

任务实施

【任务项目】导游人员在遇到台风的情况下如何处理团队的接待？
【任务目的】掌握导游人员活动计划和日程变更的处理技巧。
【任务内容】
(1) 以小组为单位，进行实训。
(2) 通过网络、图书等途径搜集活动计划和日程变更的案例，并进行分析总结。
(3) 通过案例分析及所学知识，总结提高导游人员接待的方法与经验。
(4) 上交小组成果。
【任务要求】以小组汇报形式完成。
【任务考核】小组间进行成果分享，教师进行点评、打分。

任务三　误机（车、船）事故的预防和处理

任务介绍

误机（车、船）事故是指旅游团队没有乘原定航班或车次离开本站而导致游客滞留。误机（车、船）事故会带来一系列严重后果，甚至影响游客顺利出境。发生误机（车、船）事故后，旅行社可能被迫延长游客逗留本地的时间，或被迫取消在本地的其他行程，或花更多的钱租用其他交通工具送走游客。

任务目标

(1) 旅游接待中误机的处理。
(2) 旅游接待中误车的处理。
(3) 旅游接待中误船的处理。

任务导入

误机（车、船）事故一旦处理不好，很容易引发游客怨气，甚至发生投诉，进而败坏旅行社的声誉。因此，导游人员必须以高度负责的态度，严防此类事故的发生。

一、误机（车、船）事故的原因

(一) 非责任事故

(1) 有关工作人员因工作失误造成误机、误车。
航班班次、车次或者船次变更或时间提前，有关工作人员没有及时通知导游人员；票证

没有及时送到机场、车站,造成误机、误车或者误船。

（2）旅游者自身的原因（重病、受伤、走失等），导致误机、误车或者误船。

（3）交通事故、严重堵车等造成误机、误车或者误船。

（二）责任事故

（1）由于导游人员工作上的差错造成延误。如导游人员安排日程不当或过紧，或没有安排足够的时间赴机场、车站等，没有按规定提前到达机场（车站、码头）。

（2）导游人员没有认真核实交通票证。班次已变更但旅行社有关人员没有及时通知导游人员等，造成旅游团误机、误车，这是导游人员的责任事故。

二、误机（车、船）事故的预防

误机（车、船）带来的后果严重。杜绝此类事故的发生关键在于预防，地陪应做到：

（1）导游员应随时关心游客离境交通票证的预订情况，记清楚游客离境时间及班次。同时认真核实机、车、船票的班次、车次、日期、时间及在哪个机场、车站、码头乘机（车、船）等。

（2）如果票证未落实，接团期间则应随时与接待社有关人员保持联系。没有行李车的旅游团在拿到票证核实无误后，地陪应立即将其交到全陪或游客手中。

（3）离开当天不要安排旅游团到地域复杂、偏远的景点参观游览，不要安排自由活动，以防止游客走散。

（4）留有充足充裕的时间去机场、车站、码头，保证游客有足够的时间办理离境手续，要考虑到交通堵塞或突发事件等因素。

（5）保证按规定的时间提前到达机场、车站等交通枢纽。

乘国内航班：提前1.5小时到达机场。

乘国际航班出境：提前2小时到达机场。

乘火车：提前1小时到达火车站。

三、误机（车、船）事故的处理

一旦发生误机（车、船）事故，导游员应按照以下步骤进行处理：

（1）导游人员应立即向旅行社领导及有关部门报告并请求协助，同时安抚游客，稳定游客情绪。

（2）地陪和旅行社尽快与机场（车站、码头）联系，争取让游客改乘最近的班次离开；必要时可采用包机、包车、包船的方式或改乘其他交通工具送走客人。

（3）稳定旅游团（者）的情绪，安排好在当地滞留期间的食宿、游览等事宜。

（4）导游员应及时通知下一站，以便对方对日程作相应的调整。

（5）如果团队被迫滞留，旅行社负责人则应出面向旅游团（者）赔礼道歉。

（6）写出事故报告，查清事故的原因和责任，造成重大经济损失时，责任人应受到相应的经济处罚。

知识链接

加拿大旅游专家帕特里克·克伦在他的《导游的成功秘诀》一书中对导游人员的素质

做了精辟的概括：导游人员应是"集专业技能和知识、机智、老练圆滑于一身"的人。

案例分析

一个30人的国内旅游团，计划于6月20日16点21分乘火车离开大连前往北京，旅游团在一家大型商场旁的餐厅用餐，午餐于13点30分结束，旅游者要求去商场购物，地陪起先不同意，但经不住旅游者的坚持要求，还是同意了，不过一再提醒大家两个小时后一定要返回原地集合。一个小时后只有28人回来，等了一会儿，地陪让已经回来的旅游者在旅游车上休息，自己与全陪及两名年轻旅游者进商场寻找，找到两人时，离火车离站时间只有20分钟了，旅游车赶到火车站，火车已经离站。

这起误车事故的责任在地陪，他犯了两个错误：

（1）地陪同意旅游者去商场购物，违反了"旅游团离站当天不得让旅游者自由活动，不带旅游者去大型商场购物"的规定；28人已经返回，地陪应该让全陪携票证带旅游团先去车站等候，自己留下寻找走失者，而地陪却让所有的游客在旅游车上休息。

（2）旅游者进了商场，一旦分散活动，就是再三强调集合时间，不少人还是会因选购中意商品而忘了时间。导游人员应该充分认识到这一点。为了避免旅游者饭后购物，地陪可以安排午餐时间略晚，或用餐时间拖得长一点，以免留有足够的时间让旅游者产生购物欲望；或与计调部门商量更换餐厅，不安排旅游团在靠近大商场的餐厅用午餐。

任务实施

【任务项目】导游人员在遇到误机（车、船）的情况下如何处理团队的接待？

【任务目的】掌握导游人员遇到误机（车、船）情况的处理技巧。

【任务内容】

（1）以小组为单位，进行实训。

（2）通过网络、图书等途径搜集遇到误机（车、船）的情况下的案例，并进行分析总结。

（3）通过案例分析及所学知识，总结提高导游人员接待的方法与经验。

（4）上交小组成果。

【任务要求】以小组汇报形式完成。

【任务考核】教师和组长进行点评、打分。

任务四　遗失的预防和处理

任务介绍

旅游期间，旅游者丢失证件、钱物、行李的现象时有发生，不仅给旅游者造成诸多不便和一定的经济损失，也给导游人员的工作带来不少麻烦和困难。导游人员应经常关注旅游者这些方面的安全，采取各种措施预防此类问题的发生。

任务目标

（1）证件遗失的处理。
（2）钱物遗失的处理。
（3）行李遗失的处理。

任务导入

旅游期间，旅游者如果丢失证件、钱物或行李，会给自己的生活带来很大的不便，甚至可能会影响到旅游行程的继续。导游人员在游客需要提供帮助的时候，能够快速有效地处理好证件的挂失和物品的查找，为旅游活动的顺利进行提供保障。

相关知识

一、证件、钱物、行李遗失的预防

（1）多做提醒工作。如入住饭店后，导游员应提醒客人将贵重物品存放到饭店保管室；离开饭店时，导游人员要提醒游客带好随身行李物品，检查是否带齐了旅行证件；离开旅游车时，提醒客人不要将贵重物品留在车上。参观游览时，导游人员要提醒游客带好随身物品和提包；在热闹、拥挤的场所和购物时，导游人员要经常提醒游客保管好自己的钱包、提包和贵重物品。

（2）切实做好行李的清点、交接工作。

（3）导游人员原则上不要替游客保管证件和钱物。导游人员在工作中需要游客证件时，应由领队或全陪收取，用后立即归还。不要代为保管；要提醒游客保管好自己的证件。

（4）提醒旅游车司机将车停放在有人值守的停车场；每次游客下车后，导游人员都要提醒司机清车、关窗并锁好车门。

二、遗失证件的处理

游客丢失证件时，导游人员应先请游客冷静回忆，确认是否真正丢失，提醒游客是否将证件放于其他地方或是否交给其他人代管；如确已丢失，详细了解丢失情况，找出线索，尽量协助寻找；确信无法找到时，报告旅行社，请旅行社出具证明，协助游客到有关部门补办手续。根据领导或接待社有关人员的安排，协助失主办理补办手续，所需费用由失主自理。

（一）补办外国护照和签证

（1）由旅行社出具证明。
（2）请失主准备彩色照片。
（3）失主本人持证明去当地公安局（外国人出入境管理处）报失，由公安局出具证明。
（4）持公安局的证明去所在国驻华使、领馆申请补办新护照。
（5）领到新护照后，再去公安局办理签证手续。

（二）补办团体签证

（1）由接待社开具遗失公函。

(2) 原团体签证复印件（副本）。
(3) 重新打印与原团体签证格式、内容相同的该团人员名单。
(4) 该团全体游客的护照。
(5) 持以上证明材料到公安局出入境管理处报失，并填写有关申请表（可由一名游客填写，其他成员附名单）。

（三）补办中国护照和签证

1. 华侨丢失护照和签证

(1) 接待社开具遗失证明。
(2) 失主准备彩色照片。
(3) 失主持证明、照片到公安局出入境管理处报失并申请办理新护照。
(4) 持新护照到其居住国驻华使、领馆办理入境签证手续。

2. 中国公民出境旅游时丢失护照、签证

(1) 请当地陪同协助到当地警察机构报案，并取得警察机构开具的报案证明。
(2) 持遗失证明到当地警察机构报案，并取得警察机构开具的报案证明。
(3) 持当地警察机构的报案证明和有关材料到我国驻该国使、领馆领取中华人民共和国旅行证。
(4) 回国后，可凭中华人民共和国旅行证和境外警方的报失证明，申请补发新护照。

（四）补办港澳居民来往内地通行证（港澳同胞回乡证）

(1) 向公安局派出所报失，并取得报失证明；或由接待社开具遗失证明。
(2) 持报失证明或遗失证明到公安局出入境管理处申请领取赴港澳证件。
(3) 经出入境管理部门核实，给失主签发一次性中华人民共和国入出境通行证。
(4) 失主持该入出境通行证回港澳地区后，填写"港澳居民来往内地通行证件遗失登记表"和申请表，凭本人的港澳居民身份证，向通行证受理机关申请补发新的通行证。

（五）补办台湾同胞旅行证明

失主向遗失地的中国旅行社或户口管理部门或侨办报失、核实后发给一次性有效的入出境通行证。

（六）补办中华人民共和国居民身份证

由接待社开具证明，失主持证明到公安局报失，在核实后开具身份证明，机场安检人员核准放行。回到居住所在地后，凭公安局报失证明和有关材料到当地派出所办理新身份证。

三、丢失钱物的处理

游客丢失钱物很大部分原因是被盗，这种情况属于刑事案件处理的范畴。导游一旦发现可能有被盗的情况，应积极向公安局报案，由公安局调查处理。如果在酒店被盗，酒店电子保安系统将有助于发现作案人，游客也可以向酒店索赔。不过，由于钱款的丢失数目难以举证，索赔一般会有一定的困难。

（一）外国游客丢失钱物的处理

(1) 稳定失主情绪，详细了解物品丢失的经过，物品的数量、形状、特征、价值。仔细分析物品丢失的原因、时间、地点，并迅速判断丢失的性质：是不慎丢失还是被盗。

(2) 立即向公安局或保安部门以及保险公司报案，特别是贵重物品的丢失。

(3) 及时向接待社领导汇报，听取领导指示。

(4) 接待社出具遗失证明。

(5) 若丢失的是贵重物品，失主持证明、本人护照或有效身份证件到公安局出入境管理处填写"失物经过说明"，列出遗失物品清单。

(6) 若失主遗失的是入境时向海关申报的物品，要出示"中国海关行李申报单"。

(7) 若将"中国海关行李申报单"遗失，要在公安局出入境管理处申请办理"中国海关行李申报单报失证明"。

(8) 若遗失物品已在国外办理财产保险，领取保险时需要证明，可到公安局出入境管理处申请办理"财物报失证明"。

(9) 若遗失物品是旅行支票、信用卡等票证，在向公安机关报失的同时也要及时向有关银行挂失。

失主持以上由公安局开具的所有证明，可供出海关时查验或回国后向相关保险公司索赔；由于发生证件、财物，特别是贵重物品被盗属于治安事故，导游人员应立即向公安机关及有关部门报警，并积极配合有关部门早日破案，挽回损失；若不能破案，导游人员要尽力安慰失主，按上述步骤办理相关事宜。

（二）国内游客丢失钱物的处理

(1) 立即向公安局、保安部门或保险公司报案。

(2) 及时向接待社领导汇报。

(3) 若旅游团活动结束时仍未破案，可根据失主丢失钱物的时间、地点、责任方等具体情况做具体的善后处理。

四、行李遗失的处理

（一）来华途中丢失行李

(1) 首先要带失主到机场失物登记处，办理行李丢失和认领手续。失主须出示机票及行李牌，详细说明始发站、转运站，说清楚行李件数及丢失行李的大小、形状、颜色、标记、特征等，并详细填入失物登记表；将失主将要下榻饭店的名称、房间号和电话号码（如果已经知道的话）告诉登记处并记下登记处的电话和联系人，记下有关航空公司办事处的地址、电话，以便联系。

(2) 游客在当地游览期间，导游人员要不时打电话询问寻找行李的情况，一时找不回行李，要协助失主购置必要的生活用品。

(3) 离开本地前行李还没有找到，导游人员应帮助失主将接待旅行社的名称、全程旅游线路以及各地可能下榻的饭店名称转告有关航空公司，以便行李找到后及时运往相宜地点交还失主。

(4) 如行李确系丢失，失主可向有关航空公司索赔或按国际惯例赔偿。

（二）在中国境内丢失行李

游客在我国境内旅游期间丢失行李，一般是在三个环节上出了差错，即交通运输部门、饭店行李部门和旅行社的行李员。导游人员必须认识到，不论是在哪个环节出现的问题，都是我方的责任，应积极设法负责查找。

1. 仔细分析，找出差错的线索或环节

（1）如果游客在机场领取行李时找不到托运行李，则很有可能是上一站行李交接或机场行李托运过程中出现了差错。这时，全陪应马上带领失主凭机票和行李牌到机场行李查询处登记办理行李丢失或认领手续，并由失主填写行李丢失登记表。地陪立即向接待社领导或有关人员汇报，安排有关人员与机场、上一站接待社、有关航空公司等单位联系，积极寻找。

（2）如果抵达饭店后，发现旅游者没有拿到行李，问题则可能出在饭店内或本地交接或运送行李过程中，有可能出现以下四个方面的问题：

①本团游客误拿。

②饭店行李部投递出错。

③旅行社行李员与饭店行李员交接时有误。

④在往返运送行李途中丢失。

出现这种情况，地陪应立即依次采取以下措施：地陪和全陪、领队一起先在本团成员所住的房间寻找，查看是否是饭店行李员送错了房间，还是本团客人误拿了行李。如果不是以上原因，则应立即与饭店行李部取得联系，请其设法查找。如果仍找不到行李，地陪则应马上向接待社领导或有关部门汇报，请其派人了解旅行社行李员有关情况，设法查找。

2. 做好善后工作

（1）主动关心失主，对因丢失行李给失主带来的诸多不便表示歉意，并积极帮助其解决因行李丢失而带来的生活方面的困难。

（2）随时与有关管理部门联系，询问行李查找进展情况。

（3）若行李找回，则及时将找回的行李归还失主。若确定行李已丢失，由责任方负责人出面向失主说明情况，并表示歉意。

（4）帮助失主根据有关规定或惯例向有关部门索赔。

（5）事后写出书面报告，报告中要写清行李丢失的经过、原因、查找过程及失主和其他团员的反映等情况。

知识链接

行李丢失、破损、毁灭或延误的责任限额由蒙特利尔公约规定。每名旅客的最高限额是1 000特别提款权，除非旅客在向航空公司交运托运行李时，特别声明在目的地点交付时的利益，并在必要时支付附加费。构成国际运输的国内航段，行李赔偿按适用的国际运输行李赔偿规定办理。即使国内段与国际旅程不在同一张机票上，旅客在两个航班上提取和交运行李，也同样适用。（提示：这是最大责任限额。）如果旅客的物品折余价值低于最大限额，旅客将得到按较低价值支付的赔偿。如果航空公司的解决方案不能完全弥补旅客的损失，旅客可以向保险公司索赔。

托运行李发生丢失损毁，航空公司承担的也是限额赔偿责任。经国务院批准并自2006年3月28日起施行的《国内航空运输承运人赔偿责任限额规定》，国内航空运输承运人（以下简称承运人）应当在下列规定的赔偿责任限额内按照实际损害承担赔偿责任，对每名旅客随身携带物品的赔偿责任限额为人民币3 000元；对旅客托运的行李和对运输的货物的赔偿责任限额，为每千克人民币100元。如果旅客的托运行李，每千克价值超过人民币100元时，可办理行李的声明价值。《中国民用航空旅客、行李国内运输规则》第四十三条规定，旅客的托运行李，每千克价值超过人民币50元时，可办理行李的声明价值。托运行李的声明价值不能超过行李本身的实际价值。每一旅客的行李声明价值最高限额为人民币8 000元。如承运人对声明价值有异议而旅客又拒绝接受检查，承运人有权拒绝收运。

任务实施

【任务项目】导游人员在遇到物品遗失的情况下如何处理？
【任务目的】掌握导游人员遇到物品遗失情况的处理技巧。
【任务内容】
（1）以小组为单位，进行实训。
（2）通过网络、图书等途径搜集遇到物品遗失的情况下的案例，并进行分析总结。
（3）通过案例分析及所学知识，总结提高导游人员接待的方法与经验。
（4）上交小组成果。
【任务要求】以小组汇报形式完成。
【任务考核】教师和组长进行点评、打分。

任务五　游客走失的预防和处理

任务介绍

游客走失是指游客完全与团队失去联系，且在规定的时间没能准时归队，这种走失往往会造成旅游重大事故。导游人员带团的时候要时刻关注游客的动向，防止游客在旅游过程中发生走失的现象。

任务目标

（1）带团过程中游客走失的预防。
（2）带团过程中游客走失的处理。

任务导入

游客走失是指游客完全与团队失去联系，且在规定的时间没能准时归队，这种走失往往是旅游重大事故发生的前兆。在参观游览或自由活动时，时常有旅游者走失的情况。一般说来，造成旅游者走失的原因有三种：
（1）导游人员没有向旅游者讲清停车位置或景点的游览路线。
（2）旅游者对某种现象和事物产生兴趣，或在某处摄影滞留时间较长而脱离团队自己走失。
（3）在自由活动、外出购物时旅游者没有记清地址和路线而走失。

无论哪种情况,都会使旅游者极度焦虑,感到恐慌,严重时会影响整个旅游计划的完成,甚至会危及旅游者的生命财产安全。一旦有旅游者走失,导游人员应立即采取有效措施。需要注意的是,在旅游途中,有的游客可能嫌团队旅游节奏太慢而选择独自行动,也有部分客人动作迟缓,最后与团队脱离,甚至可能在既定时间没能准时返回,但他们的行踪往往有团友知晓,通过手机也能够联系上,集合时多等一等,客人就可能赶上团队,这些均不属于游客走失的范畴。

相关知识

一、游客走失的预防

游客走失,多数情况下导游人员应负一定的责任,如导游到景区后放任游客自行游览,自己在一旁等候;导游只顾讲解,没有注意到游客已经掉队;或者导游安排的游览时间太匆忙,致使个别游客因摄影、上厕所、购物等原因而掉队,最终造成走失等。有的游客走失,尤其是自由活动时游客的走失,表面上看与导游人员没有直接责任,但其实是导游交代注意事项不清楚,预防走失措施不得力的结果。严格追究起来,仍与导游服务不周有一定的联系。

游客走失事故,往往会影响团队日程和团队气氛,还可能造成严重后果,所以不管是责任事故还是非责任事故,导游人员都应该竭力避免。预防办法是:

(一)做好提醒工作

(1)提醒游客记住接待社的名称,旅行车的车号和标志,下榻饭店的名称、电话号码,带上饭店的店徽等。

(2)团体游览时,地陪要提醒游客不要走散;在景区内比较危险的区域,导游应禁止客人打打闹闹,以防不测;如果不是探险旅游团队,导游应劝阻个别客人想到人迹罕至的景点去参观游览的想法,建议客人尽量不要远离主要线路来游览。

(3)自由活动时,提醒游客不要走得太远;不要回来得太晚;不要去热闹、拥挤、秩序混乱的地方。

(二)做好各项活动的安排和预报

(1)在出发前或旅游车离开饭店后,导游人员应在每天早晨第一时间向游客通报一天的行程,上、下午游览点和吃中、晚餐餐厅的名称和地址。让游客对全天安排心中有数,增强自觉性。而且即使掉队,也可能会自动找到团队。

(2)到游览景点后,在景点示意图前,地陪要向游客详细介绍游览线路,告知旅游车的停车地点,强调集合时间和地点,再次提醒旅游车的特征和车号。

(三)游览时要和游客在一起,经常清点人数

(四)地陪、全陪和领队应密切配合,全陪和领队要主动协助地陪做好旅游团的管理工作

游览过程中,应时时留意游客动向,防止走失。一般由地陪负责景点讲解,领队或全陪断后,及时提醒后面的团员跟上团队。

(五)导游人员要以高超的导游技巧和丰富的讲解内容吸引游客

二、游客走失的处理

(一) 游客在游览活动中走失

1. 导游人员快速寻找

导游人员应首先了解走失的有关情况,判断走失的时间和可能的方向,然后组织相关人员分头寻找。如果有两位以上的导游在场,可留下一人照管其他客人,其余导游沿来路或可能走失的路线寻找。

2. 寻求相关部门的帮助

在现场没找到走失游客,应请景区派出所或管理部门协助寻找;如果团队分乘两辆以上旅游车,导游可与其他车辆的司机和导游联系,问一下是不是客人上错了车。经过认真寻找仍然找不到走失者,应立即向游览景点的派出所和管理部门求助,特别是面积大、范围广、进出口多的游览点,因寻找工作难度较大,争取当地有关部门的帮助尤其必要。

3. 与饭店联系

如果景区离下榻的饭店不远,有可能客人自行返回了饭店,导游应及时请饭店总服务台帮助查找。在寻找过程中,导游人员可与饭店前台或者楼层服务台联系,请他们注意该游客是否已经回到饭店。

4. 向旅行社报告

如采取了以上措施仍找不到走失的游客,地陪应向旅行社及时报告并请示帮助,必要时请示领导,向公安部门报案。

5. 做好善后工作

找到走失者后,应查清事故原因,如属导游员的责任,导游员应赔礼道歉;如果责任在游客,也不要过分指责,可善意地提出批评,请客人以后多注意,避免再发生类似的事故。

6. 写出事故报告

若发生严重的走失事故,导游人员要写出书面报告,详细记述游客走失经过、寻找经过、走失原因、善后处理情况及游客的反映等。

(二) 游客在自由活动时走失

1. 立即报告接待社和公安部门

导游人员在得知旅游者在自己外出时走失,应立即报告旅行社,请求指示和协助,通过有关部门通报管区的公安局、派出所和交通、公安部门,并提供走失者可辨认的特征,请求沿途寻找。

2. 做好善后工作

找到走失者,导游人员应表示高兴;问清情况,安抚因走失而受惊吓的游客,必要时提出善意的批评,提醒游客吸取教训,避免走失事故再次发生。

3. 若游客走失后出现其他情况,应视具体情况作为治安事故或其他事故处理

知识链接

如何应对游客的"从众行为"

"从众行为"是行为科学的名词,是指群体成员个人服从或遵循群体活动规则或行为标准。从众行为有自觉从众、不自觉从众和不从众之分。自觉从众行为,是指表面从众、内

心也从众，即个人与众人行为的真正一致。这是群体内聚力强、个性归属感和认同感极高的表现。不自觉从众行为，是指表面从众内心不从众，即迫于群体压力下，人们自觉不自觉地以某种规则或多数人意见为准则，改变态度，使自己与大多数人习惯勉强一致的表现。这种行为虽然不理想，但可以保持群体行动，不至于影响旅游日程。不从众行为，是指表面反对，内心也反对，属于破坏群体行动的行为，往往会影响旅游计划的进行。

对此，导游人员应认真对待，可采取以下方法：

（1）如个人的不从众行为使旅游计划无法进行，后果严重，导游人员应向个别旅游者说服不从众的后果，设法说服其改变原有的态度，服从群体活动。

（2）如个人的不从众行为不会影响群体活动，则做适当的安排后，应允许个人自由活动。

（3）如个人确因不可克服的困难（如家中有急事或因病不能随团活动等），则应按特殊事件向旅行社汇报后，做出妥善处理。

任务实施

【任务项目】导游人员在遇到游客走失的情况下如何处理？
【任务目的】掌握导游人员遇到游客走失情况的处理技巧。
【任务内容】
（1）以小组为单位，进行实训。
（2）通过网络、图书等途径搜集遇到游客走失的情况下的案例，并进行分析总结。
（3）通过案例分析及所学知识，总结提高导游人员接待的方法与经验。
（4）上交小组成果。
【任务要求】以小组汇报形式完成。
【任务考核】教师和组长进行点评、打分。

任务六　游客患病、死亡问题的处理

任务介绍

游客可能由于个人身体状况，出现一些不可控制的突发事件，导游人员在带团过程中，要针对游客的需求，为游客提供患病及死亡的处理帮助。

任务目标

（1）游客患病的处理。
（2）游客死亡的处理。

任务导入

由于长途旅行的劳累及气候、水土不服，难免有部分游客抵抗力下降，会在旅途中发生疾病或旧病复发，处理不及时，个别严重者还可能导致死亡。因此，导游人员除了要完成导游、讲解任务外，还应该时时关心游客的身体状况，注意劳逸结合，避免人为的原因致使游客生病。

相关知识

一、游客患病的预防

（1）选择合适的游览项目。接待前，导游人员应认真分析、研究旅游团人员构成情况，根据旅游团成员的年龄、身体状况来安排游览活动。选择适合这一年龄段游客的游览路线，如游览名山大川时，老年人多的团可选择坐缆车下山以节省体力。

（2）安排活动日程要有张有弛。做到劳逸结合，使游客感到轻松愉快。同一天参观的游览项目不能太多，体力消耗大的项目不要集中安排，要留有余地，晚间活动的时间不宜排得过长。

（3）随时提醒游客注意饮食卫生，如不要买无证商贩的食品、不喝生水和不洁的水等。

（4）做好天气预报工作。提醒旅游者及时增减衣服、带雨具等；气候干燥的季节，提醒旅游者多喝水、多吃水果等，尤其是炎热的夏季要注意防中暑。

二、游客患一般疾病的处理

经常有游客会在旅游期间感到身体不适或患一般疾病，如感冒、发烧、水土不服、晕车、失眠、便秘、腹泻等，这时导游员应该：

（1）劝其及早就医，注意休息。

在游览过程中，导游人员要观察游客的神态、气色，发现游客的病态时，应多加关心，照顾其坐在较舒服的座位上，或留在饭店休息，但一定要通知饭店给予关照，切不可劝其强行游览。游客患一般疾病时，导游人员应劝其及早去医院就医。

（2）关心患病的游客。

对因病没有参加游览活动，留在饭店休息的游客，导游人员要主动前去问候，询问身体状况，以示关心。必要时通知餐厅为其提供送餐服务。

（3）需要时，导游人员可陪同患者前往医院就医，但应向患者讲清楚，所需费用自理。记得提醒患者保存诊断证明和收据。

（4）严禁导游人员擅自给患者用药。

三、游客突患重病的处理

（一）在前往景点途中突然患病

若乘旅游车前往景点途中旅游者患重病，必须立即将其送往就近的医院，或拦车将其送医院，必要时暂时中止旅行，让旅行车先开到医院；还应及早通知旅行社，请求指示和派人协助。

（二）在参观游览时突然患病

首先不要搬动患病游客，让其坐下或躺下，可以进行简单的急救。还应该立即拨打急救电话120叫救护车，同时向景点工作人员或管理部门请求帮助，并及时向接待社领导及有关人员报告。

（三）在饭店突然患病

游客在饭店突患重病，先由饭店医务人员抢救，然后送往医院，并将其情况及时向接待社领导汇报。

（四）在向异地转移途中突患重病

在旅行途中旅游者突然患病，导游人员应采取措施就地抢救，请求机组人员、列车员或船员在飞机、火车、轮船上寻找医生，必要时通知下一站急救中心和旅行社准备抢救。

（五）处理要点

（1）游客病危，需要送往急救中心或医院抢救时，需由患者家属、领队或患者亲友陪同前往。

（2）如果患者是国际急救组织的投保者，导游人员应提醒其亲属或领队及时与该组织的代理机构联系。

（3）在抢救过程中，需要领队或患者亲友在场，并详细记录患者患病前后的症状及治疗情况，并请接待社领导到现场或与接待社保持联系。随时汇报患者情况。

（4）如果需要做手术，则须征得患者亲属的同意。如果亲属不在，则需由领队同意并签字。

（5）若患者病危，但亲属又不在身边，导游人员则应提醒领队及时通知患者亲属。如果患者亲属系外国人士，导游员则要提醒领队通知所在国使、领馆。患者亲属到达后，导游人员要协助其解决生活方面的问题；若找不到亲属，则一切按使、领馆的书面意见处理。

（6）有关诊治、抢救或动手术的书面材料，应由主治医生出具证明并签字，要妥善保存。

（7）地陪应请求接待社领导派人帮助照顾患者、办理医院的相关事宜，同时安排好旅游团继续按计划活动，不得将全团旅游活动中断。

（8）患者转危为安但仍需要继续住院治疗，不能随团继续旅游或出境时，接待社领导和导游人员（主要是地陪）要不时地去医院探望，帮助患者办理分离签证、延期签证以及出院、回国手续及交通票证等事宜。

（9）患者住院和医疗费用自理。如患者没钱看病，请领队或组团社与境外旅行社、其家人或保险公司联系解决其费用问题。

（10）患者在离团住院期间未享受的综合服务费由中外旅行社之间结算后，按协议规定处理。患者亲属在这期间的一切费用自理。

四、游客因病死亡的处理

游客在旅游期间不论什么原因导致死亡，都是一件很不幸的事情。当出现游客死亡的情况时，导游员应沉着冷静，立即向接待社领导和相关工作人员汇报，按有关规定办理善后事宜。

（一）注意事项

（1）如果死者的亲属不在身边，则应立即通知亲属前来处理后事；若死者系外国人士，则应通过领队或有关外事部门迅速与死者所属国的驻华使、领馆联系，通知其亲属来华。

（2）由参加抢救的医师向死者的亲属、领队及好友详细报告抢救经过，并出示"抢救工作报告""死亡诊断证明书",由主治医生签字后盖章,复印后分别交给死者的亲属、领队或旅行社。

(3) 对死者一般不做尸体解剖,如果要求解剖尸体,则应有死者的亲属或领队,或其所在国家使、领馆有关官员签字的书面请求,在医院和有关部门同意后方可进行。

(4) 如果死者属非正常死亡,导游人员则要保护好现场,立即向公安局和旅行社领导汇报,协助查明死因。如需解剖尸体,则要征得死者亲属和领队或所在国驻华使、领馆人员的同意,并签字认可。解剖后写出"尸体解剖报告",旅行社还应向司法机关办理"公证书"。

(5) 死亡原因确定后,在与领队、死者亲属协商一致的基础上,请领队向全团宣布死亡原因及抢救、死亡经过情况。

(6) 遗体的处理,一般以火化为宜,遗体火化前,应由死者亲属或领队,或所在国家驻华使、领馆写出"火化申请书"并签字后进行火化。

(7) 死者遗体由领队、死者亲属护送火化后,火葬场出具的死者"火化证明书"交给领队或死者亲属;我国民政部门发给对方携带骨灰出境证明。各有关事项的办理,我方应予以协助。

(8) 死者如果在生前已办理人寿保险,我方则应协助死者亲属办理人寿保险索赔、医疗费报销等有关证明。

(9) 出现因病死亡事件后,除领队、死者亲属和旅行社的代表负责处理外,其余团员应当由代理领队带领仍按原计划参观游览。至于旅行社派何人处理死亡事故、何人负责团队游览活动,一律请示旅行社领导决定。

(10) 若死者亲属要求将遗体运回国,则除需办理上述手续外,还应由医院对尸体进行防腐处理,并办理"尸体防腐证明书""装殓证明书""外国人运送灵柩(骨灰)许可证"和"尸体灵柩进出境许可证"等有关证件,方可将遗体运出境。灵柩要按有关规定包装运输,要用铁皮密封,外廓要包装结实。

(11) 由死者所属国驻华使领馆办理一张经由国的通行证,此证随灵柩通行。

(12) 有关抢救死者的医疗、火化、尸体运送、交通等各项费用,一律由死者亲属或该团队进行交付。

(13) 死者的遗物应该由其亲属或领队、死者生前好友代表、全陪或所在国驻华使、领馆有关官员共同清点造册,列明遗物清单,清点人要在清单上签字,一式若干份,签字人员分别保存。遗物要交死者亲属或死者所在国家驻华使、领馆有关人员。接收遗物者应在收据上签字,收据上应注意接收时间、地点、在场人员等。

在处理死亡事故时,应注意的问题是:

(1) 必须有死者的亲属、领队、使馆人员、领事馆人员及旅行社有关领导在场,导游人员和我方旅行社人员切忌单独行事。

(2) 有些环节还需公安局、旅游局、保险公司的有关人员在场。每个重要环节应经得起事后查证并留有文字根据。

(3) 口头协议或承诺均属无效。事故处理后,将全部报告、证明文件、清单及有关材料存档备案。

> **知识链接**　　　　　　　　**中国旅游签证的办理程序**

(1) 填写完整的"外国人签证、居留许可申请表",提交二寸正面免冠半身彩色照片两张。

(2) 有效国际旅行证件（包括外交、公务、因公普通、普通护照等证件）复印件，交验原件。

(3) 境外人员临时住宿登记表。

(4) 与申请事由相关的证明（境外机构出具的证明须经我国驻外使、领馆或有关部门认证）：

①申请个人旅游签证，须提供接待单位公函；无接待单位的，须提供能够保证在华生活费用的经济证明（现钞、旅行支票、汇票单据、现金卡等，每天按100美元计算）。

②申请团体旅游签证，原则上不予受理。对有不可抗力原因的，可申请与实际情况相应有效期限的零次团体签证，只能申请一次，须提供接待单位公函。

③申请团体签证分离，分离人员可申请有效期1个月以内的零次签证，须提供接待单位公函。

④丢失团体签证申请补发，可申请与原签证停留期限相同的零次签证，须提供接待单位公函和本次入境的团体签证复印件。

任务实施

【任务项目】导游人员在遇到游客生病的情况下如何处理？

【任务目的】掌握导游人员遇到游客生病情况的处理技巧。

【任务内容】

(1) 以小组为单位，进行实训。

(2) 通过网络、图书等途径搜集遇到游客生病的情况下的案例，并进行分析总结。

(3) 通过案例分析及所学知识，总结提高导游人员接待的方法与经验。

(4) 上交小组成果。

【任务要求】以小组汇报形式完成。

【任务考核】教师和组长进行点评、打分。

任务七　游客越轨言行的处理

任务介绍

越轨行为一般是指游客侵犯一个主权国家的法律和世界公认的国际准则的行为。外国游客在中国境内必须遵守中国的法律，若犯法，则必将受到中国法律的制裁。

旅游者的越轨言行系个人问题，但处理不当却会产生不良后果。因此，处理这类问题要慎重，事前要认真调查核实，分清越轨行为和非越轨行为的界限，分清有意和无意的界限，分清无故和有因的界限，分清言论和行为的界限。只有正确地区别上述界限，才能正确处理此类问题，才能团结朋友、增进友谊，维护国家的主权和尊严。

任务目标

(1) 对游客攻击和诬蔑言论的处理。

(2) 对游客违法行为的处理。

任务导入

导游人员应积极向游客介绍中国的有关法律及注意事项，多做提醒工作，以免个别游客无意中做出越轨、犯法行为；发现可疑现象，导游人员要有针对性地给予必要的提醒和警告，迫使预谋越轨者知难而退；对顽固不化者，其越轨言行一经发现应立即汇报，协助有关部门进行调查，分清性质。处理这类问题要严肃认真，实事求是。

相关知识

一、对攻击和诬蔑言论的处理

国内外游客均可能因为社会制度、政治信仰及个人生活际遇的不同，对中国的国情和现行的方针政策产生不同看法，甚至还可能产生过激的言论。导游人员作为国家和地区形象的代表，应该自觉宣传我国国情，通过客观事实，让游客了解中国，了解党的方针政策，消除误解。我们坚决反对导游人员迎合少数游客的偏见，对党和国家政策或领导人的形象说三道四，破坏党和国家的尊严以及党和国家领导人的威信。

对于个别游客站在敌对的立场上对中国的国情等进行恶意攻击、蓄意诬蔑挑衅，作为一名中国的导游人员要严正驳斥，理直气壮，观点鲜明、立场坚定。导游人员应首先向其阐明自己的观点，指出问题的性质，劝其自制。必要时报告有关部门，查明后由相关部门严肃处理。

二、对违法行为的处理

社会制度和传统习惯的差异导致各个国家的法律不完全一样。对因缺乏了解中国的法律和传统习惯而做出违法行为的旅游者，导游人员要讲清道理，指出错误责任，并报告有关部门，根据其情节适当处理；对明知故犯者，导游人员要提出警告，并配合有关部门严肃处理，情节严重者应绳之以法。

中外游客中若有窃取国家机密和经济情报、宣传邪教、组织邪教活动、走私、贩毒、偷窃文物、倒卖金银、套购外汇、贩卖黄色书刊及录像和录音带、嫖娼、卖淫等犯罪活动，一旦发现，导游人员应立即汇报，并配合司法部门查明罪责，严肃处理。

三、对散发宗教宣传品行为的处理

我国法律禁止外国旅游者未经我国宗教团体邀请或允许，擅自在我国讲道、主持宗教活动和散发宗教宣传品。因此，无论游客有意还是无意，只要违反我国政府的相关规定，导游人员就应该出面制止。处理这类事件要注意政策界限和方式方法，但对不听劝告并有明显破坏活动者，应迅速报告，由司法、公安有关部门处理。

四、对违规行为的处理

（一）一般性违规的预防及处理

在旅游接待过程中，导游人员应向游客宣传、介绍相关规定，说明旅游活动中涉及的具体要求，防止游客不知道而违规。例如：参观游览中某些地方禁止摄影、某些区域禁止进入，等等，都要事先讲清，并随时提醒。若在导游人员已讲清了、提醒了的情况下明知故

犯,当事人要按规定受到应有的处罚。

(二) 对异性越轨行为的处理

外国旅游者由于文化和习俗差异,可能会有意或无意地对中国异性做出不轨行为。导游员应立即制止,并告知中国人的道德观念和两性关系准则,尽量避免造成严重后果。对于游客中有举止不端、行为猥亵的表现,都应向其郑重指出其行为的严重性,令其立即改正。导游人员遇到此类情况,为了自卫要采取断然措施;情节严重者应及时报告有关部门,由相关部门依法处理。

(三) 对酗酒闹事者的处理

旅游者酗酒闹事,导游人员应先规劝并严肃指明可能造成的严重后果,尽力阻止游客过量饮酒。对于不听劝告、扰乱社会秩序、侵犯他人、对他人造成了伤害或财产损失的肇事者,必须责令赔偿物质损失并承担一切后果,情节严重者,报告公安部门追究其法律责任。

任务实施

【任务项目】导游人员在遇到游客越轨言行的情况下如何处理?
【任务目的】掌握导游人员遇到游客越轨言行情况的处理技巧。
【任务内容】

(1) 以小组为单位,进行实训。
(2) 通过网络、图书等途径搜集遇到越轨言行的案例,并进行分析总结。
(3) 通过案例分析及所学知识,总结提高导游人员接待的方法与经验。
(4) 上交小组成果。

【任务要求】以小组汇报形式完成。
【任务考核】教师和组长进行点评、打分。

任务八 旅游安全事故的预防与处理

任务介绍

凡涉及游客人身、财产安全的事故均为旅游安全事故。旅行社接待过程中可能发生的旅游安全事故,主要包括交通事故、治安事故、火灾事故、食物中毒等。

任务目标

(1) 游客安全事故的预防。
(2) 游客安全事故的处理。

任务导入

旅游交通事故、治安事故和火灾事故属恶性旅游事故,容易使游客生命和财产蒙受重大损失,甚至会给旅游地社会声誉和形象造成恶劣影响。正确预防和处理三大事故是导游人员义不容辞的责任。

相关知识

一、交通事故

旅游交通事故往往造成大规模死伤的严重后果，不仅游客的生命财产安全受到损害，也会给旅行社带来巨大的负面影响，巨额的经济负担可能会造成部分不规范的中小旅行社陷入亏损甚至破产的困境；同时，旅游交通事故往往会造成大量的退团现象。因此，导游人员和司机应该时刻牢记交通安全法规，把交通安全放在第一位，避免发生旅游交通事故，尤其是恶性旅游交通事故。

（一）交通事故的预防

（1）汽车是主要的旅游交通工具，也是最容易发生旅游交通事故的运输工具。旅行社要选择正规的旅游公司，还要选择车况良好的旅游车，不能贪图便宜使用非营运车辆。

（2）行车途中，导游员要时刻牢记行车安全，不与司机聊天，劝阻司机超速行驶、疲劳驾驶和酒后驾驶等行为。

（3）如遇天气不好的情况，如下雪、下雨或下雾等自然现象，尤其路过狭窄的路段或弯道、塌方、滑坡、结冰等异常情况路段，导游员更要提醒司机规范驾驶、谨慎驾驶。

（4）导游要注意车上行李的摆放，游客座位上方行李架上绝对不能放置重物，以防急弯时行李震落而砸伤游客。

（5）安排游览日程时，在行程上要留在有余地，避免造成司机为抢时间、赶日程而违章超速行驶。不要催促司机开快车。如果天气恶劣，地陪对日程安排可适当灵活，加以调整；如遇有道路不安全的情况，可以改变行程，但必须把交通安全放在第一位。

（6）提醒司机在工作期间不要饮酒。如遇司机酒后开车，决不能迁就，地陪要立即阻止，并向领导汇报，请求改派其他车辆或换司机。提醒司机经常检查车辆，发现事故的隐患，及时提出更换车辆的建议。

（二）交通事故的处理

交通事故在旅游活动中时有发生，不是导游人员所能预料、控制的。遇有交通事故发生，只要导游人员没负重伤、神志还清楚就应立即采取措施，冷静、果断地处理，并做好善后工作。由于交通事故类型不同，处理方法也很难统一，但在一般情况下，导游人员应采取以下措施。

1. 立即组织抢救

导游人员应立即组织现场人员迅速抢救受伤的游客，特别是抢救重伤员，并尽快让游客离开事故车辆。同时沉着镇静，果断处置，迅速让旅游者脱离险境，对伤者进行止血、包扎等简单急救处理，立即打电话叫救护车或拦车将重伤员送往距出事地点最近的医院抢救。

2. 立即报案，保护好现场

事故发生后，不要在忙乱中破坏现场，要设法设专人保护现场，并尽快通知交通、公安部门，争取尽快派人来现场调查处理。同时请旅行社通知保险公司来人定损。

3. 迅速向接待社报告

地陪应迅速向接待社领导和有关人员报告，讲清交通事故的发生和游客伤亡情况，听取领导对下一步工作的指示。要请求派人前来帮助和指挥事故的处理,并要求派车把未伤和轻伤的游客接走送至饭店或继续旅游活动。

4. 做好安抚工作

事故发生后,交通事故的善后工作将由交通运输部门和旅行社的领导出面处理。导游人员在积极抢救、安置伤员的同时,做好其他游客的安抚工作,力争按计划继续进行参观游览活动。待事故原因查清后,请旅行社领导出面向全体游客说明事故原因和处理结果。

5. 请医院开出诊断和医疗证明书,并请公安局开具交通事故证明书,以便向保险公司索赔

6. 写出书面报告

交通事故处理结束后,需有关部门出具有关事故证明、调查结果,导游人员要立即写出书面报告。内容包括:事故的原因和经过;抢救经过和治疗情况;人员伤亡情况和诊断结果;事故责任及对责任者的处理结果;受伤者和旅游者的情绪及对处理的反映等。书面报告的内容力求准确清楚、实事求是,最好和领队联署报告。

二、治安事故

治安事件指游客遭受偷窃、抢劫、诈骗、流氓、凶杀等治安方面的侵害,生命和财产安全受到威胁的情况。导游人员在陪同旅游团(者)参观游览过程中遇到此类治安事故,必须挺身而出保护旅游者,绝不能置身事外,更不能临阵脱逃。

(一) 治安事故的预防

导游人员在旅游接待工作中要时刻提高警惕,采取一切有效的措施防止治安事故的发生。

(1) 入住饭店时,导游人员应建议游客将贵重财物存入饭店保险柜。不要随身携带大量现金或将大量现金放在客房内。

(2) 提醒游客不要将自己的房号随便告诉陌生人;更不要让陌生人或自称饭店的维修人员随便进入自己的房间;尤其是夜间绝不可贸然开门,以防发生意外;出入自己的房间一定要锁好门。

(3) 提醒游客不要与私人兑换外币,并讲清关于我国外汇管理规定。

(4) 每当离开游览车时,导游人员都要提醒游客不要将证件或贵重物品遗留在车内。游客下车后,导游人员要提醒司机锁好车门、关好车窗,尽量不要走远。

(5) 在旅游景点活动中,导游人员要始终和游客在一起,随时注意观察周围的环境。发现可疑的人或在人多拥挤的地方,提醒游客看管好自己的财物,如不要在公共场合拿出钱包,最好不要购买无证商贩的东西等,并随时清点团队的人数。

(6) 旅游车在途中,不得随意停车让非本车人员上车、搭车;若遇不明身份者拦车,导游人员则要提醒司机不要停车。

(二) 治安事故的处理

导游人员在陪同旅游团(者)参观游览的过程中,遇到治安事件的发生,必须挺身而出,全力保护游客的人身安全。发现不正常情况,应该立即采取行动。

1. 全力保护游客

若歹徒向旅游者行凶、抢劫财物，导游人员应做到临危不惧，毫不犹豫地挺身而出，尽量保护游客，同时也要注意自身的安全。要尽快将旅游者转移到安全地点，力争在在场的群众和公安人员的帮助下缉拿罪犯，追回钱物，但也要防备犯罪分子携带凶器狗急跳墙。切记不可鲁莽行事，一切要以游客的安全为重。

2. 迅速抢救

如有旅游者受伤，应立即组织抢救，运用适当的急救措施来进行简单处理，或立刻送伤者去医院。

3. 立即报警

治安事故发生后，导游人员应立即向当地公安部门报案并积极协助破案。报案时要实事求是地介绍事故发生的时间、地点、案情和经过，提供作案者的特征，受害者的姓名、性别、国籍、伤势及损失物品的名称、数量、型号、特征等。

4. 及时向接待社领导报告

导游人员在向公安部门报警的同时要向接待社领导及有关人员报告。如情况严重，请求领导前来指挥处理。

5. 妥善处理善后事宜

治安事件发生后，导游人员要采取必要措施稳定游客情绪，尽力使旅游活动继续进行下去。还要准备好必要的证明、资料，处理好受害者的补偿、索赔等各项事宜，并协助旅行社处理好善后工作。

6. 写出书面报告

事后，导游人员要按照有关要求写出详细、准确的书面报告。报告除上述内容外，还应写明案件的性质、采取的应急措施、侦破情况、受害者和旅游团其他成员的情绪及有何反映、要求等。

三、火灾事故

在旅游活动中发生的火灾事故，多数发生在饭店里。尤其不少旅游团队为降低成本入住设施陈旧、价格低廉的饭店，这些饭店装修时大量使用易燃的装修材料，平时设施设备的维修保养差，内部线路严重老化，消防通道堵塞，很容易发生火灾事故并酿成恶性后果。

（一）火灾事故的预防

1. 做好提醒工作

导游员应提醒游客不携带易燃易爆品进入饭店客房，比如有些护发用品可能引起燃烧，提醒游客注意不得与明火接触；要求游客不卧床抽烟，不乱扔烟头和火种，不在客房内使用大功率电器。提醒游客在托运行李时应按运输部门有关规定去做，不得将托运行李中不准运输的物品夹带在行李中。只有这样，才能尽可能地减少火灾。

2. 熟悉饭店的安全出口和转移路线

为了保证火灾时游客能及时疏散，导游员还应向游客介绍饭店楼层的安全通道，即酒店的步行楼梯。导游员带领游客住进饭店后，在介绍饭店内的服务设施时，必须介绍饭店楼层的太平门、安全出口、安全楼梯的位置，并提醒游客进入房间后，看懂房门上贴的安全转移路线示意图，掌握应走的路线，一旦失火的时候可以迅速逃生。

3. 牢记火警电话

导游人员一定要牢记火警电话，还要掌握领队和全体游客所住的房间号码。一旦火情发生，能及时通知游客，进行紧急疏散。

（二）火灾事故的处理

（1）立即报警。

（2）通知游客，迅速沿安全通道转移到安全的地方。配合工作人员，听从统一指挥，迅速通过安全出口疏散游客；由于火灾发生后电梯通道会产生大量浓烟，加上电梯随时可能断电停止运行，因此千万不要选择乘电梯逃命。

（3）如果被大火和浓烟包围，导游员要引导客人自救。如果情况危急，不能马上离开火灾现场或被困，导游人员则应采取的正确做法是：

①千万不能让游客搭乘电梯或慌乱跳楼。尤其是在三层以上的旅客，切记不要跳楼。

②用湿毛巾捂住口、鼻，尽量身体重心下移，使面部贴近墙壁、墙根，或地面。

③必须穿过浓烟时，可用水将全身浇湿或披上用浸湿的衣被捂住口鼻，贴近地面蹲行或爬行。

④若身上着火了，可就地打滚，将火苗压灭，或用厚重衣物压灭火苗。

⑤大火封门无法逃脱时，可用浸湿的衣物、被褥将门封堵塞严，或泼水降温，等待救援。

⑥当见到消防队来灭火时，可以摇动色彩鲜艳的衣物为信号，争取救援。

（4）协助处理善后事宜。游客得救后，导游人员应立即组织抢救受伤者；如游客受伤，应送医院救治；有人死亡，应按游客死亡的相关程序处理；同时采取各种措施稳定游客的情绪，解决因火灾造成的生活方面的困难，设法使旅游活动继续进行。

（5）向旅行社通报，请求指示，事后写出书面报告。协助领导处理好善后事宜，写出详细的书面报告。

四、食物中毒

游客因食用变质或不干净的食物常会发生食物中毒。其特点是：潜伏期短，发病快，且常常集体发病，若抢救不及时则会有生命危险。

（一）食物中毒的预防

为防止食物中毒事故的发生，导游人员应：

（1）严格执行在旅游定点餐厅就餐的规定。

（2）提醒游客不要在小摊上购买食物。

（3）用餐时，若发现食物、饮料不卫生，或有异味变质的情况，导游人员则应立即要求更换，并要求餐厅负责人出面道歉，必要时向旅行社领导汇报。

（二）食物中毒的处理

发现游客食物中毒，导游人员应该设法催吐，让食物中毒者多喝水以加速排泄，缓解毒性；立即将患者送医院抢救，请医生开具诊断证明；迅速报告旅行社并追究供餐单位的责任。

任务实施

【任务项目】 强化安全意识,培养学生掌握处理各种常见事故的能力。

【任务目的】 掌握导游人员遇到游客越轨言行情况的处理技巧。

【任务内容】 按照规范要求,同学们分组进行合适的角色扮演,模拟演练各种常见事故的处理。

教师主要观测点:

(1) 观察学生是否具备良好的职业素养和沉着冷静的应变能力。

(2) 考查学生对常见事故处理的原则、步骤、方法的把握情况。

【任务要求】 以小组汇报形式完成。

【任务考核】 教师和组长进行点评、打分。

项目七

导游词的撰写及创作

项目分析

讲解能力是导游的核心能力之一,而要提高讲解能力,导游必须先对导游词进行内化,形成自己的讲解语言,通过本项目的学习与训练,从而了解导游词编写的方法和技巧,掌握导游词创作要领,完成导游词的编写任务,才能更好地进行导游词的讲解工作。

学习目标

※知识目标
(1) 了解导游词的基本概念。
(2) 了解导游词的基本作用。
(3) 掌握导游词的组成要素。
(4) 掌握欢迎词、欢送词、景点讲解的内容。
(5) 掌握导游词撰写的程序与技巧。

※能力目标
(1) 能够撰写欢迎词、欢送词、景点讲解词等。
(2) 能够撰写自然景观导游词、人文景观导游词。

任务一 导游词概述

任务介绍

通过对导游词概念、导游词类型、导游词特点、导游词作用等内容的学习,系统地掌握导游词,明确导游词的内涵与外延,从而为撰写一篇合格的导游词打下坚实的基础。

任务目标

(1) 掌握导游词的概念。
(2) 掌握导游词的创作类型。
(3) 掌握导游词的基本特点。
(4) 掌握导游词的功能与作用。

任务导入

导游词对于导游员的重要性不言而喻，如果一名导游从业人员不能写出好的导游词，那么将失去其做导游的资质与价值。导游词是引导游客观光游览的关键，游客来到一个陌生的地方，不了解当地的历史文化与自然变迁，很难体悟当地景点的优美之处，因此需要导游人员准备充分的导游词为其观赏做出详细讲解；撰写优美的导游词还可以对旅游景区、景点等做进一步的推介，妙趣横生的导游词无疑会为旅游景区、景点带来更多的游客，留下更深刻的印象。因而，一名成功的导游人员需要撰写合格的导游词，帮助旅游人员完成旅游目的。

相关知识

一、导游词的概念

导游词是导游人员引导旅游者参观游览时的讲解词，是导游人员向旅游者传播文化知识和增添旅游乐趣的工具，是导游人员同旅游者进行思想沟通的渠道，也是吸引和招徕旅游者的重要手段。

导游词是应用写作研究的文体之一，具有高度应用性。导游人员现场导游讲解以此为基础和前提，撰写与创作导游词也是导游人员必备的基本能力。

导游词分为现场口语导游词、书面导游词两种，我们通常意义上所讲的导游词写作是指书面导游词的创作。

所谓书面导游词，一般是根据实际的游览景观、遵照一定的游览线路、模拟游览活动而创作的。它是口语导游词的基础与脚本。掌握了书面导游词的基本内容，根据游客的实际情况，再临场加以发挥，即成为口语导游词。

导游人员与书面导游词的关系就如同演员与剧本的关系。剧本提供给演员一个基本的框架、一个表演的脚本。导游词提供给导游员基本的数据、知识及方法，但游客是千变万化的，不能以不变应万变，对所有的游客都背诵同一篇导游词。正如同演员要体验角色的情感经历一样，导游也要根据游客的年龄、身份、职业、修养、地区等不同而变换讲解的重点与方法，提供游客需要的知识与信息，这样才能做到有的放矢，满足游客了解旅游目的地的需求。

【导游经验】

随着旅游业的发展及游客各方面需求的提高，各地都精心编纂了大量的导游词及导游指南等书籍。导游员要学习前人的成就,掌握创作导游词的要领,根据自己的性格特点和知识水平,在充分分析游客需求和景区、景点特色和景物价值的基础上,创作具有个性化的实用书面导游词。在实际工作中,要学会根据游览当时的具体情况,发挥导游语言的优点,变书面导游词为有针对性的,对服务对象有强烈吸引力的口语导游词。

二、导游词的特点

导游词的特点主要体现在以下几个方面。

1. 实用性

导游词的写作目的有两方面:一是作为导游员实际讲解的参考,二是作为游客了解某一景点或某一旅游目的地的资料。由于上述两个目的,导游词对每一个景点都提供翔实的资料,从各个方面加以讲述,导游员读了以后,经过加工就能成为自己导游口头讲解的内容;而游客听过讲解,就能对此景点或旅游目的地有详尽的了解。因此,导游词有很强的实用性。

2. 临场性

虽然书面导游词没有直接面对游客及景观进行讲解,但它模拟现场导游的场景,创作者把自己设想成导游,模仿导游带领游客游览。因此导游词是循游览线路层层展开的,为了增加导游词的现场感,多以第一人称的方式写作。在修辞方面,多用设问、反问等手法,仿佛游客就在眼前,造成很强烈的临场效果。

3. 知识性

由于导游词具有极强的实用性,涉及的知识十分广泛,而导游讲解的主要目的是传播知识与文化,因此导游词还具有极强的知识性。

4. 综合性

导游词既有说明性的特点,也有欣赏性的特点,它是多方面特性的综合体。在一篇导游词中,撰写者会运用自然科学知识,如地质成因、动植物学知识、力学原理等;还会运用社会科学知识,如宗教常识、哲学美学知识、诗词歌赋、中外文学等;此外,建筑、园林、书法、绘画等,都会有所涉猎。一篇优秀的导游词往往综合了各个学科门类,多角度、多层面对景点加以叙述,给阅读者全方位的信息,其综合性可见一斑。

5. 规范性

虽然导游员在实际工作中运用的是口语,但导游词却是书面语言。因此导游词的用语应该规范,尽量避免口语化的表达方法。即便为了增加幽默感而需要运用地方方言,也应该加以解释,使不同地区的导游人员都能读懂。只有这样才能顺利地在此基础上进行二次加工创作,完善成每个不同的导游员独一无二的口头导游词。

三、导游词的创作类型

(一)随性型

随性型导游词的特点是走到哪里就讲到哪里,看见什么就讲解什么。内容局限在旅游景点、景观范围内旅游者视线所及的景色、建筑等一般性讲解。讲解内容不够深入,对旅游目的地的景点、景观的讲解只停留在比较肤浅的层面,导游员通常会将搜集到的相关资料中对景点、景观的介绍拼凑在一起,深度不足。

随性型导游词的内容属于资料的汇总与拼凑，导游人员对其进行机械性记忆，这种导游词不是导游人员自己撰写创作的结晶，不能使用自己的语言来引导游客进行参观，无法形成独属于自己的风格与特点，无法给游客留下更深刻的印象。

（二）知识型

知识型导游词的撰写与创作具有一定难度。一名合格的导游人员，可以说是宣传当地文化的大使，不仅需要通晓各种文化知识，且这些知识还需要化为己用，成为导游讲解的素材。要善于处理这些知识，根据不同旅游者的特点和旅游团的共同需求，结合景观、景点的素材，创作出具有文化知识的导游词，满足旅游者增长知识、丰富阅历、重拾人生的需求。

（三）杂糅型

杂糅型导游词是一种介于知识型和随性型之间的导游词，在点到为止的基础上又糅合一些景点的文化知识内容。创作此类导游词主要是将与景点、景观相关的民间传说、神话故事、趣闻逸事与旅游景观介绍较完美地结合起来。这些导游词能够避免平淡无趣、枯燥乏味、就事论事，比随性型更深一层，使旅游者在基本了解景点、景观的基础上，更多地了解到一些与旅游景观、景点相关的文化知识。大部分旅游者对此类导游词持认可态度，大多数导游员的导游词讲解也属于这一类型。但是对导游人员来说，这只是作为一名合格的导游人员应该具备的基本能力，导游人员还应进一步提升自己的创作能力，撰写出具有自己风格的别树一帜的导游词。

（四）对比型

对比型导游词相比较来说难度最大。此类导游词在具有普遍性、科学性、知识性的基础上，还要具有可比性。要能够由表及里，由此及彼，举一反三，通过科学的比较，运用联想、推理等方式方法，把旅游者引导到一个较高的知识层面、更真实的场景中去。

如我们若要讲解某些著名景区中的寺庙景观，导游人员可针对旅游者的特点，有的放矢进行讲解，灵活调整导游讲解的内容。若是中国旅游者，则可将佛教与道教的不同之处进行对比式讲解；若是外国旅游者，则需要将佛教与基督教、伊斯兰教等的差异以及各自的特征进行对比讲解。

无论上述哪一种类型的导游词，导游人员在进行导游讲解时，一定要因人而异、因地制宜，根据旅游者的年龄、性别、职业、国籍、个性特征等的不同加以区别对待。如果不区分对象，则容易出现文化层次较低的旅游者听不懂、文化水平较高的旅游者不愿听的尴尬局面。

四、导游词的作用

（一）引导旅游者对景观景点进行鉴赏

导游词的宗旨是通过对旅游景观绘声绘色地讲解、指点、评说，帮助旅游者欣赏景观，以达到游览的最佳效果。

（二）向旅游者传播旅游地文化知识

传统文化知识传播即向游客介绍有关旅游胜地的历史典故、地理风貌、风土人情、传说故事、民族习俗、古迹名胜、风景特色，使游客增长知识。

（三）陶冶旅游者情操

导游词的语言应具有言之有理、有物、有情、有神等特点。通过语言艺术和技巧，给游客勾画出一幅幅立体的图画，构成生动的视觉形象，把旅游者引入一种特定的意境，从而达到陶冶情操的目的。

此外，导游词通过对旅游地出产物品的说明、讲解，客观上起到向游客介绍商品的作用。

【导游经验】

导游词的各种功能在实际运用中是综合发挥、相辅相成的。导游员在实际工作中，在进行书面和口语导游词的创作过程中，要注意充分发挥导游词的多种功能，提高导游服务质量。

知识链接

撰写导游词可以从以下途径搜集相关景点资料。

一、搜集书面导游词

旅行社现有的或图书馆收藏的景点书面导游词，是主要的资料来源。书面导游词模拟旅游活动的实际进展，对景点或景区进行全面介绍，是最接近实际旅游活动的导游语言。

二、搜集地方风物志

地方风物志是对一个地方的风土人情的全面介绍，一般涵盖历史沿革、山川地貌、风景名胜、民风民俗、文物古迹、饮食物产等方面，是了解一个地方的较完善的书面材料。

三、搜集旅游景点介绍及画册

景点介绍及画册以文字或图片的形式介绍风景点，内容翔实准确，是景点导游词的重要素材，这些都可以在景区内获得。导游应该在平时带团过程中注意搜集或者与同事进行交流或交换。

四、搜集旅游声像资料

声像资料是指介绍风景点及旅游设施的光盘、电视节目、广播节目、风景点的语音讲解词等。特点是形象生动，可以用于编写较为生动活泼的导游词。导游要用心多搜集这方面的资料，仔细研究。但要注意的是，这类风光介绍片为了配合背景音乐或照顾整体效果，往往会以较为书面化的语言和抒情的语调来进行介绍，与实际导游语言有差异。

五、利用网络搜集旅游资料

可以在携程、艺龙、同程、快乐e行、去哪儿、磨房等网站上查询各个景点的介绍及出行指南等相关信息。网络信息更新快，导游可以了解到最新的信息。

任务实施

【实训项目】 根据创作类型对不同的导游词进行分类。

【实训内容】

（1）教师列举三到五篇不同创作类型的导游词。

（2）学生分组进行讨论，总结教师列举的这些导游词归属于哪一类型。

【实训考核】 教师根据分组讨论的结果进行点评，并根据正确率打分。

任务二　导游词的内容、类别

任务介绍

完整的导游词应该由欢迎词、沿途讲解导游词、景点讲解导游词、欢送词所构成。一般来说，欢迎词是导游人员在旅游者抵达旅游目的地前往下榻饭店的途中进行的；欢送词则是导游人员在旅游团结束当地旅游活动，去往机场（车站、码头）的送行途中运用；沿途讲解导游词是导游人员前往旅游目的地景区途中使用；景区景点讲解词用于导游人员对旅游景点所做的讲解，是导游词的核心内容。只有掌握了完整导游词的创作技巧，才能进一步改善导游人员讲解品质，成为一个合格的导游。

任务目标

(1) 掌握欢迎词的内容与创作技巧。
(2) 掌握欢送词的内容与创作技巧。
(3) 掌握沿途讲解导游词的结构、内容与创作技巧。
(4) 掌握景区景点导游词的类型与创作技巧。

任务导入

导游词是导游人员进行导游活动的基础与脚本，有了它才能够进行导游讲解。掌握完整的导游词的构成与创作技巧，能够完善原始材料的拼凑和堆积，进而转化成自己独特的导游语言。

相关知识

一、欢迎词

1. 欢迎词的主要内容

欢迎词对于导游人员来说十分重要，它就像是一篇乐章的序曲、一部作品的序言、一场戏剧的序幕一样，旨在给旅游者留下深刻的"第一印象"。导游人员通过向旅游者致欢迎词来展现自身的风采与魅力，塑造良好开端，为全部旅游服务行程的成功奠定坚实基础。

完整的欢送词通常包括以下几部分内容：
(1) 问候语：向旅游者表示问好。
(2) 欢迎语：导游人员代表旅行社、导游员本人、司机共同欢迎游客光临本地。
(3) 介绍语：介绍自己的姓名及所属单位，介绍司机。
(4) 希望语：表示提供服务的诚挚愿望，表明自己的工作态度。
(5) 祝愿语：预祝旅游愉快顺利，希望得到旅游者的支持与合作。

【导游经验】

尊敬的各位游客朋友，大家一路辛苦了！欢迎来到"东方小巴黎"——哈尔滨，我是您这次哈尔滨之行的导游员，我叫李丽，大家叫我小李或李导就可以了。为我们开车的是司机刘师傅，驾驶他的豪华金龙巴士为我们提供行车服务，请记住车号为黑A12345。刘师傅拥有安全驾车20年无事故的辉煌历史，驾驶技术十分娴熟，坐他的车您尽管放心。在未来的几天里，如果您有什么需要，尽管提出来，我和刘师傅将竭诚为各位提供服务。我们衷心希望各位游客朋友们在哈尔滨玩得开心，游得尽兴。

2. 欢迎词的创作技巧

（1）在欢迎词中引入名人名言或谚语，将使欢迎词更充满文采。导游员在撰写欢迎词时，可适当引用如"有朋自远方来，不亦乐乎""有缘千里来相会""百年修得同船渡"等名人名言或民间谚语，使欢迎词更具文采，收到更好的效果。

（2）将导游人员的真情实感、友善姿态融入欢迎词里。旅游者来到外地旅游，会在陌生的环境中体会到好奇与刺激，同时也伴随着人在他乡的茫然。温暖人心的欢迎词无疑能将导游人员的真情实感、友善态度融入其中，使旅游者感觉到亲切与安全。如此才能使旅游者感到宾至如归，缩短导游人员与旅游者之间的心理距离，增强二者的相互信任与相互了解。

（3）欢迎词越是风趣幽默，越是能缩短导游人员与旅游者的距离。欢迎词如果能在创作过程中尽量做到幽默风趣，就会加快缩短导游人员与旅游者之间的距离，在笑声中建立联系，双方迅速成为朋友，进而熟悉起来。

二、沿途讲解导游词

（一）首次沿途讲解导游词

首次沿途讲解导游词是指导游人员接到旅游团后赶赴下榻宾馆、饭店的途中导游词。旅游者首次来到某一地参观游览会感到新奇，对于陌生事物愿意一探究竟，导游人员应抓住这一时机，选择旅游者普遍感兴趣、最愿意了解的事物进行介绍，来满足他们的求知欲与好奇心。为了达到这一目的，首次沿途导游词的内容应该力求简洁且具有概括性，同时具备一定的针对性。其内容构成主要为：

（1）旅游目的地风情简介。由导游人员向旅游者介绍旅游目的地的城市概况，包括地理位置、历史沿革、人口状况、气候特征、行政区划、文化传统、土特产品等。

（2）旅游目的地的风光简介。由导游人员向旅游者介绍前往旅游目的地沿途的风光以及风土人情。这一部分内容应该简明扼要，景物取舍得当，且要随机应变，见景说景，移步换景，与旅游者观赏同步进行。

（二）前往景点途中的导游词

导游人员带领旅游团参观旅游景点的途中，应该根据每次路程的实际情况进行导游讲解，其导游词内容大致包括以下几方面：

（1）简述当天活动安排。开车后，导游人员应该向旅游者简述当天的旅游活动安排，包括午餐、晚餐的时间地点；同时向旅游者告知到达旅游目的地景点路途中所需时间；视具体情况为游客介绍当天的新闻等。

（2）讲解沿途风光。在旅游者前往旅游景点的途中，导游人员应该向旅游者介绍本地的风土人情、沿途的景点景观，回答旅游者提出的问题等。

（3）讲解将参观游览的景点。抵达旅游景点景观前，导游人员应该向旅游者简要介绍该旅游景点景观的概况，尤其是旅游景点的历史价值以及游览特色。所有讲解都应该简明扼要，讲解过程中要满足旅游者预先获取相关知识的心理，激发旅游者参观旅游景观景点的积极性。

（4）以各种形式活跃气氛。如果旅游路途较远，导游人员则可以在旅游途中和旅游者讨论一些他们感兴趣的国内国外话题，或者充当主持人的角色组织适当的娱乐活动来活跃途中气氛等。

三、景观景点导游词

景观景点导游词是导游词中的核心内容，它是导游人员对旅游行程所到达的景观景点所做的全面介绍与详细讲解，其内容应包括旅游景点名称的由来、景点历史典故、相关民间故事与神话传说等，因此景点讲解词要具有知识性、幽默性、指引性与悬疑性等特点。

一般来说，我们会将旅游资源分为两大类型，分别是人文景观与自然景观。在景观景点导游词创作素材的搜集上，导游人员也应该从这两类景观的各自特征着手来进行。

（一）人文旅游景观导游词

人文景观主要包括宗教、文物、建筑、寺庙类景观以及风土人情、地方概况、地方土特产品，还应该包括旅游景观的绘画、雕塑、音乐等相关的文化遗产等。文化旅游景观应该偏重于历史渊源、重大历史事件、重要历史人物、民风民俗等。人文旅游景观导游词的撰写，就应该挖掘上述人文旅游景观的文化内涵，特别是历史人文旅游景观更应该从历史地位、历史价值、景点地位、景点特色、名人评论等多方面着手来搜集素材进行提炼、撰写，进而流畅讲解。

案例分析 **人文景观导游词举例——曲阜导游词片段**

孔子的理论从修身、齐家，到治国、平天下，政治、经济、军事、伦理、教育、饮食几乎无所不包。千百年来，数不清的中外名人给予孔子许许多多至高无上的评价，孔子被封为"大成至圣文宣王""万世师表""千古圣人"。中外游客来到曲阜不仅是参观游览，更多的是怀着一种崇敬的心情来朝圣。

这段导游词的介绍，重点展现了曲阜代表性人物——孔子的历史地位、曲阜的历史价值、各界名人的评论等内容，在浩如烟海的人文景观导游词中颇具代表性。

1. 人文旅游景观的讲解内容

（1）人文旅游景观的历史背景，即何时修建、当时的历史条件、地理方位等。

（2）人文景观景点的历史用途，即为什么建成旅游景点，如红色教育基地、更方便保护文物、纪念名人等原因。

（3）人文旅游景观景点的特色，即该景点在结构布局等方面具有哪些特点，我们从哪些角度着眼才能更好地体会其欣赏价值。

（4）人文旅游景观景点的地位，也就是该景点在国际上、在中国、在本区域（省、自治区、直辖市）、在本市居于什么样的地位，是哪一级别的文物保护单位等。

（5）人文旅游景观景点的价值，其中包括景点的历史价值、文物价值、旅游价值、欣赏价值等。

（6）对人文旅游景观景点的评论，即历史名人、世界名人、国家领导人等参观游览后都发表过什么样的评论。

人文旅游景观中包含有大量的文化知识，需要通过导游员的适度讲解，使旅游者得到美的享受，激发旅游者的求知欲、探索欲，同时传递适量的信息。没有哪一个旅游景点景观只具备一种讲解属性，往往是多个讲解属性互相结合、互相渗透。这就要求导游人员在资料搜集整理的过程中不仅关注其景观的某一方面内容，更要全面搜索资料，且须注重准确性、权威性，不可道听途说。

【导游经验】

导游人员如想撰写岳阳楼的导游词，在搜集整理相关资料时，首先要将岳阳楼准确定位为人文景观，其资料主要从三方面入手搜集：一是岳阳楼的地理位置及建筑特点，二是岳阳楼的历史意义，三是描写岳阳楼的作品以及与岳阳楼相关的故事。

2. 人文旅游景观的表达方式

（1）本体阐释。对人文景观所蕴含的知识进行必要的、合理的解释。这是导游词中出现频率最高的知识种类。在这种情境下，游览的景观景点本身就是知识的源泉，要讲解这个旅游客体，就要涉及相关知识。如寺庙就需要涉及宗教及宗教建筑，文物古迹就涉及历史、文学、建筑、风土人情等内容。

（2）相关印证。也就是援引与所参与游览的客体相关的史料、典故、诗文以及其相关的各种材料，使内容更加广博，增加其说服力。

（3）衍释发挥。对蕴含在人文景观景点中的神话传说、民间故事、历史故事、风土人情等内容进行巧妙的借鉴、发挥，为导游词增加趣味性。

【导游经验】

颐和园在北京西北部海淀区境内，是我国保存最完整的皇家园林，也是世界上著名的游览胜地之一，属于第一批全国重点文物保护单位。

颐和园原是帝王的行宫和花园。1750年，乾隆在这里改建为清漪园。1860年，清漪园被英法联军焚毁。1888年，慈禧太后挪用海军经费3 000万两白银重建，改称今名，作为消夏游乐地。到1900年，颐和园又遭八国联军的破坏，烧毁了许多建筑物。1903年修复。后来在军阀、国民党统治时期，又遭破坏，中华人民共和国成立后不断修缮，才使这座古老的园林焕发了青春。

（二）自然旅游景观讲解词

自然景观主要是观物赏景，因此其导游词应该关注不同类别的景观及其不同的特色，探究其独特的地质地貌、景点景观的形成原因、展现其丰富的自然资源，等等。自然旅游景观导游词的内容应该包括以下几个方面。

（1）自然旅游景观的形态特点。例如，观山则突出山的雄奇、险峻、清幽、绮丽等特点；观水则突出水的激湍、浩瀚、旷远等特点；观草原可突出草原的广阔无垠、天高云淡等特点；观峡谷则可突出峡谷的幽深曲折、惊险难攀等特点；观动植物等资源则主要突出其在自然山水中所展现的形态、活泼可爱、勇猛凶悍、迅捷敏锐等特点。

（2）自然旅游景观的内涵特点。自然景观如果只是干巴巴地介绍其数据，则枯燥乏味，令人昏昏欲睡，只有在介绍山水形成的地质地貌条件等内容的同时，深入探寻隐藏在山水景观背后的神话传说、民间故事、奇闻逸事等内容，才能更加吸引游客注意，引起他们的兴趣，增加导游词的广度与深度。

（3）自然旅游景观的独特地位。除了上述常规景观介绍内容以外，我们还应在该景观的独一性上加以介绍，比如是否被评为世界遗产，是否属于国家级自然保护区、省级自然保护区、市级自然保护区等。

自然旅游景观的表达方式多种多样，但最常用的有三种，包括描述、相关引证、衍释发挥。描述就是描绘、叙述。景观通过合理而有效的描述，使旅游者既能清楚地了解景物的要点，又能展开无限的联想，对特定的景物更能加深了解。导游员在进行景点讲解时，主要是三分形象、七分想象，不想不像，越想越像。至于相关引证、衍释发挥的要求则与人文旅游景观的要求相同。对于人文旅游景观与自然旅游景观融为一体的景点，导游员应灵活掌握，自行增删，以增添导游词的魅力与趣味。

四、欢送词

欢送词是导游人员为了某次旅行向旅游者画上圆满句号而做出的富有深情的道别语。送别是导游服务接待工作的尾声，此时导游人员已对旅游者很熟悉，如果说导游人员给旅游者致欢迎词能给旅游者留下美好的第一印象的话，那么导游人员给旅游者致欢送词将给旅游者留下永远难忘的美好回忆。

1. 欢送词内容

规范的欢送词应包括五要素：表示惜别、感谢合作、小结旅游、征求意见、期盼重逢。表示惜别是指欢送词中应包含对分别表示惋惜之情、留恋之意；感谢合作是感谢在旅游过程中旅游者给予的支持合作、帮助、谅解；小结旅游是指与旅游者一起回忆一下这段时间所游览的项目、参加的活动，给旅游者一种归纳、总结之感，将感性认识上升到理性认识，帮助旅游者提高；征求意见是告诉旅游者，导游人员有所不足，经大家的帮助，下一次接待会更好；期盼重逢是指要表达对旅游者的情谊和自己的热情。

案例分析

导游词不仅需要一定的文采，还要表达情深意切，让旅游者终生难忘。一位从事导游工作快40年的英文导游，在同旅游者话别时说："中国有句俗语，叫作'两山不能相遇，两人总能重逢'，我期盼着不久的将来，我们还会在中国再次相会，再见！"这之后的每年圣诞节和新年，他都会收到从世界各地寄来的贺年卡，上面都会用英文手写一句话："Greetings from another mountain.（来自另一座山的问候。）"。

可见一篇情深意切的欢送词，会给旅游者留下多么深刻的印象。

2. 欢送词的形式

（1）抒发感情。导游人员用热情洋溢的话语，来表达友谊和离别之情，以增进与旅游者相处所建立的友情。

例如，一位重庆导游送别日本东京汉诗研究团队时致欢送词："两天来，由于各位的通力合作，我们在重庆的游览就要结束了。在此谨向各位表示深深的谢意！重庆和东京相距几千千米,但不过是一水之隔,我们两国是一衣带水的友好邻邦。我唯一遗憾的是不能按照你们日本的风俗,给你一束彩色的纸带,一头在你们手里,一头在我们手里,船开了,纸带一分两半,却留下无尽的思念。虽然没有有形的纸带,但却有一条无形的彩带,那就是友谊的纽带。虽然看不见摸不到,我却感受到它已经存在两千多年了,中国古语说:'物唯求新,人唯求旧。'东西是新的好,朋友还是老的好。这次我们是新知,下次各位如果再有机会来重庆,我们就是故交了。祝各位万事如意,健康幸福,一路顺风!谢谢大家!"这位导游人员在致欢送词时,既热情又韵味悠长,收到了良好的效果。

(2)简要总结。导游人员用热情而平静的语气,简要回顾总结一下参观游览的旅程,并表示感谢合作、期待重逢、衷心祝福之意。

例如,上海一位全陪送别外国游客的欢送词:"尊敬的朋友们,天下没有不散的宴席。我们相处了10多天,今天就要说分别了。10多天的时间不算长,但各位由北到南、由西到东,既观赏了一些名山大川,又领略了一些名胜古迹,对中国有了一个大致的印象。这段时间得到了你们的协助配合,旅游活动进行得非常顺利。在此,我衷心地向大家表示感谢!如果我有服务不周的地方,还请各位多多见谅。我们有幸这次相逢,相信将来还会有缘再见。最后,祝大家旅途顺利、身体健康!谢谢。"

导游人员用朴实真挚的语言,对这次全程陪同做了一个简短的总结,为整个旅行活动画上了一个圆满的"句号"。这是一种最常见的致欢送词的形式。

任务实施

【实训项目】首次沿途导游词的创作与讲解。

【实训内容】

(1)以小组为单位撰写一篇首次沿途导游词,并进行情境表演。

(2)小组内人员分工,有全陪、地陪、游客、司机等。

(3)表演内容要求展现导游人员进行首次沿途导游词的创作时,囊括所有应该介绍到的内容。

【实训考核】小组互评为主,教师点评为辅。

任务三 导游词的写作及范例

任务介绍

导游词的各种功能在实际运用中是综合发挥、相辅相成的。导游员在实际工作中,在进行书面和口语导游词的创作过程中,要注意充分发挥导游词的多种功能,提高导游服务质量。

任务目标

(1)掌握导游词的写作风格。
(2)掌握导游词写作的表现手法。
(3)掌握导游词的写作要领。

任务导入

导游词是导游人员引领旅游者参观游览观光的引导词、讲解词。只有在充分掌握丰富而翔实的资料的前提下，经过科学合理的加工整理，并在实践中不断修改、丰富和完善，才能更好地形成具有自己特色的导游词。

相关知识

一、写作的注意事项

导游词是一种集散文与说明文两种文体特征融为一体的特殊体裁。首先，一篇合格的导游词需要富有层次感，这样才能给读者整理出一条清晰的游览线路；其次，导游词还必须具备强烈的方向感，以便在需要指引的地方提醒游客；最后，导游词的主题一定要明确，寓情于景，融景于情，情景交融。

二、写作文体风格

导游词集散文与说明文两种文体特征为一体，两种特征都颇为明显。

（一）散文

散文是一种题材广泛、写法自由、个性鲜明、文情并茂的常用文学体裁。在通常情况下，散文分为三种类型，分别是：记叙散文、抒情散文、议论散文。散文具备形散而神不散的特质，且还具有选材的生活化与广泛化、情景的个性化与主题化、表达的自由化与灵活性等审美特征。因此延伸到导游词的创作中，首先我们就需注意形散而神不散。主题明确且鲜明，形式自由，但必须围绕主题展开，不能散开一片。其次写法自由，形式多样，需要我们运用生动形象的语言，多角度、多层面的描述情境。

（二）说明文

说明文是使用简明准确的语言将事物的特征、关系、形状、成因、功用等进行客观明晰的解说和阐释的一种文体，因此许多常用的说明方法常常被我们运用到导游词创作中去，如介绍说明、分类说明、比较说明、形象说明、诠释说明、引用说明、数字说明、图表说明，等等。在导游词中说明的内容务必要科学，说明的态度也必须客观，表述要简明、概括、准确。

三、表现手法

在这样两种文体特征为一体的体裁指引下，导游词的写作相应地形成了特有的表现手法。

（一）解说阐释

1. 引用法

引用法就是引用一些名人名言、名句、中外典故、言语俗语、格言寓言等，将其穿插在自己的导游语言中，用于说明问题，增加语言的说服力。这不但能够增强讲解的生动性，而且可以起到以一当十的作用。引用法通常可分为三种，即明引、暗引、意引。

2. 类比法

所谓类比法，就是以熟喻生，从而达到类比旁通的导游讲解手法。导游人员使用旅游者熟悉的事物与眼前景点景物比较，使他们容易理解，使他们可以备感亲切，从而达到事半功倍的讲解效果。

3. 陈述法

陈述法，即是对旅游景区或所参观游览的景点的历史、现状进行讲解和说明的方法。陈述的内容必须是客观现实，可以使用数据来说明阐释。

4. 引申法

导游人员在导游的过程中，要善于按照旅游者提出的问题加以引申发挥，全面地介绍与有关问题相关的政策方针和所涉及的文化知识。

5. 点、线、面结合法

点、线、面结合法，即在导游的过程中既有面的描述，又有线的引导，还有点的说明。三者相互补充，形成和谐的统一体，使导游词趋于完美。

（二）情景交融

1. 情景法

情景法是导游词中表达的情感和观赏的景物达到高度的和谐统一，使旅游者感到景中有情、情中有景的方法。要做到情景相互交融，导游人员在参观游览前一定要尽可能地寻找、挖掘景点景观中所隐藏的深层文化内涵及其引申的意义。要培养自己与景物的情感交融，同时通过不同的途径，尽可能了解客源地的景物与文化，寻找客源地与旅游目的地两者的文化关联；要充分了解旅游者，分析旅游者的情感体验；通过领队或与旅游者沟通交流，了解旅游者的经历和情感世界，讲解中做到有的放矢，这样才能更好地做到真正的情景交融。

2. 虚实结合法

"虚"就是民间传说、神话故事、奇闻趣事等；"实"就是客观存在的景观景物及其他旅游客体。虚实结合法，就是指在导游过程中，把以上两个方面的东西有机地联系穿插在一起进行导游讲解。这种手法一般多用于旅游名胜古迹、园林景观等参观游览点的导游讲解，可以起到烘托气氛、增添情趣、引起旅游者共鸣和思考的效果。虚实结合要以"实"为主，"虚"只是强调"实"的存在意义、体现其价值的一种手段。如旅游者参观游览名胜古迹时，导游人员应先把旅游名胜古迹的建筑年代、历史背景条件、建筑特点、规模、价值、规划布局等一一向旅游者介绍清楚。在此基础上，再适当地穿插一些"虚"的内容，如传说、历史典故等，最后评价它们的作用意义，这样才能使旅游者有丰富的感受。

（三）幽默风趣

幽默是人们表达其思想感情的一种手段。幽默是一种机智、风趣而又凝练的语言，是借助多重修辞手法进行的一种表达方式。运用幽默法可以使导游词既富有感染力，又富有趣味性，使旅游者在轻松愉悦中受到深刻的启迪。在导游讲解服务中，导游人员可以把景观、景物和旅游者巧妙地联系在一起，用幽默风趣的导游词和导游语言将困境变为顺境、将紧张变为缓和、使失望变为高兴。

例如导游在带队游览桂林月亮山时，正面看，山峰顶部高悬一个镂空的大圆洞，犹如一轮满月。随着旅游车行进角度的变化，月亮显示变成上弦月，再变满月，最后变成下弦月。

在绕月亮山前,导游就针对这种情况先做了一番介绍。绕了一周后,导游对游客们幽默地说道:"都说地上一年才是天上一天,可我们几分钟就过了一个月,说起来比天上的神仙还神啊!"把现实景物和仙境相比,这就是一种幽默的导游词运用,获得了旅游者满堂喝彩,效果极佳。

四、导游词写作要领

(一) 讲究内涵与特色

1. 内涵、科学的态度

一篇优秀的导游词要给旅游者传递文化知识,必须有丰富的知识内容,能够融入上至天文下至地理的知识,并做到旁征博引、融会贯通、引人入胜。当然,在创作导游词时,我们也必须有严谨的科学态度,内容必须准确而无误,使旅游者信服,特别是对于涉及科普类的导游时,更需以科学的态度反映客观现实,切忌胡编乱造。

2. 个性、深刻的内容

导游词的内容不能只满足于一般性的介绍,还要突显景点景观的个性,揭示和发现景观的特点、特色,挖掘景点深层次的文化内涵,给旅游者留下较深的印象。如果能通过相同种类事物的比较、诗词歌赋的引用、名家名人的评论等方式来突显景点景观的特点,从而更好地反映深层次的文化内涵,效果会更好。

导游词创作者要具有创新意识,创作出具有符合时代气息的导游词。一方面能满足旅游者的合理需求;另一方面能反映旅游目的地的特色,突显与其他地方旅游景观之间的差异性从而产生吸引力。此外,导游词创作者要深入景点景观,通过由表及里、去粗取精的过程,探寻景观景点的本质内容,挖掘丰富深厚的文化内涵,从而在导游词讲解中讲深讲透。

(二) 讲究口语化

书面导游词其实是为现场口语导游词做准备而用的,而导游语言是一种具有丰富的表达力而又生动形象的口头语言,与书面用语颇为不同。在导游词撰写与创作中要尽量用一些口语词汇和浅显易懂的词汇;尽量避免难懂而又冗长的书面语词汇和音节拗口的词汇,要减少刻意的主观煽情;同时在撰写导游词时尽量多用一些短句,减少书面文字华丽辞藻的堆砌,以便在口语化导游过程中讲起来顺口,听起来更加轻松自如。

我们强调导游语言口语化,并不意味着故意忽视导游语言的规范化,撰写导游词还必须注意语言的品位等问题。

(三) 讲究生动性、灵活性

为了突出导游词的生动性、灵活性,使导游词讲解过程充满活力,在撰写导游词的过程中,我们应把握好以下几个方面:

1. 运用恰当的修辞手法

修辞是对所表达的文字词句进行修饰,可以使语言表达准确而又生动鲜明。恰当且合理地运用比喻、比拟、夸张、象征等手法,可以由静变动,使静止的景观转化为生动而又鲜活的动态画面,使静止的景观活起来,能形象地描绘出想要表达的事物,从而使旅游者易于理解而陶醉沉浸其中。

2. 运用幽默风趣的语言

幽默风趣的语言不仅能使导游词更加有趣，有时更能起到意味深长的作用。导游词如果能做到风趣幽默，不仅可以使讲解锦上添花，活跃现场气氛，使旅游者旅游活动轻松愉悦，更可以缓解尴尬的气氛，摆脱旅游中不够和谐的局面。

【导游经验】

旅行车在一段坑坑洼洼的道路上行驶，游客中有人抱怨，这时，导游员说："请大家稍微放松一下，我们的汽车正在给大家做身体按摩运动，时间不长，只有十几分钟，不另收费。请大家闭上眼睛，好好享受我们的免费服务项目。"引得游客哄然大笑。

3. 运用文明用语

恰到好处的导游词语言，应是情感亲切的。运用文明礼貌、友好且富有人情味的语言，同时注重言之有情、言之有理，能够使旅游者赏心悦"耳"，感受到被尊重，而且亲切温暖，从而满足旅游者的情感需求。

4. 运用语言灵活应变

导游词的撰写与创作成功与否，不但需要撰写者具有渊博的知识，而且需要根据不同的旅游者、不同的景观特点进行灵活合理地调整，达到灵活应变的目的。

5. 运用语言编织故事情节

如果在讲解景点时，导游员能够不失时机地穿插趣味盎然的传说及民间故事，就能够激发起旅游者的兴趣与好奇心理。需要注意的是，选用的神话、故事、传说等必须是健康的，并与景观有着密切联系，而不能凭空虚构、信口胡说。

6. 运用丰富多彩的语言

语言丰富多彩、形象生动，在讲解时能够吸引旅游者快速进入意境，从而使旅游者更好地去领会导游讲解的内容，给旅游者留下深刻的印象。语言丰富多彩可以避免导游人员在讲解时表达上的单调呆板或者平淡无味，从而避免旅游者丧失旅游兴趣，缺乏动力继续游览。

（四）讲究突出重点

1. 讲解突出重点

在一个大规模的旅游景区或景点内，有许多的景观可以游览，如果导游人员面面俱到撰写导游词，在实际带团过程中，不但时间上不允许，而且不能够很好地突出重点，无法给游客留下深刻印象，因此应该选择既有特征又有代表性的景点景观进行重点介绍。对于每个大景区内具有突出代表性的景观，创作导游词时应该从景观对应的新、奇、特等不同的角度，着手突显它的特色特点。

导游词的创作必须是在照顾整体的情况下的重点突出。撰写与创作导游词必须有一个正确且鲜明的主题贯穿整个导游讲解，只有这样才能给旅游者留下一个鲜活的印象，继而在此基础上突出重点，强调旅游者特别希望了解或非常感兴趣的内容。

2. 选材突出亮点

在导游词中最具有价值最精彩的部分就是导游词的亮点。每个景物都由若干个不同内容构成，其中最有魅力、最有价值、最有个性的东西，是整篇导游词的闪光点，亦是亮点。画有"点睛"，诗有"诗眼"，文有"警句"，因此我们撰写导游词更应该重视"亮点"的选择。

选择导游词的亮点要以导游人员拥有充足的创作素材为基础。因为只有当导游人员拥有的景物资料丰富且合乎客观实际时，才能真正找到亮点，形成整篇导游词的高潮。

　　亮点的出现还依赖于选取新颖、独特的角度，努力探寻景物的新意。新的视角能够提供新的场面，发现新的含义。如果总沿着前人已经探索好的故事传承下去，则只能看到那些老生常谈的旧景；相反，如果能够另辟蹊径，在前人从未涉足过的地方探索，就必然会领略从未遇见的奇观。苏轼在《题西林壁》中写道："横看成岭侧成峰，远近高低各不同。"这句诗形象地说明了新的视角会找到新的突破和收获。领略新意境，成为导游词的亮点。

（五）讲究针对性

　　导游词在撰写和讲解的过程中不可千篇一律、以偏概全。它应该是从实际出发，因人而异、因时而异，做到有的放矢，即根据不同的旅游者以及当时的情绪和周围的环境进行导游词讲解。切忌不顾旅游者的各不相同，导游词却完全一致的现象。因此，每撰写一篇导游词，应该设置讲解对象，这样才能使导游词做到更具针对性。

（六）讲究导游词深度

1. 强调思想深度

　　弘扬爱国精神、敬业精神是作为一名导游人员重要的职责和必备的修养。撰写导游词时注重内容的深度，有助于导游人员弘扬正能量，展现导游人员的个人素养。

2. 挖掘文学内涵

　　导游词也是文学创作的一种，它的语言无疑应该是规范的，文字准确，且结构严谨，内容层次要符合逻辑，这些都是对导游词创作的基本要求。在导游词创作过程中，适当的引经据典，引用著名的诗词、名句、名人名言等，能够相应地提升导游词的文学品位，增加其创作内涵。

3. 提升游览活动本身品位

　　旅游活动本身是有层次的，游览一个景点也必须循序渐进。现代人旅游活动六要素中"游"才是核心，重视"游"的层次与品位，追求享受从游玩当中带来的乐趣。因此导游人员在创作导游词过程中要选择好素材，紧扣主题，创作内容则需要步步深入，扣人心弦。此外，我们还需注意在"游"中寓教于乐，既在游的过程中获取文化知识，又能愉悦身心。

（七）讲究发挥引申

　　导游词常常是依照游览线路编排、紧扣主题而创作的。但是在介绍某一个景观景点时，往往需要导游人员在内容上进行扩充与增补，帮助旅游者更好地深入了解景点本身难以直接表达的含义，因此撰写导游词在很多地方都需要写作者善于发挥引申。

1. 旁征博引

　　内容上旁征博引，将带动旅游者的兴趣。例如在带领国外旅游者参观中国古老的私塾等建筑物时，旁征博引，将中国从奴隶社会到封建社会的教育和科举制度讲述一番，又从春秋战国说到民国，集知识性、趣味性于一体。这种手法常常在导游词撰写中运用，关键是看运用得是否恰当。

2. 引人入胜

　　情理上引人入胜，借题发挥，借古喻今，能够增加导游词的深度。例如当我们带旅游团登临三清山，看到三清山上随处可见的挑山工时，可以借用这种手段处理导游词："三清山陡峭高峻，是考验人的意志和耐力的路，三清山是砥砺恒心和韧性的路。在人的一生中总会遇到各种各样的艰难险阻，困苦难关。但往往困难越大，就意味着我们离胜利越来越近了，登过三清山的人可以深刻体会到这个道理。"这段导游词的撰写，借题发挥，解释了画面以外的深刻含义，给人以启迪，发人深省。

3. 融会贯通

将古今中外的知识融会贯通到统一的导游词中，将会提升其主题思想。例如陕西历史博物馆导游词的最后一段："大家在陕西历史博物馆内众多的文物中徜徉，好像走进了历史长河，回到了早已逝去的时代，领略到了陕西悠久而又璀璨的历史文化，了解了陕西文物年代久远、品种多样、规模巨大、水平较高的特征。它对弘扬悠久的中华民族文化，对促进中国改革开放和旅游事业的发展，起到了积极的推动作用！我相信各位会为先辈们用勤劳的双手创造的辉煌业绩所自豪，重振中华雄风，再创中华民族辉煌！"这种古今融会贯通、潇洒自如的借古论今，既不会使旅游者感到装腔作势，也不会有牵强附会之感，对深化导游词主题思想很有好处。

任务实施

【实训项目】根据清昭陵的导游词撰写方法，为沈阳张氏帅府撰写导游词。

【实训内容】

（1）以小组为单位撰写一篇沈阳张氏帅府导游词，并进行情境表演。

（2）小组内人员分工，有全陪、地陪、游客、司机等。

（3）表演内容要求展现导游词的写作手法与写作要领。

【实训考核】小组互评为主，教师点评为辅。

项目八

导游服务的相关知识

项目分析

导游人员是游客在旅游期间的"顾问",也是旅游活动的组织者和服务人员,他们不仅要帮助旅游者了解当地的历史文化、风土人情,也要满足他们吃、住、行、游、购、娱等各方面要求,同时提供生活服务和负责旅途中的安全工作。因此了解导游服务的相关知识,是做好一名导游人员的基本要求和重要前提。

学习目标

※ **知识目标**
(1) 了解旅行社性质、主要业务以及旅游产品的概念和类型。
(2) 了解导游服务过程中出入境、交通、货币等知识。
(3) 熟悉旅游过程中的保健知识和其他相关知识。

※ **能力目标**
(1) 掌握旅行社类型、旅游产品划分的方法。
(2) 掌握导游业务过程中出入境、交通、货币保险等知识的运用方法。
(3) 掌握旅游过程中常见疾病和常见疾病以外情况的处理方法。

任务一 旅行社知识

任务介绍

旅行社作为组织旅游和接待旅游者的中介组织,不仅在旅游者(旅游主体)和旅游资源(旅游客体)之间起到中介作用,还在不同旅游企业之间起到联络和协调作用。旅行社在现代旅游业中已成为三大支柱之一，而且处于核心地位。了解旅行社业务知识，是导游员在组织旅游活动过程中必不可少的常识。

任务目标

（1）掌握国内旅行社的分类与职能。
（2）掌握欧美旅行社的分类与职能。
（3）掌握日本旅行社的分类与职能。
（4）掌握旅游产品的概念与类型。

任务导入

通过对国内旅行社的分类与职能、欧美旅行社的分类与职能、日本旅行社的分类与职能、旅游产品的概念与类型等知识的学习，扩展导游员知识面，提高导游员综合素质，增强导游员服务效果。

相关知识

一、旅行社

（一）国内旅行社

国务院颁布的《旅行社条例》指出，旅行社是指从事招徕、组织、接待旅游者等活动，为旅游者提供相关旅游服务，开展国内旅游业务、入境旅游业务或者出境旅游业务的企业法人。

1. 招徕、组织、接待旅游者，提供相关的旅游服务

主要包括：安排交通服务、住宿服务、餐饮服务、观光游览服务、导游服务、旅游咨询服务、旅游活动设计服务等。

旅行社还可以接受委托，提供其他旅游服务，包括：
（1）接受旅游者的委托，代订交通客票、代订住宿等。
（2）接受机关、事业单位和社会团体的委托，为其差旅、考察、会议、展览等公务活动，代办交通、住宿、餐饮、会务等事务。
（3）接受企业委托，为其各类商务活动、奖励旅游等，代办交通、住宿、餐饮、会务、观光游览、休闲度假等事务。

2. 国内旅游业务和入境旅游业务

旅行社经营国内旅游业务和入境旅游业务的，应当向所在地省、自治区、直辖市旅游行政管理部门或者其委托的设区的市级旅游行政管理部门提出申请，并提交符合规定的证明文件，包括：①有固定的经营场所。②有必要的营业设施。③有不少于30万元的注册资本。

3. 出境旅游业务

旅行社取得经营许可满两年，且未因侵害旅游者合法权益受到行政机关罚款以上处罚的，可以申请经营出境旅游业务。申请出境旅游业务，应当向国务院旅游行政主管部门或者其委托的省、自治区、直辖市旅游行政管理部门提出申请，受理申请的旅游行政管理部门应当自受理申请之日起 20 个工作日内作出许可或者不予许可的决定。予以许可的，向申请人换发旅行社业务经营许可证，旅行社持换发的旅行社业务经营许可证到工商行政管理部门办理变更登记；不予许可的，书面通知申请人并说明理由。

（二）欧美旅行社

1. 旅游批发商

旅游批发商是指主要从事组织和批发包价旅游产品为其业务的旅行社。这类旅行社大批量购买交通、饭店、游览景点和当地经营接待业务的旅行社等旅游企业的产品（使用权），并将这些单项产品根据顾客的不同需求组合成各类不同日程、节目、等级的包价旅游线路，通过各种旅游零售渠道销售给旅游消费者。旅游批发商实力雄厚、经营规模大，且有广泛的社会联系，如英国的托马斯·库克（Thomas Cook Holidays）、美国运通（American Express Vacations）等。它们的经营活动侧重于组团和推销产品，一般不从事接待和零售业务。

2. 旅游经营商

旅游经营商指那些以组织和批发包价旅游产品为主要经营业务，兼营旅游产品零售业务的旅行社。这些经营商与饭店、交通部门、旅游景点和包价旅游涉及的其他部门签订协议，然后根据市场调查和市场预测的结果，按照游客需求设计包价旅游产品以及其他类型的旅游产品，直接向旅游者销售或通过其零售机构在旅游客源市场上进行销售。根据所经营业务的种类和范围，旅游经营商可分为大众旅游经营商、特种旅游经营商、国内旅游经营商、入境旅游经商等。

3. 旅游零售商

旅游零售商又可以称之为旅游代理商，是旅游批发商和经营商与旅游者之间的联系纽带。他们的主要业务是代旅游批发商或旅游经营商招徕与组织旅游者，代销包价旅游产品，向旅游者提供旅游关键设备和旅游接待服务，代旅游者向旅游服务供应部门预订零散服务项目。旅游零售商的收入全部来自销售佣金。根据提供的服务项目和内容，旅游代理商可分为全面服务型旅游代理商、商务型旅游代理商、驻厂型旅游代理商、团体或奖励型旅游代理商等。

（三）日本旅行社

日本《旅游业法》以旅游业是否从事主催旅行（即相当于国内包价旅游）业务为标准，将日本旅行社分为三类。

1. 第一类旅行社

第一类旅行社是指能够从事海外和国内主催业务的旅行社，其规模较大，如日本交通公司、近畿日本旅行社、东急旅游公司等，其内部员工数在 1 000 人以上。

2. 第二类旅行社

第二类旅行社是指只能从事国内主催业务的旅行社，与第一类旅行社相比，规模要小得多，一般员工数不超过 10 人。

3. 第三类旅行社

第三类旅行社是指不能从事主催旅行业务，主要是代理第一、二类旅行社旅游业务的旅行社。第三类旅行社兴起较晚，规模也比较小。但也不乏"大代理商集团"，这类集团规模很大，以大财团为背景，主要从事飞机票和国际旅游业务。

二、旅游产品

（一）旅游产品的概念

旅游产品也称旅游服务产品，指旅行社为满足旅游者需求而向旅游者提供的各种产品和服务。旅游产品由实物和服务综合构成，向旅游者销售的旅游项目，其特征是服务成为产品构成的主体，具体包括旅游线路、旅游活动、食宿等。

（二）旅游产品的类型

旅行社经营的产品可以采取不同标准进行分类。

1. 按旅游产品组成状况分类

（1）整体旅游产品。整体旅游产品又可以称为综合性旅游产品，是旅行社根据市场需求为旅游者编排组合的内容、项目各异的旅游线路。其具体表现为两种形式的包价旅游。

（2）单项旅游产品。单项旅游产品是指旅游服务的供给方为旅游者提供的单一服务项目，如饭店客房预订、航班座位预订、机场接送服务等。

2. 按旅游产品形态分类

（1）团体包价旅游。它是由至少10名以上游客组成，采取一次性预付旅费的方式，有组织地按预定行程计划进行的旅游形式。团体包价旅游的服务项目通常包括：饭店客房、餐饮、市内游览用车、导游服务、交通集散地接送服务、行李服务、游览点门票服务、文娱活动入场券服务、城市间交通服务。

（2）散客包价旅游。它是指9名以下游客采取一次性预付旅费的方式，有组织地按预定行程计划进行的旅游形式。其包括的服务项目与团体包价旅游相同。

（3）半包价旅游。它是在全包价旅游的基础上扣除行程中每日午餐、晚餐费用的一种旅游包价形式。旅行社设计半包价旅游的主要目的是降低产品的直观价格，提高产品竞争力，同时也便于游客自由地品尝地方风味。团体旅游和散客旅游均可采用这种包价形式来吸引游客。

（4）小包价旅游，又可以称为选择性旅游。它是由非选择部分和可选择部分构成的。非选择部分包括住房及早餐、机场（码头、车站）至饭店的接送和城市交通服务，其费用由游客在旅游活动开始前预付；可选择部分包括导游服务、午餐、晚餐、参观游览、欣赏文娱活动、品尝地方风味等，其费用可由游客在旅游前预付，也可以现付。

（5）另包价旅游。这是一种独特的旅游包价形式。参加这种旅游包价形式的游客必须随团前往和离开旅游目的地，但在旅游目的地的活动则完全是自由的，如同散客。参加这种旅游形式的游客可以获取机票价格的优惠，并可由旅行社统一代办旅游签证等。

（6）组合旅游。组合旅游产生于20世纪80年代，参加组合旅游的游客一般从不同的地方分别前往旅游目的地，在旅游目的地组合成旅游团，按当地旅行社事先的安排进行旅游活动。

（7）单项委托服务。它是旅行社根据游客的具体要求而提供的按单项计价的服务。其常规性的服务项目主要有：①导游讲解服务；②交通集散地接送服务；③代办交通票据和文娱票据服务；④代订饭店客房服务；⑤代客联系参观游览项目服务；⑥代办签证服务；⑦代办旅游保险。

案例分析

在20世纪90年代末的法国,出现了一家名叫德格里夫的旅行社,它的知名度和营业额位居全法第二。然而,这个旅行社却有一个非常特别的地方——没有门市部,其成功在于利用电子媒体开展业务,在互联网上建立自己的旅游网页,使每个上网的潜在旅游者都能看到其商品。

分析提示:

与传统旅行社相比,没有门市部的旅行社具有其独特优势。

旅游产品营销不一定都采用门市部销售,关键是有自己的特色,从附加层角度与其他普通旅游产品区别开来,根据自身和市场情况而定。本案例中的法国德格里夫旅行社虽然没有旅行社,却利用互联网大范围普及宣传和销售自己的旅游产品,这样既可以节省门市部的大笔费用,又可以借助现代电子多媒体技术直接销售,使旅游消费者备感亲切。我国上网人数年年以几何级数激增,利用网络进行产品销售,对中小旅行社意义非凡,对大体量的旅行社也具有重要的借鉴意义。

任务实施

【实训项目】根据不同旅游产品的产品形态,对旅游产品进行分类。

【实训内容】

(1) 教师列举不同类型的旅游产品,令学生为其分类。

(2) 学生分组进行讨论,总结教师列举的这些旅游产品归属哪一类型。

【实训考核】教师根据分组讨论的结果进行点评,并根据正确率打分。

任务二 入出境知识

任务介绍

通过对护照、签证、港澳通行证、台湾通行证、海关口岸、海关通道、入境卫生检疫等知识的学习,能够扩展导游员知识面,提高导游员综合素质,增强导游员服务效果。

任务目标

(1) 在导游服务过程中为游客进行入出境业务服务。

(2) 掌握有效证件的类型与概念。

(3) 掌握不准入境、阻止入境、不准出境、限制出境的人员情况。

(4) 掌握出入海关需要办理的手续。

(5) 在导游服务过程中指导海外旅游者在中国境内的权利和义务。

任务导入

目前,我国旅游行业发展迅猛,随着社会经济增长,国民收入的不断提升,对外开放程度的加深，旅游行业涉及越来越多的入出境旅客。导游人员了解入出境知识，是在组织旅游活动过程中必不可少的。

相关知识

一、入境

外国人、华侨、港澳台同胞及中国公民自海外入境或返归，均须在指定口岸向边防检查站（由公安、海关、卫生检疫三方组成）交验有效证件，填写入境卡，在边防检查站查验核准加盖验证章后方可入境。

（一）有效证件

各国和地区政府为公民颁发的出国证件，其种类较多，不同类型的人员使用的有效证件不同，如护照、海员证、旅游证等。

1. 护照

护照是一国主管机关发给本国公民出国或国外居留的证件，证明本人国籍和身份。护照一般分为外交护照、公务护照、普通护照三种，有的国家为团体出国人员（旅游团、体育团、文艺团）发放团体护照。

（1）外交护照发给政府高级官员、国会议员、外交和领事官员、负有特殊外交使命的人员、政府代表团人员等。持有外交护照者在外国将享有外交礼遇（豁免权）。

（2）公务护照发给政府一般官员、驻外使、领馆人员以及因公派往国外执行文化、经济等任务的人员。

（3）普通护照发给出国的一般公民、国外侨民等。我国公民因前往外国定居、探亲、学习、就业、旅行、从事商务活动等非公务原因出国的，由本人向户籍所在地的县级以上地方人民政府公安机关出入境管理机构申请普通护照。

《中华人民共和国护照法》规定：我国外交护照或公务护照由外事部门颁发。普通护照由公安部门颁发，登记项目包括：护照持有人的姓名、性别、出生日期、出生地，护照的签发日期、有效期、签发地点和签发机关。普通护照的有效期为：护照持有人未满16周岁的5年，16周岁以上的10年。同时根据《国际民用航空公约》附件九的规定，取消了护照延期的规定。

香港、澳门居民分别持香港特别行政区和澳门特别行政区护照。

《中华人民共和国护照法》规定护照换发或补发的情形为：护照有效期即将届满的；护照签证页即将使用完毕的；护照损毁不能使用的；护照遗失或者被盗的；有正当理由需要换发或者补发护照的其他情形。

2. 签证

一国主管机关在本国或外国公民所持有的护照或其他旅行证件上签注、盖印，表示准其出入本国国境或者过境的手续。华侨回国探亲、旅游无须办理签证。

签证按性质可以分为外交签证、礼遇签证、公务签证、普通签证等；按用途可以分为入境签证、入出境签证、出入境签证、过境签证。

（1）旅游签证属于普通签证，在中国签证时标记为 L，发给来华旅游、探亲等因私人事务入境的人员。签证上注明持证者在中国停留的起止日期，期限不等，或签证者必须在有效期内进入中国，过期则签证失效。9人以上的来华旅游团可发给团体签证，团体签证一式三份，签发机关留一份，旅游团两份，一份用于入境，一份用于出境。

（2）外国人申请来华入境签证，需持有效护照到我国的外交代表机关、领事机关或外交部授权的其他驻外机关办理。确因事由紧急，也可以办理"落地签证"，即在公安部授权的口岸签证机关办理签证。目前可以办理"落地签证"的口岸有：北京、上海、大连、福州、厦门、西安、桂林、昆明、广州、重庆、武汉、深圳（罗湖、蛇口）、珠海（拱北）、海口、三亚、青岛、威海、烟台、河口、二连浩特、珲春等，但并不是所有在可办理落地签证的口岸，外国游客都能获准签证入境，而要持有中国国内被授权单位的函电，并持有与中国有外交关系或官方贸易往来国家的普通护照，确需紧急赴华而来不及事先申请签证的外国人，可根据《中华人民共和国外国人入出境管理法实施细则》有关规定，向公安部授权的口岸签证机关申请签证，这是导游人员应该谨慎处理的。

（3）免签证。国家之间已有互免签证协议的，持联程客票乘国际航班直接过境，在中国停留不超过24小时不出机场的外国人，免办签证。

3. 港澳居民来往内地通行证

凡具有中国国籍的香港、澳门居民（不管是否持有外国护照和旅行证件），只要未向国籍管理机关申报为外国人，均可申领港澳居民来往内地通行证。港澳居民来往内地通行证供港、澳居民来往于香港、澳门与内地之间使用。自2013年1月2日起，公安部启用新版（2012版）通行证，有效期分为5年和10年。申请人年满18周岁的，签发10年有效通行证；未满18周岁的，签发5年有效通行证。通行证由港澳居民分别向香港、澳门中国旅行社申请，广东省公安厅审核签发。

4. 台湾居民来往大陆通行证

台湾居民来往大陆通行证是台湾居民来往祖国大陆的身份、旅行证件。台湾居民来往大陆通行证可向公安部出入境管理局派出的或委托的有关机构（外交部驻外国的外交代表机关、领事机关或者外交部授权的其他驻外机关；外交部驻香港特别行政区特派员公署；外交部驻澳门特别行政区特派员公署；香港中国旅行社；澳门中国旅行社）申请，在大陆可直接向市（县）公安机关出入境管理部门申请，由特殊事由从台湾直接来大陆的，也可向指定口岸（目前包括福州、厦门、海口、三亚）的公安机关申请。台湾居民使用通行证时，凭入出境管理机关的有效签注入出境。

在境外的台湾居民可向中国驻外使、领馆，外交部驻香港特别行政区特派员公署，外交部驻澳门特别行政区特派员公署，香港中国旅行社或澳门中国旅行社申请办理一次有效入境签注。在指定口岸可向签证机关申请一次入境签注。

国务院2015年6月18日公布修改后的《中国公民往来台湾地区管理办法》，规定台胞来往大陆免予签注，新办法自2015年7月1日起施行。

5. 往来港澳通行证和大陆居民往来台湾通行证

中华人民共和国往来港澳通行证是公安出入境管理部门发给内地居民因私往来香港和澳门地区旅游、探亲，从事商务、培训、就业等非公务活动的旅行证件。大陆居民赴港澳旅游的，通行证分为个人签注（G）和团队签注（L）两种。团队签注发给参加国家旅游局制定旅行社组织的团队赴香港或澳门旅游的申请人。旅游签注一般分为3个月一次签注、3个月二次签注、1年一次签注、1年二次签注,每次在香港或澳门停留不超过7天。2014年9月15日,全面启用电子往来港澳通行证规定,成年人电子往来港澳通行证有效期延长为10年,对未满16周岁的仍签发5年有效通行证。

大陆居民往来台湾通行证是公安机关出入境管理部门签发给大陆居民因私往来台湾地区探亲、定居或应邀参加经济、科技、文化等活动的旅行证件。从2015年7月1日起"大陆居民往来台湾通行证"的有效期由原来的5年改为10年,自2016年12月开始试点换发智能卡式的"大陆居民往来台湾通行证"。通行证实行逐次签注,签注分为一次往返有效和多次往返有效。

(二) 海关手续

1. 出入口岸

外国人、华侨和台湾同胞可持有效证件在指定的对外开放的口岸出入中国或祖国大陆;香港同胞持证经深圳,澳门同胞持证经珠海可以通行。

2. 海关通道

海关通道分为"申报通道"(又称红色通道,标志为红色正方形)和"无申报通道"(又称绿色通道,标志为绿色八角形)两种。

(1) 海外游客进入中国境内,一般须经"红色通道",事先要填写"旅客行李申报单"向海关申报,在海关查验后放行。申报单上所列物品,海关加"△"符号的,必须复带出境(如照相机、摄像机等)。申报单不得涂改,不得遗失,出境时交海关办理手续;申报单应如实填写,如申报不实或隐匿不报,一经查出,海关将依法处理。

海外游客来中国旅行,可携带旅程中需要的、数量合理的自用物品。

中国籍旅客免税带进物品限量表如表8-1所示:

表8-1 中国籍旅客免税带进物品限量表

类别	品种	限量
第一类物品	衣料、衣着、鞋、帽、工艺美术品价和价值人民币1 000元以下(含1 000元)的其他生活用品	自用合理数量范围内免税,其中价值人民币800元以上、1 000元以下的物品每种限1件
第二类物品	烟草制品、酒精饮料	(1) 香港、澳门地区居民及因私往来香港、澳门地区的内地居民,免税香烟200支,或雪茄50支,或烟丝250克;免税12度以上酒精饮料限1瓶(0.75升以下) (2) 其他旅客,免税香烟400支,或雪茄100支,或烟丝500克;免税12度以上酒精饮料限2瓶(1.5升以下)
第三类物品	价值人民币1 000元以上、5 000元以下(含5 000元)的生活用品	(1) 驻境外的外交机构人员、我国出国留学人员和访问学者、赴外劳务人员和援外人员,连续在外满180天(其中留学人员和访问学者物品验放时间从注册入学日起算至毕结业之日止),远洋船员在外每满120天任选其中一件免税 (2) 其他旅客每公历年度内进境可任选其中一件征税

短期内多次来往香港、澳门地区的旅客和经常进出境人员以及边境地区居民，不适用于此表格。

从海外回程的中国游客入境时，须向口岸边防检查站交验有效护照或其他有效证件，以及出境时经海关签章的旅客行李申报单。游客在海外购买的音像制品（如录音带、录像带、唱片、电影片、光盘等）和印刷品（如书报、刊物、图画等）也必须申报和交验。如藏匿不报，海关将按规定处理。相关规定如表8-2所示：

表8-2 中华人民共和国禁止进出境物品表

禁止进境物品	1. 各种武器、仿真武器、弹药及爆炸物品 2. 伪造的货币及伪造的有价证券 3. 对中国政治、经济、文化、道德有害的印刷品、胶卷、照片、唱片、影片、录音带、激光视盘、计算机存储介质及其他物品 4. 各种烈性毒药 5. 鸦片、吗啡、海洛因、大麻以及其他能使人成瘾的麻醉品、精神药物 6. 带有危险性病菌、害虫及其他有害生物的动物、植物及其产品 7. 有碍人畜健康的、来自疫区的以及其他传播疾病的食品、药品及其他物品
禁止出境物品	1. 列入禁止进境范围的所有物品 2. 内容涉及国家秘密的手稿、印刷品、胶卷、照片、唱片、影片、录音带、录像带、激光视盘、计算机存储介质及其他物品 3. 珍贵文物及其他禁止出境的文物 4. 濒危的和珍贵的动物、植物（均含标本）及其种子和繁殖材料

（2）持有中国主管部门给予外交礼遇签证护照的外籍人员及海关给予免验礼遇的人员，可以选择"绿色通道"通关，但需向海关出示本人证件和按规定填写的申报单据。携带无须向海关申报的物品的旅客也可选择"绿色通道"通关。

（三）入境卫生检疫

海外人员入境，应根据国家检疫机关的要求如实填报健康申明卡。传染病患者隐瞒不报，按逃避检疫论处，一经发现，禁止入境；已经入境者，令其提前出境。来自传染病疫区的人员须出示有效的有关疾病的预防接种证书；无证者，国境卫生检疫机关将从他离开感染环境时算起实施6日的留验。来自疫区、被传染病污染或可能成为传染病传播媒介的物品，须接受卫生检疫检查和必要的卫生处理。

知识链接　　**国际传染疾病的预防**

（1）天花：病人的咳嗽飞沫、衣物、寝具、用具等都是其传播途径，常流行于非洲，主要表现为发烧、头痛、腰痛、发疹。

（2）霍乱、伤寒、痢疾：通过消化系统传染，世界各国均有传播，其中霍乱在热带尤其是东南亚、印度、孟加拉国、非洲等地常年流行。通常表现为腹痛、腹泻、食欲不振、呕吐、上吐下泻、疲惫头痛、发烧等。

以上两类疾病如需预防须做到：①选择卫生条件良好的场所进食。②避免食用生冷食品。③接受预防注射。④如有可疑症状，以四环素每天 2.0~2.5 克作为预防用药三天。回国后发生则应告知就诊医师曾经去过的旅游停留地方与停留时间等，以供参考。

（3）疟疾：主要通过蚊虫叮咬传播，常年流行于东南亚、非洲、中南美洲等热带及亚热带地区，主要表现为打寒战、高烧间隔发生。

（4）出血热：通过蚊虫叮咬传播，常年流行于东南亚，主要表现为发烧、内外出血、发疹休克。

（5）黄热病：通过蚊虫叮咬传播，常年流行于非洲、中南美洲，主要表现为发烧、头痛、疲劳、恶心、呕吐、黄疸等。

以上三类疾病如需预防须做到：①使用驱蚊剂等，防止蚊虫叮咬。②进入黄热病区应打预防针。③停留在疟疾疫病区，可以氯喹作为预防药物，自疫区回国者，应与卫生部门联系接受验血以保安全。

（6）鼠疫：通过病人咳嗽飞沫感染，病鼠及其他啮齿类动物、鼠蚤感染，常年流行于缅甸、越南、非洲、南美洲、美国等地，症状为发高烧、精神错乱、鼠蹊淋巴肿大、激痛、血痰等。预防方法为进入鼠疫区，可以磺胺剂（每天 2 克，分 3 次服用）或链霉素作为预防用药。

（四）不准入境的几种人

1. 外国人不准入境的情况

（1）被中国政府驱逐出境，未满不准入境年限的。
（2）被认为入境后可能进行恐怖、暴力、颠覆活动的。
（3）被认为入境后可能进行走私、贩毒、卖淫活动的。
（4）患有精神病、麻风病、艾滋病、性病、开放性肺结核等传染病的。
（5）不能保障其在中国期间所需费用的。
（6）被认为入境后可能进行危害我国国家安全和利益的其他活动的。

2. 对下列人士，边防检查站有权阻止其入境

（1）未持有有效护照、证件或签证的。
（2）持伪造、涂改或持他人护照、证件的。
（3）拒绝接受查验证件的。
（4）公安部或国家安全部通知不准入境的。

二、出境

外国游客应当在签证准予停留的期限内从指定口岸出境。外国游客出境，须向口岸边防检查站交验有效护照或其他有效证件。

中国游客出境也须向我国口岸边防检查站交验有效护照和前往国家或地区的签证（赴港澳者提交往来香港、澳门特别行政区通行证）。

1. 不准出境的几种人

（1）刑事案件的被告人和公安机关、人民检察院或者法院认定的犯罪嫌疑人。
（2）人民法院通知有未了结民事案件不能离境的。

（3）有其他违反中国法律的行为尚未处理，经有关主管机关认定需要追究的。

2. 下列人士，边防检查站有权限制其出境

（1）持无效出境证件的。

（2）持伪造、涂改或持有他人护照、证件的。

（3）拒绝接受查验证件的。

三、海外旅游者在中国境内的权利和义务

海外旅游者在中国境内也需要遵循一定的权利与义务，《中华人民共和国宪法》总纲明确指出："中华人民共和国保护在中国境内的外国人的合法权利和利益，在中国境内的外国人必须遵守中华人民共和国的法律。"

（一）外国旅游者在中国境内的权利和义务

（1）在中国境内，海外旅游者享受合法权益和人身自由不被侵犯的权利，但必须遵守中国的法律，不得进行危害我国国家安全、损害公益事业、破坏公共秩序的活动。违法者必将按情节轻重受中国法律的制裁。

（2）在签证有效期内，海外旅游者可在中国对外开放地区内自由旅游，但必须尊重旅游区当地的民风习俗。若外国人希望前去不开放地区旅游，则须事先向所在市、县公安局申请旅行证，获准后方可前往，未经允许不得擅自闯入非对外开放地区旅行。

（二）海外旅游者申请旅行证必须履行的手续

（1）交验护照或居留证件。

（2）提供与旅行事由有关的证明。

（3）填写履行申请表。

至于港澳台同胞，他们在祖国大陆住店，购买机票、车票和船票，享受与祖国大陆居民同等待遇，与祖国大陆居民一样可以自由去各地参观、游览。2008年7月4日，两岸已正式开通周末包机直航，加大了两岸经济、文化等各方面的交流和人员往来。

案例分析

某外国游客在自己免费托运的行李中带了10多条香烟和两盘淫秽光盘，在中国A城海关交验有效证件并提取托运行李后，试图从绿色通道通关，却被海关人员拦截。海关人员检查其行李后，问他为何要走绿色通道，该外国游客回答他不认识中文，看见有人从绿色通道通行便也跟着走，并坚称自己要在中国工作几个月，因此多带了香烟，而光盘则是平日消遣时自己看的。海关人员仍然让该游客补交税款，且没收其光盘。海关工作人员的这种做法合理吗？外国游客的这些解释合理吗？

分析提示：

(1) 海关工作人员的做法完全合理且合法。

①带有应税物品的旅客不能经绿色通道通关。

②海外旅客来中国旅行只可以免税携带香烟400支，超出部分都应交纳税款。

③中国政府严禁有害声像制品入出境，旅客携带的光盘亦在严禁之列。

（2）外国游客解释自己不认识中文所以走错了海关通道是不合理的。海关通道除了文字以外还有明显的标志，红色通道以红色正方形为标志，绿色通道以绿色八角形为标志。

任务实施

【实训项目】出境业务的处理。

【实训内容】

（1）教师给出案例。

李小姐与其男友张某二人与旅行社签订了一份赴新马泰旅游的协议，共交付团款9 000元。李小姐有5年因私护照，故委托旅行社为其办理签证、为张某办理旅游护照和签证。出国旅游的有关事宜办妥后，旅行团如期出发，但在机场接受边检人员检查时，边检人员发现李小姐的护照缺少出境卡，拒绝李小姐出境。一对恋人结伴出游，其中一个不能成行，另一个当然不会单独行动。李小姐要求旅行社赔偿经济损失。

你认为李小姐与其男友未能出境旅游，责任在哪方？

（2）学生分组讨论，总结问题答案，并进行情景模拟展示。

（3）小组互评为主，教师点评为辅。

【实训考核】教师根据答案结果与情景模拟的正确性打分。

任务三　交通、邮电知识

任务介绍

通过对航空旅行、铁路旅行、公路旅行、水路旅行、电信知识的学习，能够扩展导游员知识面，提高导游员综合素质，增强导游员服务效果。

任务目标

（1）掌握航空旅行知识。

（2）掌握铁路旅行知识。

（3）掌握公路旅行知识。

（4）掌握水路旅行知识。

（5）掌握旅游过程中必备的电信知识。

任务导入

旅游业的迅猛发展在一定程度上能够带动交通、邮电等硬件设施的建设，这些硬件设施的不断完善，反过来对旅游业的发展起到促进作用。导游人员深入了解交通、邮电知识，能够更好地服务游客，这是导游员在组织旅游活动过程中必不可少的常识。

相关知识

一、交通知识

（一）航空旅行知识

1. 航班、班次

我国民航运输飞行，主要有三种形式：

（1）班期飞行：按照班期时刻表和规定的航行，定机型、定日期、定时刻的飞行。

（2）加班飞行：根据临时需要的班期飞行之外增加的飞行。

（3）包机飞行：按照包机单位的要求，在现有航线上或以外进行的专用飞行。

航班是指飞机自始发站起飞，按照规定的航线经过经停站至终点站，或直接到达终点站的飞行，它包括定期航班和不定期航班、国际航班和国内航班、去程航班和回程航班等。班次则是单位时间内（通常一星期内）飞行的航班数（包括去程航班和回程航班）。

2. 机票

（1）订购机票：旅游者购买机票，须出示有效证件，并填写"旅客订座单"，如国内居民须出示本人身份证，外国人要出示护照，台湾同胞持"台湾同胞旅行证明"或其他有效身份证件。机票只限票上所列姓名的旅客使用，不得转让和涂改，否则机票无效，票款不退。国内、国际机票的有效期均为一年（包机票、打折机票除外）。

（2）核实机票：旅游团抵达后，导游人员要按规定核实机票，确认是否有国内段国际机票，有无返程、出境机票；特别注意核实是 OK 票还是 OPEN 票。

OK 票即已定妥日期、航班和机座的机票。

OPEN 票则是不定期机票，旅客乘机前须持机票和有效证件去民航办理订座手续。

持有联程或回程 OK 票的旅客若在该联程或回程站停留 72 小时以上，国内机票须在联程或航班起飞前两天、中午 12 时以前，国际机票须在 72 小时前办理座位再证实手续，否则原定座位不予保留。

（3）电子客票：旅客通过互联网就可订购，而不像传统机票必须通过售票点才能订购。电子客票是普通纸质机票的替代品，旅客通过在互联网上预订，方便快捷。仅凭有效身份证件就可以到机场办理登机手续，即所谓"无票乘机"，和传统纸质机票一样，电子客票也是有效的航空运输合同。

电子客票订购、签转、更改、退票直接通过互联网就能实现。传统机票一旦丢失或未随身携带，将无法乘机；而购买电子客票的旅客无此担心，只需向接待人员出具有效证件如身份证，就可办理登机，还可以在网上直接办理登机牌，选择喜欢的座位。

由于国家税务体制的原因，现有形式的电子客票还不能作为有效的报销凭证，但旅客可在国内候机楼问讯处换取传统机票，作为有效的报销凭证。

（4）儿童票。

已满 2 周岁未满 12 周岁的儿童按适用成人票价的 50% 付费；未满 2 周岁的婴儿按适用成人票价的 10% 付费，不单独占一个座位。每一成人旅客只允许有一个婴儿享受这种票价。

3. 乘机

乘坐国内航班的旅客应在班机起飞前 90 分钟到达机场，乘坐国际航班的旅客须在起飞前 120 分钟抵达机场。凭机票和个人有效证件办理登机手续，班机起飞前 30 分钟停止办理登机手续。乘坐民航班机的旅客及携带的行李物品，除经特别准许者外，在登机前都必须接受安全检查；旅客须通过安全检查门，行李物品须经仪器检查；也可进行人身检查和开箱检验，拒绝检查者不能登机。

4. 变更、退票

持有国内航班机票的旅客若要改变航班、日期、舱位，须在航班起飞前 24 小时提出，并且每班客票只能变更两次。超过两次则需重新填写客票，并收取退票费。

若要退票，则可在出票地、航班始发地、终止旅行地的航空公司或其销售代理处凭有效客票和本人有效身份证件办理，并按规定视退票时间的早晚支付一定的退票费。一般 2 小时以前要求退票，需支付客票价 10% 的退票费；在航班规定离站时间前 2 小时内要求退票，收取客票价 20% 的退票费。在航班规定离站时间后要求退票的，按误机处理。

持有国际航班机票的旅客若要退票应按规定办理，并只限在原购票地点或经航空公司同意的地点办理。

误机游客如要办理退票，需要支付自误机地至目的地原票款的 50% 作为误机费。

优惠票和打折票一般不予变更和退票。

5. 行李

（1）随身携带行李：一般持头等舱客票的旅客，每人可随身携带两件物品；持公务舱或经济舱客票的旅客，每人只能随身携带一件物品。每件物品的体积不得超过 20 厘米 × 40 厘米 × 55 厘米，上述两项总重量不得超过 5 千克。超过规定件数、重量或体积的物品，要按规定作为托运行李托运。

（2）托运行李：持成人票或儿童票的旅客，每人免费托运行李的限额为 40 千克，公务舱一般为 30 千克，经济舱为 20 千克。

托运行李必须包装完善、锁扣完好、捆扎牢固，并能承受一定压力。对包装不符合要求和不符合运输条件的行李，航空公司可拒绝收运。

托运行李如发生损坏或丢失，属航空公司责任的由航空公司负责赔偿。赔偿限额每千克不超过人民币 50 元，按实际托运重量计算。

（3）旅客禁止、限量携带的行李物品有：易燃、易爆、易腐蚀、有毒物品，放射性物质、聚合物质、磁性物质及其他危险物品；不得夹带中华人民共和国有关部门法律、政府命令和规定禁止出入境的物品及其他限制运输的物品；不得夹带货币、珠宝、金银制品、票证、有价证券和其他贵重物品。

6. 航班异常的服务

因航空公司的原因造成航班延误或取消，航空公司应免费向旅客提供膳宿等服务；由于天气、突发事件、空中交通管制、安检和旅客等非航空公司原因，在始发站造成的延误或取消，航空公司可协助旅客安排餐食和住宿，费用应由旅客自理。

7. 机场建设费

每一位在中国境内乘坐国内、国际航班的旅客都须交纳机场建设费（持外交护照旅客、24 小时内过境旅客、12 周岁以下儿童除外）。乘坐国内干线航班旅客，收取 50 元/位；支线航班旅客，10 元/位；乘坐国际航班旅客，90 元/位。

（二）铁路旅行常识

1. 旅客列车

旅客列车分为国际旅客列车和国际旅客列车。国内旅客列车按车次前冠有的字母或4位阿拉伯数字的不同分为：

（1）车次前冠有字母"T"的列车为特快旅客列车。

（2）车次前冠有字母"K"的列车为快速旅客列车。

（3）车次前冠有字母"G"的列车为高速铁路动车组列车。自2011年6月30日正式运营。

（4）车次前冠有字母"D"的列车为普速铁路动车组列车。自2007年4月18日铁路第6次大提速后开通。

（5）车次前冠有字母"C"的列车为城际动车组列车。2008年8月1日中国第一条城际铁路——京津城际铁路开通运营，列车最高时速为358千米。

（6）车次前冠有字母"L"的列车为春运、暑运期间增开的临时旅客列车。

（7）车次前冠有字母"Y"的列车为旅游旺季增开的临时旅游列车。

（8）车次前有4位阿拉伯数字开头的列车分为普通旅客列车（1×××、2×××、3×××、4×××、5×××）和普通旅客慢车（6×××、7×××、8×××）。

列车座别分为软席和硬席，具体又可分为软席座位、硬席座位、硬席卧铺、软席卧铺。

2. 车票

车票是旅客乘车的凭证，包括客票和附加票两部分。客票分为软座、硬座；附加票分为加快票、卧铺票、空调票。

身高1.2～1.5米的儿童乘车，须购买半价票，并购加快票及空调票；超过1.5米的儿童应购买全价票；身高1.2米以下的儿童乘车免票，但每位成年旅客只准携带一名免票儿童，超过的人数应购买儿童票。

3. 车票变更

（1）实名制购票。

乘车人凭有效身份证件购买车票，并持车票及购票时所使用的乘车人本人有效身份证件原件进站、乘车，但免费乘车的儿童及持儿童票的儿童除外。

电话订票时需输入有效身份证件号码，目前仅受理中华人民共和国居民身份证、港澳居民来往内地通行证、台湾居民来往大陆通行证、按规定可使用的有效护照4种证件。

在中国铁路客户服务中心网站（www.12306.cn）购票时，需先注册成为网站用户。注册人可为自己也可为他人购票，但均须准确提供乘车人的有效身份证件信息。购买学生票时，还须提供学校、优惠乘车区间等信息。在网站购买儿童票时，须提供乘车儿童的有效身份证信息；若儿童未办理有效身份证件，可以使用同行成年人的有效身份证件信息。

（2）退票。

①开车前15天（不含）以上退票的，不收取退票费。

②开车前48小时（不含）以上，可改签预售期内的其他列车；开车前48小时以内的，可改签开车前的其他列车，也可改签开车后至票面日期当日24点之间的其他列车，不办理票面日期次日及以后的改签；开车之后，旅客仍可改签当日其他列车，但只能在票面始发站办理改签。

③有纸质车票的退票应该在票面指定的开车时间前到车站办理,特殊情况经购票地车站或票面乘车站站长同意的,可在开车后 2 小时内办理,退还全部票价,核收退票费。团体旅客必须在开车 48 小时以前办理,退换带有"行"字戳的车票时,应先办理行李变更手续。

旅客开始旅行后不能退票,但在因伤、病不能继续旅行时,凭列车开具的客运记录,可退换已收票价与已乘区间票价的差额;开车后改签的车票不退;站台票售出不退。

4. 车票丢失

旅客在乘车前丢失车票,应另行购票;在乘车旅行中丢失车票,应从发现丢失车票的车站起补全票价,核收手续费;不能判明是否丢失车票时,按无票旅客处理。

5. 行李

火车旅客可免费携带的行李物品,一般外交人员不超过 35 千克,一般旅客 20 千克,儿童(包括免费儿童)不超过 10 千克。携带物品外部尺寸(长、宽、高的总和)最大不超过 160 厘米,杆状物不超过 200 厘米,适用于放在行李架上或座位下边,并不妨碍其他乘客乘坐。

列车禁止携带的行李物品有:危险品(如雷管、炸药、鞭炮、汽油、煤油、电石、液化气体等爆炸、易燃、自燃物品和杀伤性剧毒物品);国家限制运输品;妨害公共卫生安全的物品;动物及损坏、污染车厢的物品。

限量携带的物品为:气体打火机 5 个;安全火柴 20 盒;不超过 20 毫升的指甲油、去光剂、染发剂;不超过 100 毫升的酒精、冷烫精;不超过 600 毫升的摩丝、发胶、卫生杀虫剂、空气清新剂;初生雏 20 只。

(三)水路旅行常识

1. 航运知识

中国水路交通分为沿海航运、内河航运两大类。我国沿海和江湖上的客轮大小不等,设施设备、服务条件也有较大差别。大型客轮的舱室一般分为五等:一等舱(软卧 1~2 人)、二等舱(软卧 2~4 人)、三等舱(硬卧 4~8 人)、四等舱(硬卧 8~24 人)、五等舱(硬卧),还有散席(包括座席)。

2. 船票

船票分为普通船票和加快票,又可分为成人票、儿童票(1.2~1.5 米的儿童)和残疾人优待票。

3. 船票丢失

旅客在乘船前丢失船票,须另行购票;旅客上船后丢失船票,如能提供足够证明,在确认后无须补票;不能证明时,按有关规定处理。

4. 行李

乘坐沿海和长江客轮,持全价票的旅客可随身携带免费行李 30 千克,持半价票和免票儿童可携带 15 千克,每件行李的体积不得超过 0.2 平方米,长度不超过 1.5 米。乘坐其他内河客轮,免费携带的行李分别为 20 千克和 10 千克。

下列物品不准携带上船:法律限制运输的物品;有臭味、恶腥味的物品;能损坏、污染船舶和妨碍其他旅客的物品;爆炸品、易燃品、自燃品、腐蚀性物品、有毒性物品、杀伤性物品以及放射性物质。

（四）公路旅行常识

公路交通服务是旅行社为旅游者提供的以汽车为交通工具的旅游服务方式，主要适合于市内游览和近距离目的地之间的旅行。另外，一些民航交通和铁路交通欠发达的内陆地区，公路客运交通则成为主要旅游交通方式。

1. 营运客车的种类

用于公路交通的营运客车按舒适度分为普通客车、豪华客车；按座位设置可分为小型客车、中型客车、大型客车。

2. 公路交通的优缺点

公路交通最大的优点是方便，旅游者能够乘汽车前往任何有公路的旅游景点参观游览。另外，旅游者乘坐汽车旅行时可顺便在途中游览当地景点。

公路交通的缺点很明显：乘坐汽车的旅行社的速度和活动范围受到一定限制；汽车运载的旅客人数有限；造成空气污染和噪声污染。

3. 购票与退票

（1）享受购票优惠。

根据交通部规定，享受半票的对象有两类：一是身高在 1.2～1.5 米之间的儿童，超过 1.5 米的儿童须购买全票，持一张全票的旅客可以免费携带一名身高 1.2 米以下的儿童，但不提供座位；二是革命伤残军人，须凭民政部门颁发的革命伤残军人抚恤证购买。

（2）旅客退票。

退票应在当次班车规定开车时间 2 小时前办理，最迟在开车后 1 小时内办理。开车 1 小时后以及车上发售的客票和签证改乘的客票均不办理退票。旅客退票，按以下规定收取退票费：班车开车时间 2 小时前办理退票，按票额 10% 收取退票费。2 小时内办理退票按票额 20% 收取退票费。班车开车 1 小时以内办理退票，按票额 50% 收取退票费。

二、电信知识

1. 电话业务

电话是一种普遍应用、深受人们喜爱的通信手段。了解电话业务的基本知识和操作技能，对导游人员顺利开展工作，具有十分重要的意义。

电话费用一般由拨打者自理，但也有"受话人付费电话"，即发话人挂号时申明受话人付费的电话，目前该业务原则上只对与我国有直达电路的国家和地区开放。

此外，电信部门也开发了磁卡电话业务，即通过磁卡电话机，用户利用磁卡实现通话的一种简便通话方式。打电话前，用户须事先根据需要购买不同面值的磁卡。

若用户希望直拨国内、国际电话，必须知道有关国家和地区城市的电话代码。例如，中国：北京 010，广州 020，上海 021，天津 022，哈尔滨 0451，厦门 0592，深圳 0755 等；国际：中国 86，美国 1，加拿大 1，俄罗斯 7，法国 33，英国 44，德国 49，澳大利亚 61，日本 81 等。

直接拨打国内电话顺序：城市代码＋用户电话。例如，拨打上海 632172×× 的电话时，拨 021632172×× 即可。

直接拨打国际电话顺序：00（国际字冠）＋国家（或地区）代码＋用户电话。例如，拨打法国巴黎（巴黎代码 01）的 422468×× 的电话时，拨 00331422468×× 即可。注意：巴黎代码为 01，但在直拨国际电话时只需要拨 1 即可。

2. 传真业务

传真是旅游联系的快捷通信方式，它可以传送团体签证以及有领导人签字的文件、照片、图纸等真迹。传真克服了电报、电传等只能传递文字但不能传递文件原样的缺点。发国际、国内传真办法与打国际、国内长途电话一样，先拨通对方国家、地区传真代码（同国际电话、国内长途电话的代码），然后发出传真即可。传真计费同电话。

3. 网络宽带

人们还可以利用 E-mail、QQ、MSN 等进行传递文件、发送计划等行为，使旅游行业在线上得到更为深入的发展。

案例分析

游客在中途转机，询问是否再需交纳机场建设费，导游员该怎么办？

分析：遇到需要在机场中转的情况后，游客不太清楚民航有关方面的规定，导游员要热情详细地介绍这方面的情况，使游客对民航的规定有所了解。

交纳机场建设费是民航交通部门的有关规定，也是每位乘坐民航飞机的游客应尽的义务。导游员要告诉游客，在我国机场乘坐国内和国际航班的旅客，有以下情况的无须再次交纳机场建设费：①在国内机场中转未出隔离厅的国际旅客。②乘坐国际航班出境和乘坐港澳地区航班出境持外交护照的旅客。③持半票的12周岁以下的儿童。④乘坐国内航班在当日中转（停留不超过8小时）的旅客。导游员讲清了以上的情况，游客自然会知道自己该怎么做了。

任务实施

【实训项目】熟知航空旅行相关规定。

【实训内容】

（1）教师给出案例。

2016年3月，北京的李某和刚结婚的妻子乘飞机去上海旅游，二人在沪期间购买了许多服装和特产。返回时，他们购买了打折的普通舱机票，在办理登机手续时，因他们随身携带物品重为50千克，工作人员要求其补交超标运费。李某认为两人携带的物品不超标，是机场工作人员故意与他们过不去，遂与机场的工作人员争吵起来。机场工作人员耐心地向他们介绍了机场的有关规定，李某夫妇二人才心服口服地补交了运费，登上了返程的飞机。

请问：机场工作人员要求补交运费是否合理？李某夫妇选择哪种舱位可以不用补交运费？

（2）学生分组讨论，总结问题答案，并进行情景模拟展示。

（3）小组互评为主，教师点评为辅。

【实训考核】教师根据答案结果与情景模拟的正确性打分。

任务四　货币、保险知识

任务介绍

通过对货币、保险等知识的学习，能够扩展导游员知识面，提高导游员综合素质，增强导游员服务效果。

任务目标

（1）掌握旅游行程中必备的货币常识。
（2）掌握旅游行程中对应的保险知识。

任务导入

人类的旅游活动作为一种社会经济现象，离不开货币的参与和使用。随着社会的发展，货币的概念越来越丰富，内容也日趋复杂。导游适当了解和掌握一些货币知识非常重要。

保险是一种特殊的风险转移机制，在旅游过程中，可以为遭受风险损失的游客提供一定的经济补偿，是旅游行为中必不可少的风险规避机制。

相关知识

一、货币知识

（一）外汇

外汇是以外币表示的可用于国际结算的一种支付手段，它包括外国货币（钞票、铸币等）、外币有价证券（政府公债、国库券、股票、息票等）、外币支付凭证（票据、银行存款凭证、邮政储蓄凭证等）、其他外汇资金。

1. 我国的外汇政策

我国对外汇实行由国家集中管理、统一经营的方针。在中国境内，禁止外汇流通、使用、质押，禁止私自买卖外汇，禁止以任何形式进行套汇、炒汇、逃汇。1996年11月底，我国宣布实行人民币经常项目下的可兑换。

2. 海外旅游者携带外汇入境的规定

旅游者携带入境的外币和票据金额没有限制，但入境时必须如实申报；在中国境内，旅游者可持外汇到中国银行及各兑换点兑换，但要保存好银行出具的外汇兑换证明（有效期为半年）。离境时，人民币如未用完，可持外汇兑换证明将其兑换回外汇，最后在海关检验申报单后，可将未用完的外币和票据携带出境。

3. 中国银行可兑换的外币

在中国境内，澳大利亚元、欧元、加拿大元、丹麦克朗、日元、马来西亚元、挪威克朗、新加坡元、瑞典克朗、瑞士法郎、英镑、美元、港元等货币可兑换成人民币。泰国铢和菲律宾比索在侨乡的个别中国银行兑换。台胞携带的台币，中国银行可通融兑换成人民币。

4. 我国旅游者携带人民币和外币出境的规定

我国海关规定，出境人员携带不超过5 000美元（或等值）外币现钞出境的，无须申领"携带外汇出境许可证"，海关予以放行；携带外币现钞金额在5 000美元以上至1万美元（或等值）的，应向外汇指定银行申领"外币携带证"，海关凭加盖外汇指定银行印章的"外币携带证"验放；除特殊情况外，出境人员原则上不得携带超过1万美元（或等值）的外币现钞出境。另外，旅客携带人民币现钞进出境限额为 2 万元，超出限额的禁止进出境。

（二）旅行支票

旅行支票是银行或旅行社为方便旅行者，在旅游者交存一定金额后签发的定额票据。购买旅行支票后，旅行者可随身携带，在预先设定的银行、旅行社的分支机构或代理机构凭票取款，比带现金旅行安全便利。购买旅行支票时，旅行者要当场签字，作为预留印鉴；支取款项时，必须当着付款单位的面在支票上签字；付款单位将两个签字核对无误后，方予付款，以防冒领。中国银行在收兑旅行支票时，要收取 7.5‰ 的贴息。旅行支票在兑换时，因银行或旅行社可占用一定时间的资金，汇率因此高于现钞汇率。

（三）信用卡

信用卡是银行或信用卡公司为提供消费者信用而发给客户在指定地点支取现金、购买货物、支付劳务费用等的信用凭证，实际上是一种分期付款的消费者信贷。信用卡上印有持卡者姓名、账号、签字有效期、防伪标记等。

信用卡的种类很多，按持卡人的资信程度可分为普通卡、金卡、白金卡（其资信程度依次递增）；按发卡机构的性质可分为旅游卡（由商业、旅馆、服务等部门发出）、信用卡（银行或金融机构发出）；按使用地区分为世界通用卡、地区用卡。

为了避免风险，发卡机构对其发行的信用卡规定使用期限一般为 1~3 年，并规定一次取现或消费的最高限额。

中国银行于 1986 年 6 月发行了人民币长城信用卡，中国工商银行 1989 年 10 月发行了人民币牡丹卡。

我国目前受理的主要外国信用卡有 7 种：万事达卡、维萨卡、运通卡、大莱卡、JCB 卡、百万卡、发达卡。

二、保险知识

保险即个人或企业通过付出一笔已知的保险费为代价，将事故损失转移给保险公司承担的行为。

（一）旅行社责任险

旅行社责任险是指旅行社根据保险合同的规定，向保险公司支付保险费，保险公司对旅行社在从事旅游业务经营活动中，致使旅游者人身、财产遭受损害应由旅行社承担的责任，赔偿保险金责任的行为。

为保障旅游者合法权益，2001 年 5 月国家旅游局公布，于 2001 年 9 月 1 日实施的《旅行社投保旅行社责任保险规定》中规定，旅行社必须投保旅行社责任保险。即使参团的旅游者自己没投保，一旦发生意外事故，只要责任出在旅行社，也照样可以获得相应赔付。

（二）旅游者个人投保

一般游客出游可购买常见类型的保险：

1. 旅游人身意外伤害保险

每份保险费 1 元，保险金额 1 万元，一次最多可投保 10 份。保险期限为从购买保险进入旅游景点或景区时起，至离开景点或景区时止，常用于有一定危险的旅游项目。

2. 个人旅游意外保险

个人自愿投保的人寿保险之一，保险范围没有规定必须是旅行社安排的行程期间，更多的针对自助旅游。投保有年龄限制。

3. 旅游救助保险

旅游救助保险是指在异地出险，对当地医院、救援机构不了解的情况下，由保险公司通过全球救援网络安排施救。旅游中一旦发生意外事故，国际通常的做法是提供旅游援助，游客会随身携带一张救援卡，一旦发生意外情况，可拨打保险公司的24小时救助电话，援助公司就会及时联系当地援助组织给予相应的救助。

来华旅游者大多在国外购买了旅行意外伤害保险，但入境后，外国旅游团一般都自动加入中国的保险。我国各大旅行社都与中国人民保险公司总公司签订了有关协议。

案例分析

地陪导游小张带着二十几个人的日本团在茶叶店参观中国的茶道，听完茶博士的讲解，客人对中国的茶道很感兴趣，在大量地购买本地的茶叶时，突然听到"咚"的一声响，回头一看，一名坐在桌子边喝茶的女性客人倒在了地上。小张赶紧冲了上去，只见那客人倒在地上，双眼紧闭，口吐白沫，双手紧抓胸口。小张怀疑是心脏病，并迅速地叫领队招着病人的人中，回头喊着："谁是病人的亲戚，有没有救急药？"客人的老公跑过来，从口袋里掏出一个药瓶，取出两片药给病人服下，过了半分钟，病人呼出了一口气，醒了过来。但病人仍然是脸色苍白，双眼紧闭。"怎么办啊？"女领队抓着小张的手急得要哭了。这时小张应该怎么办？

分析： ①小张可以镇静地对领队说："你，还有病人的老公守着病人，就这样让她躺着，我去叫急救中心的救护车。"②紧急拨打120急救中心电话。③拨打旅行社经理的电话，说明发生的情况，请求旅行社派人来协助。④如经过医生的救护，病人可以清醒，但要到医院做进一步检查，则应与领队协商，请领队及病人的老公一起随救护车去医院护理。⑤小张应带其他的客人继续游览今天的行程。⑥将处理结果通知还在半路的经理，请经理直接到医院去看望病人。⑦小张应回到车上继续安慰其他客人的情绪，告诉他们病人将很快痊愈归队，以安抚游客情绪。⑧当日行程结束后，小张也应赶到急救中心看望病人。

任务实施

【实训项目】掌握旅行途中必备的保险常识。

【实训内容】

（1）教师给出案例。

2015年11月5日6时30分左右，某省C旅行社组织的旅游团队乘坐的依维柯客车在山东日照至东明县的高速公路上，在大雾中与一辆行驶较快的大货车发生追尾事故。客车上16人当场死亡，另外2人不久先后死亡。事后，当地旅游局（组团社所在地）负责人对事故处理情况进行通报：酿成本次事故的主要原因是大雾，依维柯客车及前后车辆均负有一定责任，组织本次旅行的旅行社不负责任。因为该社在车辆、司机、导游、行程安排等方面均符合相关规定，而且除为自身办理旅行社责任保险以外，还主动为18名车上人员办理了人身意外保险。

请问：外出旅游应否进行旅游保险？旅行社为什么要主动为游客垫付保险费？

（2）学生分组讨论，总结问题答案，并进行情景模拟展示。

（3）小组互评为主，教师点评为辅。

【实训考核】教师根据答案结果与情景模拟的正确性打分。

任务五　卫生常识及其他

任务介绍

通过对卫生知识及其他常识的学习，能够扩展导游员知识面，提高导游员综合素质，增强导游人员服务效果。

任务目标

（1）掌握晕机（车、船）、食物中毒、中暑、心脏病、骨折、蝎蜇伤、蜂蜇伤、蛇咬伤、流感、传染病的处理方法。
（2）掌握国际国内时差、度量衡的换算方法。

任务导入

旅游者对安全的需要是仅次于旅游途中生理需求的一种要求。外出旅游过程中，为了使旅游活动得以顺利进行，保护好旅游者的安全，使其在欣赏美景与尽情娱乐的同时，能够远离旅游过程中的潜在风险，是导游员的职责之一。为此，导游人员应掌握必要的卫生常识与其他知识，增强处理突发事件的能力，从而顺利完成整个旅游行程。

相关知识

一、卫生常识

（一）晕机（车、船）

旅行前，导游应提醒有晕机、晕车、晕船病史的旅客在行前不能饱食，并请其服用适量药物（药物由其自备或遵医嘱）；行程开始时，请其坐在较为平稳的座位上（每种交通工具各不相同，晕车者最好坐在车前部、靠窗位置；晕船者最好坐在船尾），并与车船行进方向保持一致；长途旅行中若游客突然出现晕机（车、船）现象，导游人员则可请乘务员协助。

（二）食物中毒

食物中毒常见症状为上吐下泻，其发病急、发病快、潜伏期短，如果救治不及时则很可能有生命危险。导游人员在发现游客食物中毒后，应让其多喝水促进排泄以缓解毒性，严重食物中毒者应立即送医院抢救。食物中毒多由饮食不卫生引起，导游人员应带领游客在定点餐馆用餐，并时刻不忘提醒游客不要随意食用小摊上的食品。

（三）中暑

中暑患者常见症状为：口渴、头昏、眼花、胸闷、大汗、恶心、呕吐、发烧等，严重者神志不清甚至昏迷不醒。人长时间身处暴晒、高温、高湿环境中极容易中暑，尤其是盛夏旅游时。若发生此类情况，导游人员应将中暑者置于阴凉通风处平躺，解开衣领，放松裤带；

可能时让其饮用含盐饮料；对发烧者要用冷水或酒精擦身散热；缓解后让其静坐（卧）休息。严重者在做必要处理后应立即送往就近医院。

（四）心脏病

当游客心脏病猝发时切忌将患者随意挪动，抬或背去医院，而应让其就地平躺，略微抬高头部，由患者亲属、境外领队或其他游客从患者口袋中寻找备用药物令其服用；同时，地陪应主动迅速联系附近的医院或请急救医院让医生前来救治，待患者病情稳定后尽快送至医院接受下一步治疗。

（五）骨折

游客发生骨折时应尽快送到医院救治，在这之前，导游人员应做力所能及的初步处理。

1. 止血

如伴随骨折出血应及时止血。止血常用方法有：手压法，用手指、手掌、拳等在伤口靠近心脏一端压住血管止血；加压包扎法，在创伤处铺敷料，用绷带加压包扎；止血带法，用弹性止血带绑在伤口靠近心脏一端大血管处止血。

2. 包扎

导游在位患者包扎前最好要清洗伤口。包扎时动作要轻柔，松紧要适度，绷带的结口不要在创伤处。

3. 夹板

导游应就地取材为骨折患者上夹板，用以固定两端关节，避免转动骨折肢体。

（六）蝎、蜂蜇伤

当游客被蝎、蜂蜇伤时，导游人员要设法将毒刺拔出，用口或吸管吸出毒汁，然后用肥皂水，条件许可时用5%苏打水或3%淡氨水洗敷伤口，服用止痛药。导游人员或旅游者中如有辨识中草药者，可用大青叶、薄荷叶、两面针等捣烂外敷。严重者应送医院抢救。

（七）蛇咬伤

旅游者如被蛇咬伤，无论是不是毒蛇，都应按毒蛇处理。导游人员应力所能及地及时采取以下措施：蛇如果咬伤处在手臂或者腿上，可在咬伤处上方5~10厘米处，用一条带子绑住，但每隔半小时放松几分钟，以免阻断血液循环，造成组织坏死；在医护人员治疗前，应帮助游客用肥皂水或者清水清洗伤处，或用消毒过的刀片在毒牙处切一道深约半厘米的切口，切口方向应与肢体纵向平行，然后用嘴将毒液吸出吐掉。

（八）流感

流感治疗主要以解热止痛、防止继发性细菌感染为主。除了多休息，多饮水外，常用的感冒药有速效伤风胶囊、银翘片、感冒通等，补充适量的维生素C也有一定的辅助疗效。旅行中如携带有板蓝根冲剂等，可以饮用以尽早防治。

（九）传染病

烈性传染病如禽流感、"非典"等只有尽量预防，养成良好的生活方式对预防传染性疾病非常重要。平时应加强锻炼，按时休息，避免旅游途中过度劳累。如发现疫情，应尽量避免与患病者直接接触，保持室内空气流通，尽量少去空气不流通场所。注意个人卫生；用正确的方式洗手；打喷嚏时掩住口鼻；发现传染病患者，应尽快与当地卫生防疫部门取得联系，用专业方法实施救援。

二、其他常识

（一）国际时差

英国格林尼治天文台每天所报的时间，被称为国际标准时间，即"格林尼治时间"。

人们日常生活中所用的时间，是以太阳通过天体子午线的时刻——"中午"作为标准来划分的。每个地点根据太阳和子午线的相对位置确定本地时间，称为"地方时"。

地球每24小时自转一周，每小时自传15度。自1884年起，国际上将全球划分为24个时区，每个时区的范围为15个经度，即经度相隔15度，时间差1小时。以经过格林尼治天文台的零度为标准线，从西经7度半到中经7度半为中区（称为0时区）。然后从中区的边界线分别向东、西每隔15度各划一个时区，东、西各有12个时区，而东、西12区都是半时区，合起来称为12区。各时区都以该区中央经线的"地方时"为该区共同的标准时间。

北京位于东经116度24分，划在东八区，该区的中央经线为东经120度，因此"北京时间"以东经120度的地方时作为标准时间。中国幅员辽阔，东西横跨经度64度，跨5个时区（从东五区到东九区），为方便起见都以北京时间作为标准时间。

北京位于东八区，当中午12点时，首尔、东京位于东九区，为13时；莫斯科位于东三区，为7时；开罗位于东二区，为6时；巴黎、柏林位于东一区，为5时；伦敦位于0时区，为4时；纽约位于西五区，为上一天的23时。

（二）度量衡

世界范围内的度量衡有多种，导游人员在带团过程中经常会遇到此类换算问题，因此我们应牢固掌握这些常识，为自己的工作带来便利。

1. 长度

1 公里 = 2 里 = 0.621 4 英里 = 1 千米

1 海里（英制）= 1.852 千米 = 1.150 8 英里 = 3.704 里

1 米 = 3 尺 = 1.094 码 = 3.280 8 英尺

1 尺 = 0.333 米 = 0.364 5 码 = 1.094 英尺

1 英尺 = 0.304 8 米 = 0.333 3 码 = 0.914 4 尺

2. 体积

1 升 = 0.22 加仑（英制）

1 加仑（英制）= 4.546 升

3. 重量

1 千克 = 2.204 62 磅 = 35.274 0 盎司

1 磅 = 0.453 59 千克 = 16 盎司 = 0.907 2 斤（9.072 两）

1 克拉（宝石）= 0.2 克

1 盎司（金衡）= 141.75 克拉 = 0.567 两

4. 面积

1 平方千米 = 100 公顷 = 1 500 亩 = 0.386 1 平方英里

1 平方英里 = 2.59 平方千米 = 259 公顷 = 3 885 亩 = 648 英亩

1 公顷 = 0.01 平方公里 = 15 亩 = 2.471 英亩

1 亩 = 0.165 英亩 = 0.066 7 公顷

5. 温度

温度测算标准有两种，分别是摄氏度（℃）和华氏度（℉）。在我国，习惯于以摄氏度测算温度。换算公式为：

$$摄氏度 = 5/9 \times (华氏度 - 32)$$

例如 90 华氏度换算成摄氏度为：$5/9 \times (90 - 32) = 32.2$，即 90 华氏度 = 32 摄氏度。

$$华氏度 = 摄氏度 \times 9/5 + 32$$

例如 30 摄氏度换算成华氏度为：$30 \times 9/5 + 32 = 86$，即 30 摄氏度 = 86 华氏度。

任务实施

【实训项目】掌握被蛇咬伤的处理办法。

【实训内容】

（1）教师给出案例。

2016 年 5 月，导游小徐在带团游览沈阳世博园时，突然一名游客被蛇咬到了脚踝部位，请问小徐该如何处理这一情况呢？

（2）学生分组讨论，总结问题答案，并进行情景模拟展示。

（3）小组互评为主，教师点评为辅。

【实训考核】教师根据答案结果与情景模拟的正确性打分。

实训部分

情景一

景区景点导游人员服务程序与规范

项目分析

景点导游讲解是导游人员最基本、最重要的技能。服务的内容相对单一,主要包括翻译、讲解、向导、景区购物服务。核心服务内容是讲解服务及突发事件的处理。地陪导游人员和景区讲解员均可承担景区景点导游讲解任务。从客观上讲,景区导游对景区情况比地陪导游熟悉,讲解效果和客人的感受都会更好一些。

学习目标

(1) 知识目标:了解景区导游服务流程,通过导游讲解工作使游客对景区景点或参观地的全貌有较为全面的了解,并增进游客对保护环境、生态系统或历史文物等重要性的认识。

(2) 能力目标:导游讲解能力,规范服务能力,事故预见、防范和处理能力,自主学习和创新能力。

(3) 素质目标:良好的职业道德、敬业乐业精神和责任意识。

任务一 准备工作

任务介绍

景区景点导游人员的准备工作包含两部分内容:一是景区知识、讲解技巧和应变能力的准备,这是一个长期的过程,需要在工作中慢慢积累;二是就某一特定旅游团队(或散客)的到来而进行的准备。准备工作是景区景点导游人员责任心和上进心的具体体现。

任务导入

导游故事：一名景区导游的酸甜苦辣（牟氏庄园景区导游林艳）

在很多人眼中，导游是一个让人羡慕的职业。做导游可以免费游历美不胜收的景区风光，丰富自己的阅历和见识，然而，这种光鲜背后的辛酸却是鲜为人知的。在山东栖霞的牟氏庄园，景区导游们讲述了自己的辛劳旅程。

景区导游林艳告诉记者，跟景区里的其他导游一样，她的包里总是会备着喉宝含片，在嗓子哑时缓解肿痛。牟氏庄园现在有17名导游，在旅游旺季时，每个导游每天大概要讲解六七圈，即使进入了旅游淡季，每天也要讲解三四圈。也就是说，在每天8个小时的工作时间里，导游们有4个多个小时是在向游客介绍景点。

林艳说，有时候早上我还没来的时候，游客就已经来了。中午我们正常11点半下班，有时候加班要到下午1点多，基本上中午就没有休息时间了，吃饭要抽空儿吃。

在酷暑寒冬的季节，景区导游们面临着更大的考验。与随团导游不同，景区导游受到工作环境的限制，在着装上要求严格。夏天，导游们要顶着30多摄氏度的烈日为游客讲解景色；冬天，庄园要求导游不能穿过于厚重的外套和戴特别夸张的手套，因而中暑或冻伤的情况时有发生。

在很多情况下，导游们不仅要承受身体上的劳累，在心理上也常常承受着各种各样的压力。有些时候，景区导游会遇到一些脾气暴躁的游客，有的游客甚至会对导游恶语相向。但是牟氏庄园的导游科有一个规定，导游不能对游客的刁难还嘴。虽然导游们有时会感到非常委屈，但是他们依然微笑着迎接每一个游客。

在很多人看来，景区导游每天都在重复地说着同一套解说词，枯燥乏味在所难免。对于导游而言，虽然导游词是不变的，但是在面对不同的游客时，讲解的语气、侧重点都要有所不同。

林艳说：像是对老人吧，你要语速慢一点，因为他们毕竟腿脚不太灵便，咱家也都有老人嘛，要体谅一下；像是对一些专业人士吧，有一些专业性的东西太强了，我们还是讲不了，得慢慢学习，从他们身上也可以学到很多东西；对一些小孩吧，要讲一些趣味性比较多的（内容）；一般成年人吧，讲得详细一点或者跟着他们的兴趣走。

导游科副科长杨华说，虽然很多导游已经有着丰富的经验，但是导游们上班后的第一件事就是晨练。这已经成为大家每天必修的功课。这种训练可以让导游保持良好的发音状态，同时也是对形体、普通话等其他素质的练习。

据统计，牟氏庄园每年接待游客量约50万人，庄园每名导游每年平均要接待游客近3万人。林艳说，在导游的岗位上，不仅可以接触到各行各业的人，更可以在与游客的交流中培养个人的素质，学习到书本上学不到的东西。……全国大大小小的庄园，毕竟游客是走得多，看得多，每个人的心得体会也不一样，传达给我们的信息也不一样，所以可以权衡一下、筛选一下，通过我们，再传递给其他的游客。

今年是林艳在景区做导游的第5个年头了。对于林艳而言，庄园里的每一个人和一草一木都已再熟悉不过，庄园就像她的家一样亲切、难舍。现在林艳和同事们又有了一个新目标，就是将庄园的导游形象打造成一个品牌，用自己生动的讲解，让更多的游客知道牟氏庄园、喜欢牟氏庄园。

资料来源：新华网山东频道（节选）

相关知识

一、掌握景区知识

景区知识对景区景点导游人员来说是熟烂于心的，关键在于景区景点导游人员如何灵活运用，并进行个性化和艺术化的处理。

（1）景区基本情况。包括景区概况、历史沿革、民间传说、历史或观赏价值、建筑特色和建筑风格、相关历史背景等。

（2）个人特色和提升。通过书籍或网络，更深入、系统地了解所在景区景点背景知识，比较国内外同类景区的特色，丰富自己对景区的理性认识，提出令人信服的个人见解，成为专家型导游。

（3）景区相关知识。掌握景区的管理规定、景区环境与文物保护知识、安全常识，并有机地融入景点讲解中。

二、熟悉团队情况

如果是提前预约的旅游团队，导游人员应详细了解旅游团的基本情况，如人数、类别（付费讲解或公益性讲解）、客源国或地区、抵达的具体时间等；若是临时性的旅游团队，导游人员应简单迅速了解旅游团基本情况，如成员人数、文化水平、职业背景、在本景区的停留时间等，以便导游人员有针对性地进行导游服务。

三、做好物质准备

（1）准备好导游讲解的器材或工具，如话筒、耳麦、导游旗、洞穴游览中的照明工具等。

（2）准备好可以分发给游客的导游图或其他相关资料，如景区宣传图册等。

（3）按规定要求做好形象准备，如着装、标志的佩戴等。

四、讲解技巧和应变能力

在景区导游讲解过程中，游客会提出很多问题；还有的游客喜欢与景区导游讨论、争辩，甚至故意给导游出难题。这就需要景区导游有豁达的胸怀，不厌其烦、虚心好学、宽容待人，让每一位提问的客人都得到足够的尊重。

掌握熟练的讲解技巧是做好景区导游的关键。景区导游面对的游客每天每团都不同，导游必须根据游客的文化水平、知识结构、游览季节和时间的差异，随时变换自己的讲解内容和讲解风格，提高讲解的针对性。

景区导游过程中，会有许多意料之外的事故发生，丰富的应变能力是景区导游应对和处理突发事故的基础，有助于减少事故损失，留给游客美好的旅游感受。景区导游应该在带团前对游览中可能发生的各种意外做出预案，备好有关联系电话，当意外发生时，才能从容应对，妥善处理。

导游人员的应变能力和讲解技巧的培养不是一朝一夕的过程，需要在工作中不断有意识地提升和积累。

任务实施

【景区调研】 学生以小组为单位，就当地某一知名景区，了解定点导游人员的纪律要求、着装要求、讲解器材配备、环境和文物保护要求、景点解说词等，并形成文字材料。

【小组合作探究】 学生以小组为单位，在景点解说词的基础上，进行相关资料的搜集、汇总、加工和整理工作，形成一篇有独到见解、独特风格的导游词。

任务二　景区导游服务流程

任务介绍

景区导游服务的区域严格限定于所在景区，一般按次并结合语种收费，也有一些景区实行免费服务或将费用包含在门票、观光车等费用中，不再单独收取。由于景区旅游线路有长有短，景区导游就有步行、乘观光车等多种陪团方式。

任务导入

有一个旅游团队来张氏帅府参观，并指定你担任导游讲解工作。面对不同年龄、性别、职业、阶层的旅游团（或游客），你能有针对性地开展工作吗？下面，就请你带领大家一起去领略张氏帅府的历史魅力吧！

相关知识

子任务一　接团并致欢迎词

景区导游一般在景区大门接团。见到团队后，应通过观察或向随团导游询问，简单地了解旅游团的基本情况，如成员文化水平和职业背景、在景区停留时间和旅游线路（根据客人时间并征求客人意见确定），要求态度热情友好，语言简单明了。然后将客人集中起来，正式开始景区导游工作。

致欢迎词的地点一般选择在景区大门，时间是景区导游第一次面对游客时。内容包括：向游客问好；介绍自己；表明热忱服务的态度；祝游客在本景区的游览活动取得圆满成功。

以张氏帅府为例：

尊敬的各位游客，大家好！首先让我代表自己和沈阳张氏帅府欢迎大家的到来。我是张氏帅府的专职讲解员张小宁，您叫我小宁就可以了。很幸运有缘为各位服务。在我的讲解过程中，如果您有什么意见和建议，敬请提出，我将竭诚为大家服务。小宁在这里祝大家心情愉快。……大家都是教师吧？（游客说不是）对不起，一见面就知道各位是有品位的客人。那敢问各位是……啊，大家都是白衣天使，敬佩敬佩！请问各位能在景区停留多长时间？（游客说一个半小时）那太好了，我们可以有充足的时间进行一次中国近代史的漫游。各位游客请注意，我们的游览开始了。

任务实施

【情景模拟】设定游客的文化层次和职业背景,以某景区景点导游人员的身份,有针对性地设计一段欢迎词并进行模拟展示。

子任务二 交代景区游览路线和注意事项

在致欢迎词后进行。地点选择在景区大门导游图前（个别景区门票上印有游览线路时,也可请游客边看线路图边听讲解）。景区导游应明确告诉游客景区的构成部分,游客在本景区游览的主要路线和所需时间,景区游览注意事项等。讲解线路和注意事项应简明扼要,尽可能让每一位游客听清楚,以免客在景区走失。

以张氏帅府为例：

各位游客,您现在看到的是张氏帅府的模拟沙盘。张氏帅府又称大帅府或少帅府,是20世纪初北洋政府元首、陆海军大元帅张作霖及其长子"千古功臣"张学良将军的官邸和私宅。帅府占地面积3.6万平方米,建筑面积2.76万平方米。它是由中院、东院、西院和院外几个不同时期、风格各异的建筑群构成的。中院是1914—1916年张作霖修建的具有传统式风格的三进四合套院,此院是仿清朝王府式建筑,青砖结构,坐北朝南,呈汉字的"目"字形,是帅府的早期公馆。东院是由小青楼、大青楼、帅府花园构成的。小青楼是1918年张作霖为他最宠爱的五夫人寿氏修建的。1928年皇姑屯事件中张作霖被炸成重伤,抬进小青楼一楼会客厅内,并谢世于此,终年为54岁。大青楼是1922年建成的仿罗马式青砖结构大楼,此楼内有闻名遐迩的老虎厅,杨常事件就在这里发生。西院是1930年张学良为他7个弟弟和张作霖几个夫人修建的7幢具有北欧风格的红楼,地基刚刚打好时,就发生了"九一八"事变,工程被迫停工。我们现在看到的这7幢红楼是日本人委托原荷兰建筑公司在原基础上修建的,所以,张学良和他的家人没有在这里居住过。东院外有一座日式的二层小楼就是赵四小姐楼,1929—1931年赵四小姐在这里居住过,她和张学良唯一的儿子张闾琳在这里生活了一年有余。赵四小姐楼前边是1925年修建的张家私家银行——边业银行,它当时是东北最大的银行之一,不仅拥有储蓄权,还拥有发行权。边业银行前边的同样是1925年修建的帅府办事处,又称帅府舞厅,当时很多重大的舞会都是在这里举行的。

各位游客,我们将首先游览院内部分,先走中院,再到东院,由于西院尚在维修,所以不对游人开放。然后我们将去院外部分参观赵四小姐楼和边业银行。由于参观多数是在室内,游人又很多,请大家尽量保持安静,同时相互关照,不要走失。我们的参观大概历时40分钟。其余的时间大家可以自由参观、拍照留念。根据地陪小姐的嘱托,请大家在11点整准时在正门处集合,谢谢大家合作！

任务实施

【情景模拟】以当地某旅游景点为背景,以小组为单位设计景点示意图前的解说词并进行模拟展示,并交代清楚游览路线和注意事项。

子任务三 讲解景区概况

在景区大门导游图前或能俯瞰景区全景的观景台、游人中心介绍景区概况,也可与交代景区游览路线和注意事项同步进行。讲解内容：景区名称由来，景区历史沿革，景区主要特色，景区品位和主要景点概况。（地陪往往在途中会对景区概况做简短介绍，导游人员可以灵活掌握。）

以抚顺新宾赫图阿拉城为例：

在游览开始前，我先将这里的基本情况大致介绍一下。"赫图阿拉"是满语，汉译为横岗。横岗之上就是驰名中外的后金政权第一首府、清代第一都城——赫图阿拉城。赫图阿拉是清太祖努尔哈赤的祖居之地。在努尔哈赤出生之前，这里已经成为其祖父觉昌安的山寨。明嘉靖三十八年（1559年），努尔哈赤生于该城。明万历四十四年（1616年），努尔哈赤在这里创建了史称后金的大金国，登基称汗，从此开始了统一东北女真的大业。

赫图阿拉城依山而筑，居高临下，三面环水，垒土围廊，地势南高北低，具有易守难攻之势。分内外两城，方圆10千米。内城主要住着努尔哈赤的眷属、亲戚，外城住着他的精锐部队，全城居住2万余户，计10万多人。当年的赫图阿拉外城，建有点将台、校场、仓库区和制造弓箭、铠甲的洪炉，这里主要是努尔哈赤演练兵马、囤积粮草、制造武器、驻扎部队的地方。内城则是政治、军事、文化的中心。内城设东、东南、北、南四门，四周是土石筑的城垣。这里不仅建有尊号台，即努尔哈赤登基称汗的金銮殿，又称汗宫大衙门。还建有八旗衙门、驸马府、关帝庙、城隍庙、地藏寺和显佑宫。清王朝入关进京后，又在这里兴建了守尉衙门、理事通判衙门、启运书院、文庙、诸阁祠等。当年的赫图阿拉内城，建筑辉煌，文化昌盛，10万金戈铁马穿行于此，10里商贾闹市热闹非凡。

然而，就是这样一座历史古都、文化名城，却毁于20世纪初在中国大地上爆发的日俄战争。1963年，赫图阿拉城作为满族的历史古城，被列为辽宁省重点文物保护单位。近年来，政府逐年投放资金，进行管理和修缮，使这座古老的城池逐渐恢复了历史原貌，成为国家AAAA级旅游景区。

现在，请大家随我一道进入老城参观游览。

任务实施

【情景模式】 以小组为单位，编写当地某景区景点的概况并进行模拟展示。

子任务四　沿游览线路带游客游览并提供讲解服务

从大门开始沿游览线路边游边讲。除非团队时间有限不得不选择重点景点讲解外，应对沿途景点进行详细、全面的介绍。讲解中注意语音语速的控制，以每一位客人均能听清听懂为原则；每个景点讲完后，要给客人留下观赏和拍照的时间；等游客稍事集中后再开始下一个景点的讲解；留意客人的动向，及时提醒掉队的游客尽快赶上；做好安全提示工作，保护游客的人身财产安全；对老、弱、病、残游客和儿童多加注意与关照；自始至终与游客在一起活动，不得擅离职守。

以张氏帅府为例：

各位游客，我们现在来到了张氏帅府的中院——三进四合院。您现在所处的位置是三进四合院的一进院，我们常说的外宅，东厢房当年是内账房，主要掌握帅府的一切开支；西厢房是承启处，内设文武承启官，当年来帅府公干的人员都要通过承启处的通禀才能受到张作霖的召见。一进院和二进院由一道绿色的镂雕屏门相隔，它叫垂花仪门，当年张家有重要客人来访时，张作霖会亲自打开仪门，客人通过仪门进入二进院，工作人员、随从和普通客人只能从回廊两侧绕行进入二进院。今天各位都是贵客，请大家通过仪门进入二进院。

通过仪门您来到了二进院，二进院是三进四合院的核心部分，是张作霖早年办公和居住的重要场所。东西厢房当年是秘书长和普通秘书的办公室。正房是张作霖1916—1922年的办公室、议事厅、卧室和书房。正房东面是张作霖当年的办公室和卧室，办公桌前端坐的张作霖的蜡像是天津泥人张制作室依照老帅当年的照片一比一的比例制作的。张作霖是个短小精悍的人，他的实际身高只有1米58，但他是地道的东北人，1875年出生于辽宁省海城县（今为海城市）。悬挂在办公桌两侧的是我们后期临摹的张作霖的墨宝："书有未曾经我读，事无不可对人言。"意思是说：书有我张作霖没有读过的，但是我做的事没有不可以对别人说的。可见老帅当年心胸非常坦荡。卧室里悬挂的行书条幅也是后期我们临摹的张作霖的笔迹："智深需有忍，将勇贵能谋。"一个"忍"字，一个"谋"字，成就了张作霖一生的大业。西面是当年的议事厅和书房，议事厅两侧木柱上镌刻的是张作霖的墨宝"一九塞函谷，三箭定天山"，让我们看到了老帅当年豪迈的气概。老帅出身贫寒，只念过3个月的私塾，但是他非常喜欢文化、重视文化，我们沈阳的最高学府东北大学就是他当年一手创办的。

穿过二进院的中厅，我们来到了三进四合院的最后一个院落——三进院，三进院是早年张作霖几个夫人居住的地方，又称内宅。正房是二夫人和三夫人的居室，东厢房是四夫人的居室，我国海军参谋长张学思将军1916年出生在这里。张作霖的原配夫人赵夫人早逝于1912年，而帅府始建于1914年，因此赵夫人没有在帅府居住过。

大家现在所在的这个位置是帅府的东院。面前这座坐北朝南的仿罗马式大楼就是大青楼，因为它由青砖建成，故称大青楼。大青楼一楼南侧是于1929年1月12日成立的东北政务委员会的办公室，它当时是辽、吉、黑、热四省的最高权力机关。东北角是著名的老虎厅，因其摆放了汤玉麟送给张作霖的两只东北虎标本而得名，这里是杨常事件的发生地，所以老虎厅声名远扬。杨宇霆和常荫槐是张作霖主政时期的权臣，深受张作霖的重用和信任。杨宇霆是东北三省兵工厂督办兼张作霖的总参议，常荫槐是黑龙江省省长、京奉铁路局的局长。但老帅去世后，二人常以老臣自居，不把张学良放在眼里，公然与他作对。1929年1月10日，张学良命警卫处长高纪毅等人在老虎厅内就地枪决了杨、常二人。处决杨、常后，少帅树立了威望，也稳定了东北的政局。大青楼内装饰最豪华的厅室就是位于正北的张家当年宴请贵宾和聚餐的宴会厅。一楼西侧是张作霖后期的办公室和卧室，大青楼建成后张作霖即把二进院正房的办公室搬到这里来处理一些日常军政事务，这里的办公室和卧室是相通的，就像现在的套间一样。请大家到二楼参观，二楼是张学良和原配夫人于凤至的卧室、起居室和张学良办公室。张学良主政东北以后，大力发展东北的建设，短短3年时间，东北创造了中国现代化建设的十项第一。

张作霖偏宠五夫人寿懿，1918年在大青楼前面特意为她修建了一座小青楼。小青楼也是青砖建成的，所以和大青楼呼应而称小青楼。一楼西屋是小青楼会客厅，1928年6月4日皇姑屯事件中张作霖被炸成重伤抬回帅府，就是在这里去世的。群龙无首，为了稳定政局，寿夫人和一些东北政要商议决定对外秘不发丧，等待张学良回奉主持大局。为了掩人耳目，医生每天来看病开药，仆人照常送水送饭。东屋是寿夫人的卧室。日本人制造皇姑屯事件就是想除掉张作霖，趁乱发动进攻。可是帅府内外消息都封锁严密，日本人无法得知张作霖的生死，于是派驻奉天总领事林久治郎的夫人以看望寿夫人的名义到帅府探听虚实。寿夫人在卧室里接待领事夫人，寿夫人身着红装，言谈举止一如平常，她的从容让领事夫人深信作霖微受轻伤，只是受到惊吓暂时不能见客。日本人得知张作霖未死，不敢贸然行动。这也为张学良回到奉天赢得了宝贵的时间。请大家到二楼参观复原的六夫人房间和寿夫人子女房间。二楼西屋是六夫人马岳清的房间，马岳清早年是天津天宝班学唱戏的，1923年因长有福相被张作霖看中，初到帅府是以寿夫人贴身丫鬟的身份被安排在这个房间的，寿夫人对她多方照顾。皇姑屯事件中马夫人和张作霖同车并受轻伤，张作霖死时马夫人只有23岁。东屋是寿夫人子女房间，寿夫人为张作霖共生有四个儿子：学森、学俊、学英、学铨。东屋和西屋之间有一个明亮的大厅，是当年张作霖、寿夫人和其子女休闲聚餐的场所，当年张作霖大多时间都在小青楼与寿夫人和子女一道进餐。

帅府东院外有一座赭红色的二层日式小楼，就是赵四小姐楼，因1929—1931年赵四小姐在这里居住过而得名，后期又称为赵一荻故居。赵四小姐是1926年在天津蔡公馆的一场舞会上和张学良将军相识的，在此之后，她不顾家人的反对，随张学良来到奉天，最初在北陵的别墅居住。心胸宽阔的于凤至感念赵四的一片真情，力主用自己的私房钱将这座东院外原奉天省省长王永江居住的小楼买下来，并亲自督工设计，1929年年底赵四小姐搬来居住。赵四小姐楼总占地面积587平方米，建筑面积472平方米。一楼是门厅、餐厅、琴房，赵四小姐经常在琴房练琴，赵四小姐可以说是一位才女，会说英语，会弹钢琴；二楼是办公室、书房、卧室、用人房。赵四小姐楼是日式建筑，每个房间都是相通的。赵四小姐楼装饰豪华，有中式的描金彩绘，还有西式雕塑廊柱，是中西艺术的完美结合。

整个帅府到这里就全部参观结束了，很感谢大家的配合，希望您对我的服务还满意。

任务实施

【情景模拟】学生以小组为单位，遵循计划性、针对性、灵活性原则，对当地某一景区景点进行模拟导游讲解，并注重常用导游方法和技巧的运用。

子任务五 讲解结束时致简短的感谢词

内容包括：对所游览的景点进行小结；诚恳地征求游客对自己工作的意见和建议；欢迎客人下次光临，并祝愿客人一路平安。

以张氏帅府为例：

整个帅府到这里就全部参观结束了，在短短的40分钟内，我们做了一次中国近代史的漫游，不知您是否记住了"杨常事件"的大青楼，是否记住了"秘不发丧"的小青楼，还有一代红颜的"赵四小姐楼"。感谢大家的支持和配合，如有不周，敬请原谅。诚恳地希望您提出意见，留下建议。如果您满意，请您告诉您的朋友；如果您不满意，请您告诉小宁，小宁感谢您提供的这次免费培训的机会。再次感谢您的光临，让我们后会有期！

任务实施

【情景模拟】景点导游人员致欢送词。

情景二

地陪导游服务程序与规范

情景导入

早上8时，某旅行团全体成员已在车上就座，准备离开饭店前往车站。地方导游员A从饭店匆匆赶来，上车后清点人数，又向全程导游员了解行李情况，全程导游员告诉他全团行李一共16件，已与领队、饭店行李员交接过，此后A讲了以下一段话："女士们，先生们，早上好！我们全团15人已经到齐，好，我们现在去火车站，今天早上，我们乘9点30分的火车去下一地，两天来大家一定过得很愉快吧？我十分感谢大家对我工作的理解和合作，中国有句古话：相逢何必曾相识，短短两天，我们增进了相互之间的了解，成了朋友，在即将分别的时候我希望各位女士、先生今后有机会再来我市旅游。人们常说，世界变得越来越小，我们一定会有重逢的机会，现在我为大家唱一支歌，祝大家一路顺风，旅途愉快！（唱歌）好了，女士们，先生们，火车站到了，现在请下车。"请运用导游规范知识，分析导游员A在这一段工作中的不足之处。

分析：

（1）送团当天迟到。

（2）离店前没有亲自清点行李。

（3）出发前没有提醒游客清点随身物品。

（4）没有提醒游客与酒店结账，交客房钥匙。

（5）开车前没有再次提醒游客检查证件和随身物品。

（6）欢送词中没有征求游客的意见和建议。

（7）欢送词中没有回顾旅游活动。

（8）欢送词中没有致歉。

情景描述

导游服务工作是整个旅游服务过程中的核心和纽带，它把向旅游者提供的住宿、餐饮、交通、游览、购物、娱乐等服务环节连接起来，使相应服务的部门的产品及服务的销售得以实现，旅游者在旅游过程的种种需要得到满足。导游服务工作在此过程中实现其经济价值、社会价值，并发挥特有的政治功能，在旅游接待的全过程中起着关键作用。导游工作繁杂多变、服务范围广泛，又由于地陪和全陪导游服务工作是所有导游人员的服务中最典型、最基础的服务，本章重点介绍地陪导游人员的工作程序和规范。

学习目标

1. 知识目标

掌握地陪导游服务准备工作内容，包括接站服务、入店服务工作内容及程序；了解地陪导游服务工作要素；熟练掌握参观游览工作过程及注意事项；餐饮、娱乐、购物服务等旅游相关工作的熟练运用；掌握并做好送站服务以及后续工作。

2. 能力目标

熟练操作地陪导游服务工作内容，注意细节处理。

3. 素质目标

具备地陪导游人员的基本知识能力；养成较高的职业道德修养；完善地陪导游服务的实操能力。

情景内容

地陪服务程序是指地方陪同导游人员（以下简称地陪）从接受旅行社下达的旅游团接待任务起，到旅游团离开本地并做完善后工作为止的工作程序。

地陪服务是确保旅游团（者）在当地参观游览活动的顺利，并充分了解和感受参观游览对象的重要因素之一，地陪应按时做好旅游团（者）在本地的迎送工作；严格按照接待计划，做好旅游团（者）参观游览过程中的导游讲解工作和计划内的食宿、购物、文娱等活动的安排，妥善处理各方面的关系和出现的问题。地陪应严格按照服务规范提供各项服务。

任务一　准备工作

任务介绍

地方陪同导游人员是旅游计划在当地的具体执行者，地陪提供的导游服务是旅游团在当地顺利进行参观游览活动并帮助旅游者在当地充分享受旅游产品的使用价值的重要保证。

在当地导游服务过程中，地陪应按时做好旅游团在本地的迎送工作；严格按照旅游接待计划做好旅游团在本地参观游览过程中的导游讲解工作和计划内的食宿、购物、文娱等活动的安排；妥善处理各方面的关系和出现的问题。

任务导入

做好充分的接团准备工作，是整个导游工作顺利完成的重要保证。地陪的准备工作主要是业务准备、知识准备、物质准备、形象准备和心理准备。

相关知识

（一）业务准备

1. 熟悉、研究计划

地陪在旅游团抵达前应认真阅读《旅游团接待计划表》和有关资料，详细、确切地了解该旅游团的基本情况、日程安排及服务项目和要求，重要的事宜记录在陪同日志本上。根据计划，地陪要分析、掌握的内容是：

（1）组团社联络人的姓名及电话号码。

（2）境外组团社名称、旅游团的团号（境外组团社/国内组团社）、境外组团社自订房代号、国籍、语种、收费标准和方式、境外领队或全陪的姓名。

（3）团队构成情况，即国籍（省份、城市）、人数、姓名、性别、年龄、职业、文化层次、宗教信仰、风俗及饮食习惯等。

（4）全程旅游线路，入、出境地点及时间，旅游团的上一站所乘交通工具及班次，抵达时间。

（5）赴下一站的交通票据是否订妥，与原计划有无变更，及变更后的落实情况。

（6）有无返程票，若有则要查明落实情况。

（7）掌握团队的特殊要求和有关注意事项，如会谈、拜会、宴请、交流、风味餐、交通及需特殊照顾的老弱病残者等情况。

（8）是否需要办理通行证的游览项目，若有则要提前办好有关手续。

（9）有无增收费用的项目，如旅游车超公里费、额外游览项目、行李车费等。

（10）了解旅游团的接待标准及服务范围，如团内有无2周岁以下婴儿、12周岁以下儿童、餐饮标准、是否要提供残疾人服务等。

以上内容可以根据《旅游团接待计划表》和《旅游协议(合同)书》进行分析。

旅行团接待计划表

旅行社名称	（盖章）		电话	
团号	游客类别：国内　国际		游客人数：	其中儿童：
组团社名称	全陪及手机		领队及手机	
导游姓名	专职　兼职	手机	导游证号	
任务时间	年　月　日　至　年　月　日		天	

续表

交通情况	抵达	交通工具：	航（车）次		月	日	时
	离开	交通工具：	航（车）次		月	日	时
	旅游车	车型	座数	司机		手机	
住宿饭店				住宿天数			
游览景点							
用餐地点							
其他安排							
计调部负责人	（签名）			计调部电话			
注意事项及有关说明							

附：（1）旅行社须按要求填写，并加盖公章。
（2）详细游览活动日程可作为附件。
（3）导游员在接待游客时，须携带此计划表，并不得擅自改变计划表确定的行程。
（4）此表一式两份，一份由旅行社存档，一份由导游员携带供旅游管理部门检查。

2. 落实接待事宜

地陪应在旅游团抵达的前一天，与旅行社各有关部门或人员联系落实，检查旅游团的交通、住宿、行李运输等事宜。

（1）落实旅游车辆。地陪应提前与派车汽车公司联系，了解接待车辆的车型、车牌号及车内设备的完好程度，并对以上情况做书面记录；与司机约定碰面地点和出发时间（准确估计时间，提前半小时到达碰面地点）；接待大型旅游团时，须在车上贴有醒目的编号或接待标记。

（2）落实住房。地陪应熟悉旅游团所在饭店位置、概况、服务设施和服务项目；核实旅游团所订房型、房间数、是否含早餐等。如有必要，特别是接待重点团队，地陪可亲自前往饭店向有关人员当面了解团队排房情况，主动介绍团队的特点，与饭店销售及接待人员事先沟通，并配合做好接待工作。

(3) 落实用餐。地陪应提前与各有关涉外团体餐厅联系，确认旅游团日程中所含的每一次用餐情况。在预订用餐时，须讲明旅游公司名称、团号、人数、国籍（地区、城市）、餐饮标准、用餐日期和餐次、特殊要求等。如客人有特殊要求，地陪亦可请餐厅提供菜单给客人。最后记录接待人员的姓名和预定时间。

(4) 落实行李。地陪应提前同旅行社有关人员了解旅游团是否配备行李车，以及行李员的姓名、电话号码和会面地点（客人行李自带的情况除外）。

(5) 了解不熟悉景点的情况。对不熟悉的景点，地陪应事先了解行车线路、景点设施、位置及营业时间等情况；必要时，地陪可以先去踩点，以保证旅游活动的顺利进行。

(6) 与全陪联系。如所接待的旅游团是入境团（首站抵达），地陪应主动询问全陪情况，并与全陪取得联系，约定碰面地点和时间，一起提前前往机场（车站、码头）迎接旅游团。

（二）知识准备

在接团前，地陪要根据旅游团的特点和参观游览项目的安排，对自己和所接待的游客有充分的了解，做到知己知彼。

1. 参观游览项目知识准备

根据接待计划上确定的参观游览项目，对重点内容，特别是自己不太熟悉的内容，要提前做好准备，特别是语种导游员，要做好提供外语服务的专业词汇和导游知识方面的准备。

2. 游客信息准备

针对旅游团大部分成员所从事的职业，通过上网查询、阅读报刊、文章等要做好相关专业知识准备。准备好旅游者可能感兴趣的热门话题、国内外重大新闻等。

3. 即时信息准备

即时信息是指经常变化的信息，如导游人员应及时了解天气、交通、汇率等情况。

（三）物质准备

1. 领取必要的票证、表格及费用

地陪出发前要到旅行社相关部门领取团队接待计划表、团队名单、旅行社服务质量反馈表、餐饮结算单、门票结算单、团队费用拨款结算单等。地陪一定要注意，在填写各种票据时，具体数目一定要与该团的实到人数相符，人数、金额要大写。

×××旅行社餐饮结算单

编号： 　　　　　　　　　　　　　　　　　　　年　月　日

团号	项目	数量	单价	金额	
	游客餐费				
	陪同餐费				
	酒水费				
合　计					
导游员姓名		导游证号码		旅行社签发人	
接待单位		经手人		会计	

×××旅游景区门票结算单

编号：　　　　　　　　　　　　　　　　　　　　年　月　日

旅行社名称		时间	
团号		客源地	
团队人数（大写）		购票金额（大写）	
旅行社签发人		售票员	
导游员姓名		导游证号码	

2. 准备工作物品

导游证、导游旗、扩音器、旅游车标志、宣传资料、行李牌（或行李标签）、导游图、通信录等。

3. 准备个人用品

工作包、防护用品（帽、伞、润喉片）、必备现金、记事本、手机等。

（四）形象准备

导游人员在工作一开始就应注意树立自己的良好形象。第一印象之所以重要，是因为它常常关系着旅游者的信任，它会在陌生的旅游者心目中留下深刻的印象，成为对你最终评价的参考。导游人员是一名旅游服务人员，但旅游者往往首先将其看作一名中国人、当地人，是中国人的代表，是城市的形象。所以导游人员自身的形象美不仅仅是个人的行为。

形象美，主要是指人的内在美和外在美。内在美需长期努力培养，不是一朝一夕可以准备出来的。外在美经过修饰即可达到，所以地陪每次上团前要做好仪容、仪表方面的准备。

【补充材料：准备阶段礼仪】

（1）男女导游都要修饰仪容。头发要梳理整齐；女导游若化妆应淡雅适度；不用味道太浓的香水，指甲要常修剪，保持指甲清洁，不要留长指甲，也不要涂过艳的指甲油。男导游应修脸、刮胡子，指甲和鼻毛也要修短。上团前不要吃葱、蒜、韭菜等有强烈气味的食物，必要时可嚼口香糖来清除口腔异味。导游人员的牙齿要保持洁净。导游人员要经常开口，洁白的牙齿给人以美感。坚持早晚刷牙，饭后漱口。

（2）导游人员要注重穿戴，一定要把注重穿戴和追求工作质量结合起来。导游人员注重着装，主要是讲究一个度，也就是讲究分寸，着装不能过分随便，或是过分奢华，导游人员的着装既要讲究内在舒适，又要讲究外在美观。导游人员的夏装要透气、吸水，不要暴露过多，更不要太"透"，女导游员勿穿超短裙。可以光脚穿鞋，若穿袜子，袜子口一定不要让人看见。无论天气多热，切勿撩裙当扇，有伤风雅。男导游勿穿圆领汗衫，勿穿短裤。导游人员的冬装要柔和、保暖，不要过于臃肿，鞋袜更需要讲究，因时间、地点而变换。佩戴饰物要适度，有的导游人员喜欢戴金戒指、宝石手表，其实这既不便于工作，又容易使客人感到不舒服。

（五）心理准备

导游人员需要具备良好的心理素质，在接团前可以在以下几方面做好心理准备。

1. 准备面临艰苦复杂的工作

导游工作既是一项脑力劳动，又是一项体力劳动。除了按照导游工作规范，热情地向旅游者提供正常的导游服务外，对需特殊照顾的旅游者还要提供个性化服务。在接待工作中，常有可能会发生各种各样的问题与事故，需要导游人员去面对和处理。

2. 准备承受抱怨和投诉

在旅游接待过程中，有时导游人员已尽其所能向旅游者提供热情周到的服务，但由于其他接待环节出现差错或非人为因素造成旅游过程中的不愉快，仍会导致旅游者的抱怨和投诉；甚至还有一些旅游者会无故挑剔或提出苛刻要求，为此，导游人员还必须有足够的心理准备，冷静、沉着地面对，并以自己的工作热情感化旅游者。

3. 准备面对各种"旅游污染"

在接待过程中，导游人员必须具备高尚的情操，时刻准备面对各种"旅游污染"，即"精神污染"和"物质诱惑"。

任务二　接站服务

任务介绍

接站服务，是指地陪前往机场（车站、码头）迎接旅游者，并将旅游者转移到所下榻饭店过程中所要做的工作。接站服务在整个接待服务过程中至关重要，其服务质量的好坏直接影响到以后的工作。

任务导入

接站服务是地陪和游客的第一次直接接触，这一阶段的工作直接影响着以后接待工作的质量。地陪人员应使旅游团在迎接地点得到及时、热情、友好的接待，了解在当地参观游览活动的概况。这一阶段可具体分为旅游团抵达前的服务、旅游团抵达时的服务、转移过程中的服务。

相关知识

（一）旅游团抵达前的服务安排

在旅游团未到达之前，地陪应做好以下几个方面的工作。

1. 确认旅游团所乘交通工具的准确抵达时间

地陪出发前，应向机场（车站、码头）问讯处问清所接旅游团所乘航班（车次）的准确抵达时间。在一般情况下，至少应在飞机抵达预定时间前2小时，火车、轮船抵达预定时间前1小时向问讯处询问。地陪应做到三核实：计划表时间、问讯处时间、与全陪或领队确认时间。

2. 与旅游车司机联络，提前抵达接站地点

地陪联系司机商定出发的时间和碰面地点。确保提前半小时抵达机场（车站、码头），与司机碰面后，告知活动日程和具体安排。到达接站地点后与司机商定车辆停放位置。

3. 与行李员联络

如果旅游团已配备行李车，地陪应提前与行李车司机或行李员取得联系，并向他们交代旅游团的名称、人数，通知行李运送地点，了解行李抵达饭店的具体时间。

4. 再次核实航班（车次）抵达的准确时间

地陪在落实上述工作后，还须再次向问讯处确认或通过航班（车次）抵达显示牌确认航班（车次）准确抵达时间。如被通知所接航班（车次）晚点，推迟时间不长，地陪可留在接站地点继续等候旅游团；若推迟时间较长，地陪应立即与旅行社有关部门联系，听从安排，重新落实接团事宜。

5. 持接站标志迎候旅游团

在旅游团出站前，地陪应站在出口处醒目位置，亮出接站标志，面带微笑，热情迎候旅游团。接小型旅游团或无领队、无全陪的散客旅游团时，要在接站牌上写上客人姓名，以便客人能主动与地陪联系。

（二）旅游团抵达时的服务

旅游团抵达时，地陪应做好以下几个方面的工作。

1. 认找旅游团

旅游团所乘航班（车次）的客人出站时，地陪要设法尽快找到所接旅游团。地陪持导游旗或接站牌站在明显的位置上，让领队或全陪（或客人）前来联系，同时地陪应根据旅游者的民族特征、客源国客人语言的发音、衣着、组团社徽记和人数等做出判断，或主动询问，问清该团全陪、领队（或客人）姓名、人数、国名、团名，一切相符后才能确定是否是自己所要接待的旅游团。

2. 核实人数

地陪在找到所要接待的旅游团后，向领队（或客人）做自我介绍，及时向领队和全陪核实实到人数，如与计划人数不符，则要及时通知旅行社，以便做相应的操作更改。

3. 集中清点行李

如旅游团是乘坐飞机抵达的，地陪则应协助该团旅游者将行李集中到指定位置，提醒他们检查各自的行李物品的件数以及是否损坏，如在检查过程中发现有行李未到或破损现象，地陪应协助当事人到机场失物登记处或相关部门办理行李丢失登记和赔偿申报手续。

旅游团若配备行李车，地陪则应与领队、全陪、行李员一起清点并核实行李件数，还要填写好行李卡，行李卡上应注明团名、人数、行李件数、所下榻饭店。行李卡一式两份，地陪与行李员双方签字。

4. 询问团队情况

地陪还应向领队询问团内旅游者的身体状况和有无特殊要求，如团队系白天到达，则应与全陪、领队商定是先去饭店，还是直接进行游览。

5. 集合登车

地陪要提醒旅游者带齐手提行李和随身物品，引导其前往乘车处。旅游者上车时，地陪应站在车门一侧恭候客人上车，并向客人问好，必要时可助其一臂之力。旅游者上车后，应协助其就座，放置好行李，礼貌地清点人数，等所有人员到齐坐稳后，方可示意司机开车。

（三）旅游团赴饭店途中的服务

导游人员带领旅游者离开机场（车站、码头）前往所下榻饭店的行车途中，是导游人员给客人留下良好第一印象的重要环节。地陪在此过程中要做好以下几个方面的工作。

1. 致欢迎词

在一般情况下，在客人上了旅游车后赴饭店途中致欢迎词，但如果遇到有重要客人（VIP）前往迎接，或在机场逗留时间较长，或旅游团人数较多不能保证每辆车上都有陪同时，则可在机场（车站、码头）致欢迎词。欢迎词的内容应视旅游团的性质、国籍，旅游者的年龄、文化水平、职业、居住地区及旅游季节等不同而有所不同，说话要符合导游人员身份，做到诚恳、亲切，切忌做作。欢迎词要简明扼要、精彩纷呈。

一般来讲，地陪欢迎词的内容包括：

（1）问候语：向游客问好、问候。

（2）欢迎语：代表导游人员所在的旅行社和本人热忱欢迎旅游者来本地（中国）观光游览。

（3）介绍语：介绍自己和司机的姓名及所属旅行社名称。

（4）期望语：表明自己提供服务的意愿和希望得到合作的愿望。

（5）祝愿语：预祝旅游愉快、顺利。

【补充材料：地陪欢迎词】

各位游客：

上午好！大家一路辛苦了。首先请允许我代表××旅行社，欢迎各位来到中国七大古都之一的杭州观光旅游。我是××旅行社的专职导游员徐福，与我国明代旅行家徐霞客同姓。很荣幸能成为大家此次杭州之行的地陪。坐在驾驶座位上全神贯注开车的这位英俊潇洒的男士，是我们的司机邓师傅，邓师傅保持着十万千米无事故的驾车记录，由他为我们开车，想必大家一定能放心。我和邓师傅能为各位提供服务，都感到非常开心。孔子曾经说过"有朋自远方来，不亦乐乎"，我和邓师傅会像接待老朋友一样为大家提供热情周到的服务，同时也希望能得到大家的鼎力配合。如果各位在旅途中有什么要求或建议，请一定提出来，我们会尽量满足您的要求。力求让我们的中国之行、杭州之行成为愉快之行、难忘之行！让大家乘兴而来，满意而归！

2. 调整时差

接待首次入境团时，地陪要介绍两国（两地）时差，请旅游者调整好时差，并告知在今后的游览中将按北京时间为作息时间标准。

3. 首次沿途导游

在沿途导游时，地陪应充分展示自己的专业知识和工作能力，让旅游者对导游人员产生信任感和满足感，从而在他们心目中树立导游人员的良好形象。首次导游的内容主要包括：

（1）风光导游。地陪应向旅游者介绍沿途所见到的有代表性的景物。讲解时，注意触景生情、点面结合、简明扼要；注意讲解速度和旅游车行进速度相一致并准确地对景物进行指向；适当采用类比的方法，使旅游者听后更有亲切感和对比感。

（2）风情导游。在进行沿途景物导游时，地陪应适时地介绍当地的政治、经济、历史、文化、风土民情、土特产品及注意事项。

（3）宣布当日活动日程。对一般观光旅游团而言，在旅游车上就可以确定行程，地陪在沿途讲解时向旅游者宣布当日活动行程安排。

（4）饭店简介。当旅游车快抵达饭店前，地陪应向旅游者介绍所下榻饭店的基本情况：饭店名称、位置、离机场（火车站）的距离、星级、规模、主要设施及设备的使用方法、入住手续等（根据路途距离和时间长短酌情增减，也可以在入店时进行介绍）。

有时，根据旅行社作业规定，导游人员向旅游者分发旅游资料和公司徽章等物品。

4. 宣布第二天的集合时间、地点及停车位置

旅游车驶至下榻饭店，地陪应在旅游者下车前向全体团员讲清并请其记住车牌号码、停车位置、集合地点和时间；提醒旅游者将手提行李和随身物品带下车；向司机交代清楚第二天早餐和旅游团出发的准确时间。

【补充材料：首次沿途导游时，导游人员注意事项】

（1）站在车的前部、司机的右后侧，如旅行车辆系小型车辆，地陪应坐在前排，以能见到每一位旅游者为合适。

（2）面带微笑、表情自然。

（3）使用话筒时，切忌向话筒吹气或以手拍打话筒来试音，而应以问候的方式来询问客人音响效果和音量是否适度。

（4）应注意音量适中、节奏快慢得当，使车内每一位旅游者都能听清楚；如有必要，在刚开始导游时，可问客人是否能听清楚车内的声音。

（5）对重要的内容要重复讲解或加以解释。

（6）考虑到旅游者经过长距离的旅行比较疲劳，导游人员应把握好讲解内容，必要时让旅游者有时间休息。

任务三　入店服务

任务介绍

地陪服务应在游客抵达饭店后尽快办理好入店手续，进住房间并取到行李，让游客及时了解饭店的基本情况和住店的注意事项，知道当天或第二天的活动安排。

任务导入

饭店是旅游者在外旅游"临时的家"或"家外之家"。因此，导游人员在旅游者入住饭

店时，为其提供周到的服务显得异常重要。地陪应尽快协助领队办理旅游团入店手续，让旅游者了解饭店基本情况和住店注意事项，协助旅游者进房并取得行李等。

> **相关知识**

（一）协助办理住宿手续

（1）旅游者到达饭店后，地陪可以在饭店大堂内指定位置让旅游者稍做等候，并尽快向饭店接待处告知团队名称、订房的旅行社。

（2）协助领队或全陪填写住房登记表，向饭店提供旅游者的有效证件。拿到住房卡（房间号）后，请领队根据准备好的分房名单分配房卡。如是国内旅游的单位组团无领队，可请团长分房；如是散客拼团无领队也无团长，可请全陪分房。

（3）地陪应记下全陪、领队和全团成员的房号，并将自己的联系方式或电话号码、房间号（若地陪住在饭店）告知全陪和领队。还可向饭店前台领取印有饭店名称、地址、电话的饭店卡分发给客人。

（二）介绍饭店设施和服务项目

地陪在协助办理完旅游团入住手续后，应向全团介绍饭店内主要设施、设备，并带领游客到电梯或楼梯处。

（1）介绍外币兑换处、商场、娱乐场所、公共洗手间、早餐厅、安全通道等设施的位置。

（2）指出旅游者所在房间、楼层的位置，房间门锁的开启方法。

（3）提醒旅游者住店期间的注意事项及各项服务的收费标准。

（三）带领旅游团用好第一餐

旅游团第一餐安排在旅游者进房前还是进房后，要根据旅游者入店时间和旅游者的需求而定。

（1）地陪应与旅游团全体成员约定集中用餐的时间和地点。

（2）等全体成员到齐后，带领旅游者进入餐厅，向餐厅领座服务员询问本团的桌次，然后带领旅游团成员在指定的餐桌入座。

（3）等团员坐定后，应向旅游者介绍就餐的有关规定，如哪些饮料包括在费用之内，哪些不包括在费用之内；若有超出规定的服务要求，费用由旅游者自理等，以免产生误会。

（4）地陪还应向餐厅说明团内有无食素旅游者，有无特殊要求或饮食忌讳。

（5）将领队介绍给餐厅经理或主管，以便直接联系。

（6）等客人开始用餐，地陪方可离开餐桌并祝大家用餐愉快。

（7）如果所带旅游团的第一餐安排在外宴请、品尝风味或用便餐，地陪必须提前通知定点餐厅旅游团的抵达时间、团名、国籍、人数、标准和要求等。

（四）重申当天或第二天的活动安排

地陪应向全团旅游者重申当天或第二天的日程安排，包括叫早时间、早餐时间和地点、集合地点、旅游出发时间等；提醒旅游者做必要的游览准备。一般可选择在第一餐将要结束、旅游者还未离开之前重申。

（五）照看行李进房及处理问题

旅游者进房时，地陪应到旅游团所住楼层查看住房情况，并负责核对行李，督促行李员将行李送至旅游者的房间。旅游者进房以后常常会出现以下问题：门锁打不开；客房不符合要求；房间不够整洁或漏做卫生；重复排房；室内设施不全或有损毁现象；卫生设施无法使用；电话线或网络线不通等。这时，地陪要协助饭店有关部门及时处理。同时，还会出现行李没有及时送到，或个别旅游者没有拿到行李、错拿行李、行李有破损等情况。这时，地陪应尽快查明原因，采取相应的措施。

（六）确定叫早时间

地陪在向全团旅游者重申当天或第二天的日程安排前，应与领队、全陪一起商定第二天的叫早时间，并通知饭店前台，办理旅游团的叫早手续。

任务四　核定日程

任务介绍

旅游团开始参观游览之前，地陪应与领队、全陪商定本地节目安排，并及时通知到每一位游客。核对、商定日程是旅游团抵达后的一项重要工作，可视作两国（两地）间导游人员合作的开始。旅游团在一地的参观游览内容一般都已明确规定在旅游协议书上，而且在旅游团到达前，旅行社有关部门已经安排好该团在当地的活动日程。即便如此，地陪也必须进行核对、商定日程的工作。因为游客有权审核活动计划，也有权提出修改意见。导游人员与游客商定日程，既是对游客的尊重，也是一种礼遇。领队希望得到他国（他地）导游人员的尊重和协助，商定日程并宣布活动日程是领队的职权。特种旅游团除参观游览活动外，还有其他特定的任务，商定日程显得更为重要。

任务导入

旅游团抵达后，地陪应把旅行社有关部门已经安排好的活动日程与领队、全陪一起核对商定，并征求他们的意见。这样做，一则表明对领队、全陪、旅游者的尊重；二则旅游者也有权审核活动计划，并提出修改意见；同时地陪可以利用商谈机会了解旅游者的兴趣、要求。因此，核实、商定日程是做好接待工作的重要环节，也是地陪和领队、全陪之间合作的序曲。日程一经商定，须及时通知每一位旅游者，各方都应遵守。

相关知识

（一）核实、商定日程的时间、地点和对象

商定日程的时间在旅游团抵达的当天，最好是在游览开始前进行。对一般观光旅游团，甚至可以在首次沿途导游过程中，在宣布本地游览项目时用最短的时间确定日程安排；也可以在旅游团进入饭店、待一切安排完毕后再进行确定；对重点团、学术团、专业团、交流团、考察团，应较慎重地在旅游团到达饭店后进行商定。商谈日程的地点可因地制宜，一般在饭店的大堂，有时也可以在旅游车上，对重点团、记者团、考察团等，必要时也可以租用饭店会议室。商谈日程的对象，可视旅游团性质而定，对一般旅游团可与领队全陪商谈，也可以由领队请团内有名望的人参加，如旅游团没有领队，可与全团成员一起商谈；对重点团、专业团、交流团，除领队全陪外，还应请团内有关负责人一起参加商谈。

（二）商定日程出现不同情况的处理措施

（1）对方提出修改意见或提出增加新的游览项目，地陪应及时向旅行社有关部门反映，在不违反旅游合同的前提下，对合理而可能的要求应尽力予以满足，但需要有对方提供修改的书面证明材料，如需增收费用，地陪应事先向领队或旅游者讲明，并按规定的标准收取；对无法满足的要求，要做详细解释、耐心说服工作。

（2）对方提出与原日程不符且涉及接待规格的要求，作为地陪一般应婉言拒绝，并说明我方不便单方面违反合同。特殊情况由领队和全体游客提出时，地陪必须请示旅行社有关领导，根据领导指示而定。

（3）领队手中的计划与地陪的接待计划有部分出入，地陪应及时报告旅行社，查明原因，分清责任。倘若责任在我方，地陪应实事求是地说明情况，并致歉。倘若非我方责任，地陪也不应指责对方，必要时，可请领队做好解释工作。

任务五　参观游览

任务介绍

参观游览活动通常在日间进行，也称"日间活动"，是旅游者活动最重要的部分，是旅游产品实施的核心内容，也是导游服务工作的中心环节。地陪必须按照规范要求提供优质服务，要认真准备、精心安排、热情服务、主动讲解。

任务导入

参观游览活动是导游服务工作的中心环节。地陪需要做好出发前的服务安排、抵达景点途中的导游服务、抵达景点后的导游服务、参观活动中的导游服务以及回程中的导游服务。

相关知识

（一）出发前的服务安排

1. 提前到达出发地点

地陪应至少提前10分钟到达集合地，督促司机做好出发前各项准备工作，若有必要，地陪应在客人早餐时抵达，以便照顾客人用餐、了解情况、解决问题。

2. 清点核实人数

若发现有旅游者未到，地陪应向领队或其他旅游者问明情况，设法及时找到。若旅游者自愿留在饭店或不随团活动，地陪要问明情况，并做出妥善安排。

3. 提醒注意事项

地陪应向旅游者预报当日的天气情况和游览地点、地形、行走线路的长短等情况，必要时提醒他们带好衣物、雨具、合适的鞋等。

4. 落实用餐事项

地陪要提前落实旅游团当天的午餐和晚餐，对用餐地点、人数、标准及特殊要求逐一核实确认。

5. 准时集合出发

客人上车时，地陪应恭候在车门一侧，热情地招呼客人，扶助有需要的游客上车，待客人坐稳后，再次清点人数，准时出发。

（二）抵达景点途中的导游服务

1. 宣布当日日程

地陪在前往景点途中，首先向旅游者寒暄问候，然后宣布（重申）当天的活动日程，包括去程所需时间、每个游览项目所需大致时间、午晚餐的时间和地点。若遇有需乘船或乘坐缆车的项目，则说明准确的乘坐时间、地点，并提醒注意事项。

2. 沿途导游

地陪在沿途讲解时要不失时机地、有选择地介绍途中所见景物，介绍本地风土人情，回答旅游者提出的问题。讲解时要注意所见景物与介绍"同步"，并留意观察旅游者的反应。根据团队情况适当介绍国内外重要新闻和热门话题，播放影像资料、视情况组织娱乐活动。

3. 介绍游览景点

在到达游览景点前，地陪应简明扼要地介绍景点概况，包括历史沿革、艺术价值、形成原因、景观特色等，以激起旅游者游览的欲望。

（三）抵达景点后的导游服务

1. 交代注意事项

抵达景点时，下车前，地陪应向旅游者讲清该景点停留时间以及参观游览结束后的集合时间和地点。提醒旅游者记住旅行车的型号、颜色、标志、车牌号。

在景点示意图前，地陪应向旅游者讲解游览线路，提醒游览注意事项，如禁止吸烟、不能拍照等。

2. 游览中的导游讲解

在景点导游服务过程中，地陪应保证在计划时间和费用内，使旅游者充分地游览、观赏，做到导和游相结合、适当集中和分解相结合、劳逸结合。地陪在景点导游讲解时，要做到心中有数，先讲什么、后讲什么、中间穿插讲什么典故和趣闻故事都要预先设计；讲解内容翔实、语言流畅；讲究讲解方法和技巧，并观察旅游者的反应；灵活调整讲解内容和速度；力求做到有声有色、情景交融、详略得当、有虚有实，给旅游者以生动、形象、具体、亲切、灵活的感受。

3. 注意旅游者的动向

在游览过程中，地陪应注意观察周围环境，留意旅游者的动向，保证旅游者的安全。地陪与领队、全陪一起密切配合，随时清点人数，特别关照老弱病残的旅游者，防止旅游者在游览过程中走失，提醒旅游者在游览过程中注意保管财物，防止意外事故的发生。

（四）参观活动中的导游服务

参观也是旅游活动的重要组成部分，有助于旅游者对当地人民生活方式的了解。所以在参观活动时，导游人员必须做好以下几个方面的工作。

1. 参观前的准备工作

若安排旅游团到工厂、农村、学校、社会福利机构等单位去参观，地陪应事先做好提前联系落实工作，问清前往人数，弄清参观时间、内容；了解宾主之间是否有礼品互赠，若礼品系赠送给外宾的应税物品，则要提醒有关人员缴税，保存发票和证明，以备旅游者出关时海关查检；还要提前联络，落实接待人员。

2. 参观时的导游翻译工作

到达参观点后，地陪应及时联系接待人员，并向旅游者做介绍，提醒参观时的注意事项。

在参观点主方人员向旅游者做介绍时，地陪要认真做好翻译工作，翻译时如遇介绍者语言有不妥之处，或涉及有价值的经济情报，地陪要严格把关，予以提醒。如参观者系华侨或本国旅游者，地陪则无须做翻译，只需做协助工作。

（五）回程中的导游服务

回程中的导游服务是指一天的游览活动即将结束，从最后一个参观游览点返回饭店途中的导游服务工作。地陪在这一过程中应着重做好以下几项工作。

1. 回顾当天旅游活动

地陪在返程过程中应回顾当天参观、游览活动的内容，做必要的补遗讲解，回答旅游者的提问。

2. 风光导游

地陪在选择回程线路时，尽量避免原路返回，应力求做到让旅游者看到最多景物，并做好沿途讲解工作。如回程时间较长，旅游者经过一天的游览活动后比较疲惫，地陪可做简单回顾后让大家休息。

3. 宣布次日活动日程

到达饭店前，地陪应向旅游者预报晚上和次日的活动日程和时间安排，特别强调第二天的叫早时间、早餐时间和地点、出发时间和集合地点，提醒旅游者下车前带好随身物品。车到饭店后，地陪应先下车，站在车门一侧照顾旅游者下车，再与他们告别。

任务六　其他服务

任务介绍

其他活动是指旅游者在游览景点以外所需要的购物、社交活动、健康文明的文娱活动及自由活动等,它是参观游览活动的延伸和补充。安排好其他活动,使旅游活动的外延变得更为丰富。

任务导入

除参观游览活动外,丰富多彩的其他活动是旅游服务中必不可少的部分,是参观游览活动的继续和补充。地陪要努力为游客安排好文明、健康的各类活动。下面重点介绍宴请活动和购物服务。

相关知识

（一）社交活动

社交活动包括宴请、风味品尝、会见、舞会等。要因团而异,重大的节庆活动期间或接待专业旅游团时,这类活动应安排得多一些。

1. 宴请

这类活动包括宴会、冷餐会、酒会和风味餐等。地陪带领旅游团参加宴请要准时,着装要整齐大方,若旅行社另有规定,则必须按要求着装赴宴。入席时,按主人的安排就座。地陪作为翻译赴宴时,不得边翻译边吸烟。

2. 品尝风味

游客品尝风味有两种形式:一种是计划内的,一种是计划外的。后一种是游客自发的自费品尝形式,若游客邀请地陪参加,地陪则应注意不要反客为主。不管是哪种形式,地陪都要向游客介绍风味名菜及其吃法并进行广泛交谈。

3. 会见

游客（主要是专业旅游团）会见中国方面的同行或负责人,必要时导游人员可充当翻译,若有翻译,导游人员则在一旁静听。地陪事先要了解会见时是否互赠礼品,礼品中是否有应税物品,若有则应提醒有关方面办妥必要的手续。游客若要会见在华亲友,导游人员则应协助安排,但在一般情况下无充当翻译的义务。

4. 舞会

遇有重大节庆活动,如有关单位组织的社交性舞会邀请游客参加时,地陪应陪同前往。有时游客自发组织娱乐性舞会时,地陪可代为购票,是否参加自便,但无陪舞的义务。

5. 文娱活动

安排游客观看计划内的文娱节目时,地陪须陪同前往,并向游客简单介绍节目内容及其特点,引导游客入座,介绍剧场设施、位置,解答游客的问题。在游客观看节目过程中,地陪要自始至终坚守岗位。在大型娱乐场所,地陪应主动和领队、全陪配合,提醒游客不要走散并注意他们的动向和周围的环境,以防不测。

（二）购物服务

购物是旅游者的一项重要活动,既展示商品,又满足旅游者的购物需求。为了使购物活动圆满,地陪必须做好以下几个方面的工作。

（1）旅游者购物须严格按照《中华人民共和国旅游法》的规定来操作,旅行社和导游员不得指定具体购物场所,必须经旅行社和游客双方协商一致或者旅游者要求,并有书面证明材料,且不影响行程安排才能进行。

(2) 根据每个旅游团的特点,地陪要有的放矢地向旅游者介绍本地特色商品,适当地做好翻译工作。

(3) 当好购物顾问。地陪必须熟悉商品的产地、质量、使用价值和艺术价值等商品知识,并向旅游者介绍;介绍有关商品的托运种类,及海关对旅游者携带物品出境的有关规定。

(4) 积极维护旅游者的利益。如遇小贩强卖,地陪有责任提醒旅游者不要上当受骗,切不可放任不管;如遇商店不按质论价,推销伪劣商品,不提供标准服务,地陪应向商店负责人反映,以维护旅游者的利益。事后也可以向旅行社报告,通过旅行社的交涉,避免以后出现类似问题。

(三) 餐饮服务

地陪要提前落实本团当天的用餐,对午、晚餐的用餐地点、时间、人数、标准、特殊要求逐一核实并确认。用餐时,地陪应引导游客进餐厅入座,介绍餐厅的有关设施、饭菜特色、酒水的类别等。向领队告知地陪、全陪的用餐地点及用餐后全团的出发时间。用餐过程中,地陪要巡视旅游团用餐情况一两次,解答游客在用餐中提出的问题,并监督、检查餐厅是否按标准提供服务并解决可能出现的问题。用餐后,地陪应严格按实际用餐人数、标准、饮用酒水数量,如实填写"餐饮费结算单"与餐厅结账。

任务七 送站服务

任务介绍

旅游团结束本地参观游览活动后,地陪应做到使游客顺利、安全离站,遗留问题得到及时妥善的处理。

任务导入

送客服务是旅游团接待工作的最后阶段。如果说迎接是导游人员树立良好形象的开端,接待是保持良好形象的关键,那么送行是旅游者对导游人员良好形象的加深和巩固。因此,导游人员必须善始善终,以饱满的工作热情和良好的精神状态做好最后阶段的工作,使旅游者顺利、安全地离开。在这一阶段,地陪要做的是送行前的工作、离店服务和送行服务三项工作。

相关知识

(一) 送行前的工作

1. 核实交通票据

旅游团队离开本地的前一天,地陪应认真做好旅游团离开的交通票据核实工作,如电子机票,则要核对姓名、代号、人数、全陪姓名(如非团体机票,则要核对每一位旅游者的姓名是否与有效证件相符)、航班(车次)和始发到达站、起飞(开车、起航)时间(要做到三核实,即计划时间、票面时间、问讯时间的核实);搞清起程的机场(车站、码头)的名称、位置等事项;如航班(车次)有变更,应问清旅行社计调人员是否已通知下一站,以免发生漏接;提醒全陪向下一站交代有关情况。

2. 确认行李出房的时间

地陪应在旅游团离开的前一天与领队、全陪商定行李出房的时间,并通知每一位旅游者及告知饭店行李部收行李的时间。然后与旅行社行李部(或行李车队)联系,告知该团行李与饭店行李部交接的时间、抵达起程站的大致时间等。

不管有否配备行李车,导游人员都应向游客讲清有关行李托运的具体规定和注意事项,如不要将护照证件、贵重物品放在托运行李中。

3. 商定集合出发时间

由于司机对路况熟悉,所以出发时间一般由地陪与司机来商定,但地陪还应征求全陪和领队的意见。当出发时间确定后要将叫早和早餐及集合时间通知饭店有关部门和旅游者。如果该团所乘航班(车次)时间较早,无法在饭店餐厅用早餐,地陪则要及时与酒店总台或餐饮部联系,让相关部门准备好第二天的早餐盒,并向旅游者做出说明。

4. 协助饭店结清与旅游者有关的账目

地陪应在旅游团离店前一天提醒、督促旅游者尽早与饭店结清所有自费项目账单(如洗衣费、电话费、小酒吧和房间非卖品等),如有损坏客房设备,地陪则应协助饭店妥善处理赔偿事宜;同时,地陪应通知饭店总台旅游团退房的时间,提醒他们及时与旅游者结清账目。

5. 提醒有关注意事项

地陪应再次告知旅游者行李托运的有关规定,提醒其将有效证件、所购买的贵重物品及发票放在手提包里随身携带,如系离境团,则还应该提醒其准备好海关申报单,以备出关时查检。

6. 及时归还证件

旅游团离开的前一天,地陪应检查自己的行李,是否还留有旅游者的证件、票据等。若有的话,则应立刻归还,并当面点清。在一般情况下,地陪不应保管旅游团的证件,若需用,则可以通过领队向旅游者收取,用完后,立刻归还。

(二) 离店服务

1. 集中交运行李

离店前,地陪应按商定的时间与领队、全陪、饭店行李员一起检查行李是否捆扎、上锁、有无破损等,然后共同清点、确认行李件数,并填写好行李交运卡。

2. 办理退房手续

地陪协助收齐游客房卡,交到饭店总服务台,办理退房手续,核对用房情况,无误后按规定结账签字。注意避免出现未按时退房的情况。

3. 集合登车

旅游者集合上车后,离开饭店前,地陪要协助旅游者放好随身行李,仔细清点人数,并得到领队的确认,再次提醒旅游者有效证件是否随身携带、有无遗漏物品等。一切妥当后方可开车。

（三）送行服务

1. 致欢送词

致欢送词是地陪的压轴戏，通过地陪饱含真诚的讲解，让游客深刻感受不虚此行。致欢送词的场合一般选择在行车途中，也可以选择在机场（车站、码头）。欢送词的主要内容：

（1）回顾语：回顾该旅游团在本地的旅游活动。
（2）感谢语：对领队、全陪、司机及游客的合作表示感谢。
（3）惜别语：表达友谊和惜别之情。
（4）征求意见语：征求旅游者对接待工作的意见和建议。
（5）致歉语：旅游活动如有不尽如人意之处，地陪则可借此机会向旅游者表示歉意。
（6）祝愿语：期待重逢，表达美好祝愿。

致欢送词后，地陪可将"旅游服务质量评价表"分发给旅游者填写，若旅游者现场填写则如数收回，若旅游者带回填写则应说明邮资已付，并向其表示感谢。

【补充材料：地陪欢送词】

各位游客，我们的杭州之旅到这里就要圆满结束了，中国有句老话，"相见时难别亦难"，在此即将告别之际，更加让我感到友谊的分量。回想这几天来，我们同吃、同游、同乐。我们登上北高峰、畅游西湖、心静灵隐寺、品味龙井茶，欣赏了"给我一天，还你千年"的宋城千古情演出，这些都让我们充分感受了这个最具幸福感的城市。首先我要感谢各位，正是你们的宽容与随和，使我们的旅途充满了欢乐和幸福；要感谢领队和全陪，没有你们的支持和配合，我们的行程不会如此圆满，也要感谢我们的孙师傅，保证了我们行程的安全和准时。由于我的能力有限，若有安排不周到的地方，还请各位多多谅解，有何意见和建议，请及时给我提出，帮助我改进提升，以便今后能更好地为大家服务。古语说："物唯求新，人唯求旧。"东西是新的好，朋友是老的好，这次我们是新知，下次我们就是故友。朋友们，送君千里，终有一别，我们相处时间虽然有限，但友谊却长久，在临别之际，我为大家演唱一首歌曲《友谊天长地久》。祝福大家：身体健康、合家欢乐、万事如意！

×××旅行社旅游服务质量评价表

团号：　　　　　年　月　日

项目	评价内容	很满意	满意	一般	不满意
餐饮	服　　务				
	餐饮质量				
	环境卫生				
住宿	饭店服务				
	设施设备				
	环境卫生				
参观游览	环境秩序				
	环境卫生				

续表

项目	评价内容	很满意	满意	一般	不满意
行车	司机服务				
	车 况				
	卫 生				
导游	讲 解				
	服 务				
说明					

陪同签名：　　　　　　　　　　　　　　　　　　　领队签名：

2. 提前到达离开地点，照顾旅游者下车

如旅游者乘坐出境航班离开，则要求提前 3 小时抵达机场；如旅游者乘坐国内航班离开，则要求提前 2 小时抵达机场；如旅游者乘坐火车、轮船离开，则要求提前 1 小时抵达车站、码头。旅行车抵达机场（车站、码头），下车前，地陪应提醒旅游者带齐随身行李物品，准备好旅行证件，照顾全团旅游者下车，请司机协助检查车内有无旅游者遗留物品。

3. 移交交通票据和行李托运单

如果旅游团配备有行李车，在送国内航班（车、船）到达机场（车站、码头）后，地陪应尽快与行李员联系，取得交通票据和行李托运单，将交通票据和行李托运单交给全陪或领队，并一一清点、核实；如系送国际航班（车、船），地陪应请领队、全陪一起与行李员交接行李，清点检查后将行李交给每一位旅游者，由旅游者自己携带行李办理托运手续。

4. 协助办理离站手续

进行完交通票据和行李托运单移交工作后，地陪仍不能马上离开旅游团。若系乘坐国内航班（车、船），地陪则应协助旅游者办理离开手续（帮助旅游者领取登机牌，协助办理超规格行李托运手续）；若系乘坐国际航班（车、船），地陪则将旅游团送往隔离区，由领队帮助旅游者办理有关离境手续（因为地陪、全陪不能进入隔离区），但地陪要向他们介绍办理出境、行李托运和离站手续的程序。

5. 告别

当旅游者进入安检口或隔离区时，地陪应与旅游者告别，并祝他们一路平安。如旅游者系乘坐汽车离开，地陪则应等汽车启动后方可返回；如旅游者系乘坐飞机离开，地陪则应等旅游者安检结束后才能离开。

6. 结算事宜

地陪应在旅游团结束当地游览活动后，离开本地前与全陪办理好结算手续，并妥善保管好单据；地陪在送走旅游团后，按旅行社的规定与司机办理结账手续，在用车单据上签字，并妥善保管好单据。

任务八 后续工作

任务介绍

处理遗留问题；结清账目，归还物品；总结工作构成了地陪导游人员工作的最后环节。

任务导入

送走旅游团后，并不意味着全部接待工作的结束，地陪还必须做好善后总结工作。

相关知识

（一）处理遗留问题

地陪应按有关规定和旅行社领导的指示，妥善处理好旅游者临行前的委托事宜，如委托代办托运、快递信件、传递物品等。

（二）结清账目，归还物品

送走旅游团后，地陪应在旅行社规定时间内及早与财务部门结清账目，归还有关资料、表单及物品。具体地讲，地陪应向旅行社提供发票、结算单、支票存根、签单、门票存根等资料；上交陪同日志和旅游服务质量评价表，归还所借物品。

（三）总结工作

地陪应认真做好陪同小结，实事求是地汇报接团情况。如旅游过程中发生重大事故，要整理成书面材料向旅行社领导汇报，对旅游团的有关资料进行整理归档。地陪还可以根据在接待过程中出现的问题认真总结，不断提高自身素质和技能。

案例分析

案例 1

地陪李小姐负责接待一个来湘的中国台湾旅行团。在长沙旅游的第三天下午，该团完成当天活动计划后准备返回饭店，傍晚将乘坐 17 点 48 分的火车前往北京继续旅游。在旅游车上，李小姐与司机商量后说："今天我们的行程很宽松，为了让大家更好地领略湖南风土人情，我特意为大家增加了一个活动项目——前往××作坊参观湖南刺绣。"刺绣作坊附设有商店，个别游客十分喜爱手工生产的刺绣，却发现这里没有定点商店标志，因而对是否购买犹豫不决。李小姐解释道："这家作坊新开张，还来不及申报定点商店。但产品货真价实，绝对值得信赖！我们在这里必须停留 2 个小时，大家还是利用这段时间去挑选满意的刺绣商品作为纪念吧。我与店方商量过，为表达对台湾同胞的情谊，各位只要出示我发给大家的购物卡，就可以在原价上打七五折。"在她的劝说下，游客们纷纷购买。

在游客们返回饭店下车时，李小姐说："朋友们请注意，稍晚我们就将前往火车站。各位此行没有要求行李服务，请大家自己将行李准备妥当。各位请下车。"游客们下车回房，李小姐核实了离境的车次时间后,与司机商量决定17点送游客前往火车站。然后,李小姐向饭店前台通报了本团的离店时间,并结算了房费。

离店引导游客上车时,李小姐清点人数无误并提醒游客交还房卡和结清饭店自费账目,在领队和全陪同意后通知司机开车。随后李小姐致了热情洋溢、规范完整的欢送词,博得游客们的一片掌声。到达火车站停车场后,李小姐说:"朋友们,现在是17点30分,大家所乘车次已经开始检票了。请抓紧时间,拿好自己的行李物品进站。再见!"接下来,李小姐让游客下车并在旅游车门口挥手作别。

请依据导游人员的行为规范和服务规程,指出李小姐的工作中出现的失误。

参考答案:

李小姐工作中的失误有:

第一,没有得到游客和旅行社的同意,擅自增加参观刺绣作坊的游览项目。

第二,带旅游团所去的购物商店并非定点购物商店。

第三,胁迫旅游者在刺绣作坊商店购物消费。

第四,在游客购物时参与了论价。

第五,返回饭店下车时,没有提醒游客带好随身物品,没有通知集合时间和地点。

第六,送站的出发时间没有与领队、全陪和游客商量,没有提前足够的时间(60分钟)前往火车站。

第七,返回饭店下车前没有提醒游客与饭店结清有关账目。

第八,送站前没有检查自己是否仍然保留有游客的证件。

第九,集合登车时没有询问游客是否带好了随身物品,是否拿好了证件和机票。

第十,在车站客人下车时,没有请司机清车。

第十一,没有将游客送入车站,待火车启动后再离开。

案例2

美国ABC旅游团一行18人参观某地毯厂后乘车返回饭店。途中,旅游团成员格林先生对地陪小王说:"我刚才看中一条地毯,但没拿定主意。现在跟太太商量后,决定购买。你能让司机送我们回去吗?"小王欣然应允,并立即让司机驱车返回地毯厂。在地毯厂,格林夫妇以1 000美元买下地毯。但当店方进行包装时,格林夫妇发现地毯有瑕疵,于是决定不买了。两天后,该团离开H市之前,格林夫妇委托小王代为订购同样款式的地毯一条,并留下1 500美元作为购买和托运费用。小王本着"宾客至上"原则,当即允诺下来。格林夫人十分感激,并说:"朋友送我们一幅古画,但画轴太长,不便携带。你能替我们将画和地毯一起托运吗?"小王建议:"画放在地毯里托运容易弄脏和损坏,还是随身携带比较好。"格林夫人认为此话很有道理,称赞他考虑周到,服务热情,然后满意离去。送走旅游团后,小王即与地毯厂联系并办理了购买和托运地毯事宜,并将发票、托运单和350美元托运手续费收据寄给格林夫妇。请指出小王处理此事的不妥之处,如果你是地陪,应该如何处理?

[分析提示]

导游员小王犯了以下错误:

(1)立即让司机返回。正确处理方法是写个便条让其自行租车前往购买或地陪陪同返回,全陪陪同其他游客回酒店,也可以与其他游客商议后决定是否立即返回。

(2)直接同意代购代运的要求,未请示旅行社领导。正确处理方法是婉言拒绝,如不能推托，则需请示领导，在领导批示下收取足够钱款，购买后将发票、托运单及托运费收据寄给格林夫妇，但旅行社须保存影印件。

（3）忽视古画价值。正确处理方法是提醒格林夫妇中国有关文物的规定，提醒其办理有关证明。

（4）未退回剩下的150美元。正确处理方法是将余额交给旅行社退还。

小忠告

地陪是旅游接待计划在旅游地的具体执行者，工作繁重琐碎，为此，地陪在接团前要做好工作内容的各个环节。

任务实施

1. 准备好实训材料

多媒体演示系统、模拟导游相关用品（旅行社旗、扩音器、胸卡、挂牌）。

2. 实训内容和方法的建议

（1）服务规程。

规范化操作和管理是优良服务质量的保证，熟悉服务规程是提高创造工作能力的基础。

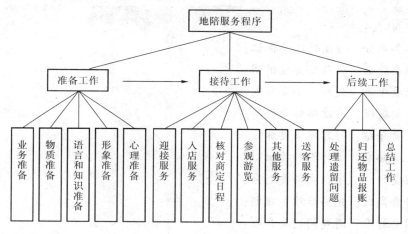

（2）模拟训练。

模拟全陪导游服务过程、模拟社会环境，锻炼团队协作能力，培养应对复杂环境和平衡人际关系的综合素质。

（3）团队游戏的运用。

运用参与式团队游戏，营造体验氛围，提升实训效果。团队内部分工、团队间分工进行角色扮演，设定竞赛目标，检验分工协作效果。

情景三

全陪导游服务程序与规范

导游故事

全陪导游60要：

出团准备要充分，接团时间要保证；
欢迎致辞要精彩，行程安排要讲明；
提出要求要中肯，致辞完毕要鞠躬；
行车安全要提醒，沿途路标要记清；
临近景区要介绍，游客印象要加深；
地接接头要接准，工作衔接要细心；
食宿行程要计划，事权责任要划分；
住宿分房要高效，先易后难要理顺；
查验房间要标准，遇到问题要尽心；
餐饮安排要早定，查实质量要卫生；
游客口味要询问，问题若大要调整；
游览观光要操心，频繁集中要点名；
地陪讲解要督促，故事传说要生动；
扶老携幼要安全，确保游客要开心；
景点数量要到位，规定时间要保证；
购物加点要把握，伪劣假货要提醒；
意外事件要补偿，全陪地陪要沟通；
难题大事要请示，处理解决要冷静；
避免争执要灵活，原则问题要慎重；
讲话办事要分寸，遇有差错要取轻；

游客权益要保护，公司一方要维信；
导游自身要人格，威信尊严要并重；
地接团款要理清，互助合作要精明；
对方优点要学习，互惠互利要双赢；
返程时间要准确，安全警钟要常鸣；
归途气氛要活跃，娱乐节目要欢欣；
游客意见要征询，相互友谊要加重；
安全返回要通报，游客到家要欢送；
携带物品要收回，出团账目要算清；
总结经验要全面，回访游客要真诚。

情景描述

全程陪同导游人员是保证旅游团队的各项旅游活动按计划顺利、安全实施的重要方面。全陪作为组团社的代表，应自始至终参与旅游团队全旅程的活动，负责旅游团移动中各环节的衔接、监督接待计划的实施，协调领队、地陪、司机等旅游接待人员的关系。全陪应严格按照导游职务质量标准和旅游合同提供各项服务。

学习目标

1. 知识目标

掌握全陪导游服务准备工作内容，包括服务准备工作、首站迎接服务、入住饭店服务、核实商定行程、各站服务、途中服务、末站服务、后续工作等。

2. 能力目标

熟练操作全陪导游服务工作内容，注意细节处理。

3. 素质目标

具备全陪导游人员的基本知识能力；养成较高的职业道德修养；完善全陪导游服务的实操能力。

情景内容

全程陪同导游人员（简称全陪）是受组团旅行社派遣或聘用的，负责为在国内旅游的游客提供全程陪同导游服务的人员。全陪处于导游工作的中心，起着保证中外旅行社和国内各接待社之间的联络、保证旅游活动的连贯性和多样性、全面落实旅游接待计划的重要作用，其服务流程依次主要包括以下八个步骤：服务准备工作、首站迎接服务、入住饭店服务、核实商定日程、各站服务、途中服务、末站服务、后续工作。

任务一　准备工作

任务介绍

全程陪同导游服务是保证旅游团队的各项旅游活动按计划顺利、安全实施的重要方面。全陪作为组团社的代表，应自始至终参与旅游团队全旅程的活动，负责旅游团移动中各环节的衔接，监督接待计划的实施，协调领队、地陪、司机等旅游接待人员的关系。全陪应严格按照导游职务质量标准和旅游合同提供各项服务。

任务导入

准备工作是做好全陪服务的首要环节，包括：熟悉接待计划、物质准备、其他准备以及与地接社的联系。

相关知识

（一）熟悉接待计划

全陪在接受旅游团的接待任务后，首先要认真查阅接待计划及相关资料和往来函件（包括电子邮件、传真件等），掌握旅游团的具体情况，研究旅游团成员的特点和特殊要求，以便提供具有针对性的服务。通常全陪应熟悉计划中的以下内容。

1. 熟悉旅游团的基本情况

（1）熟悉团名（国外组团社的编号）、国籍、人数、领队姓名。

（2）了解团体成员的民族、职业、姓名、年龄、宗教信仰、风俗习惯等。

（3）掌握团内较有影响力的成员并阅读这些成员的相关资料、特殊照顾对象和知名人士的情况介绍。

2. 熟悉旅游团的行程计划

（1）熟记行程安排、旅游团抵离各站所乘交通工具及所需有关票证。

（2）熟悉各站的主要参观游览景点及项目，准备途中讲解和咨询解答的内容。

（3）了解各站下榻饭店的名称、位置、星级和特色等。

（4）了解各站安排的文娱节目、风味餐、额外游览项目的收费情况。

（5）记下各地接社的联系电话（24小时开通）及地陪的联系号码，以便及时联系。

（二）物质准备

全陪带团前要准备身份证、导游证、接待计划、旅游宣传小册子、行李牌、旅游公司徽章、全陪日志及必需的生活用品、结算单据、支票和借款等。

×××旅行社出团计划表

编号：　　　　　　　　　　　　　　　　　　　　　　　　　　　　　年　月　日

国别：		在中国旅游时间：		团队等级：		团队类型：	
境外组团社：		团号： 联系人： 电话/传真：		领队姓名： 电话：		团队人数： 成人：　　儿童： 男：　　女：	
国内组团社：		团号：		联系人： 电话、传真：		全陪 电话：	
国内接待社		上海：上海××旅行社	联系人：	电话：	地陪：	电话：	
		杭州：杭州××旅行社	联系人：	电话：	地陪：	电话：	
		西安：西安××旅行社	联系人：	电话：	地陪：	电话：	
		北京：北京××旅行社	联系人：	电话：	地陪：	电话：	
中国境内行程安排							
线路名称							
城市		抵离时间/地点/交通		饭店	用餐	活动内容	备注
上海							
杭州							
西安							
北京							
国内组团计调：（签名）				电话/传真：			
注意事项和 特殊要求							
任务完成 情况及说明							

（三）其他准备

全陪与地陪同样都要做好形象准备、心理准备，特别是知识准备，因为全陪与旅游者相处的时间长、交谈的时间多，不仅要做好生活服务，还要解答游客的各种问题，甚至需做一些专题的讲解。所以全陪准备好客源地、目的地和专题内容等方面的知识是非常必要的。

（四）与地接社的联系

通常在接团的前一天，全陪应抵达旅游团入境口岸城市，同地接社取得联系，妥善安排好有关接待事宜。

任务二　首站接团

任务介绍

首站接团服务要使旅游团抵达后能立即得到热情友好的接待，让游客有宾至如归的感觉。

任务导入

首站接团服务主要包括接站准备、迎接旅游团、首次讲解三个环节。

相关知识

（一）接站准备

全陪应与地陪（如系全陪兼任地陪，则由全陪单独前往迎接）商定碰头地点和出发时间，一同前往机场（车站、码头）迎接入境旅游团，提前半小时到达接站地点与地陪一起站在出口显眼的位置迎候旅游团。

（二）迎接旅游团

接到旅游团后，全陪向领队做自我介绍，将地陪介绍给领队，立即与领队核实旅游团实到人数、所需房间的确定房间数、餐饮的特殊要求等，如与原计划有出入或变更情况，则及时与地接社联系，并报告组团社。认真清点交接好行李，全陪与地陪一起带领旅游者乘坐旅游车。

（三）首次讲解

由于全陪与地陪分工不同，其讲解任务较少，作为全陪进行首次讲解时应把握机会，展现专业能力，取得游客和领队的信任。

全陪首次讲解的内容一般包括：致欢迎词；简要介绍旅游行程；介绍注意事项（货币兑换、住宿情况、交通情况、安全状况等）。

全陪首先代表组团社和本人向旅游团致欢迎词（全陪致欢迎词可在接站地点，也可以在前往饭店的途中）。欢迎词的内容与地陪欢迎词基本一致，但侧重点不同，应做到言简意赅。同时不要忘记将地陪介绍给全团游客。

全陪在整个旅途中起着穿针引线的作用，应该始终以节目主持人的角色出现，而每一站的地陪与司机则是主持人请出的演员，游客是忠实而挑剔的观众。没有主持人的演出是杂乱无章的，没有全陪串联的旅程也是不完美的，全陪的主持人角色往往起到画龙点睛的作用。

【补充材料：全陪欢迎词】

尊敬的女生们、先生们：

大家好！首先请允许我代表旅行社欢迎大家从大洋彼岸不远万里来到具有五千年文明史的中国旅游！我姓孙，是旅行社的专职导游，很荣幸能做大家此次中国之行的全陪导游员，和大家一起游览中国的大好河山。

大家在中国停留期间，我将陪同大家一起游览中国最大的城市上海、亲近世界最美丽的杭州西湖、欣赏壮观的秦始皇兵马俑、登上雄伟的万里长城……朋友们，中国像本书，您没有来时，您可能只感受到、只读了一页，而现在您来到这里旅行，我们就可以共同读好中国这一本书！希望大家能在中国的这本书里，获得最美的感受。下面我隆重向大家介绍这位英俊的先生，他是我们此次中国之行的首站——上海站的地接导游邓先生。邓先生带团经验非常丰富，经常接待贵国访华的重要团队，让我们以热烈的掌声欢迎邓先生为我们进行导游讲解。

任务三　入住饭店

任务介绍

旅游团抵达饭店后，全陪应积极与地陪配合尽快完成旅游团的入住登记手续，并安排旅游团和行李进房及用餐事宜。

任务导入

旅游团进入饭店后，尽快完成住宿登记手续、进住客房、取得行李。为此全陪应做到：协助办理住宿手续、请领队分配房间、照顾行李进房及处理问题、照顾游客生活及安全事项等。

相关知识

（一）协助办理住宿手续

全陪应和领队、地陪一起向饭店总服务台提供团名、团队名单、旅游团证件、旅游团住房要求等，协助领队办理旅游团的入住登记手续。

（二）请领队分配房间

请领队根据准备好的分房名单分配房卡，全陪应掌握分房名单，并与领队互告各自房号，以便联系。同时可提醒游客在总台办理贵重物品和钱款的寄存手续。如是国内旅游的单位组团无领队，则可请团长分房；如是散客拼团无领队也无团长，则由全陪分房。

（三）照顾行李进房及处理问题

巡视客人住房情况，询问客人是否拿到各自的行李，是否对房间满意。团队进房出现客房卫生问题、房内设施问题等情况，应及时通知饭店有关部门的人员进行处理；如错拿行李或行李未到，则应协同地陪和领队一起尽快处理，以便消除客人的不愉快心情。

（四）照顾游客生活及安全事项

全陪应将自己的房间号或联系方式告诉游客，掌握饭店的总机号码以及与地陪的联系方法。特别是当地陪不住饭店时，全陪应提醒客人外出时的安全事宜，负起旅游团的安全保卫和生活照料的责任。

任务四　核定日程

任务介绍

旅游团安排妥当后，全陪首先要与领队核实、商定行程。如遇有难以解决的问题，则应及时反映给自己的组团旅行社，并及时答复领队。商定行程的原则是：服务第一，宾客至上，遵循合同，平等协商。商定后的行程，要使旅游团内大多数旅游者感到满意，同时已定的日程不做较大的变动，一旦商定，则各方都应严格遵守。

任务导入

全陪应认真与领队核对、商定日程。如遇难以解决的问题，则应及时反馈给组团社，使领队得到及时的答复。

相关知识

（一）参与日程核定工作

参与核对、商定日程工作，如遇难以解决的问题，例如领队提出与原日程不符或涉及接待规格的要求，全陪要及时报告组团社。

（二）核对机票、签证

在核定日程后，全陪要与领队核对机票、签证：

（1）核对旅游团的出境机票以及外国组团社可能订妥的、由领队自带的中国境内机票，并协助确认。

（2）核查旅游团的签证，尤其是不在团体签证名单上的旅游者的签证是否与旅游团在华日期相符。

任务五　各站服务

任务介绍

全陪在旅途的各站服务，应使接待计划得以全面顺利实施，各站之间有机衔接，各项服务适时、到位，保护好游客的人身及财产安全，遇突发事件及时有效处理。

任务导入

全陪应衔接好各站之间的服务环节，使各项服务落实到位，保护好旅游者的人身和财物安全，使旅游计划得以顺利实施。

相关知识

（一）抵站服务

1. 带领旅游团出站

所乘交通工具即将抵达目的地后，全陪应提醒游客整理、带齐个人的随身物品，提醒游客下机（车、船）安全，做好行李和人数清点工作后，举组团社社旗，带领旅游团出站。

2. 做好与地陪接头工作

出站前做好与地陪的联系，尽快找到地陪，并把地陪介绍给领队和游客，告知旅游团的情况，做好行李清点交接工作后，协助地陪带领游客上车。

（二）与地陪互相协作

全陪应客观地、及时地向各站地陪汇报旅游团的运作情况，积极协助地陪做好接待工作。如果遇到有的城市或者旅游点没有相应的外语导游，或者由于某些原因没有提供地陪服务，全陪必须起到地陪的作用，承担起地陪应该承担的导游讲解、翻译等工作。

（三）监督服务质量

全陪依据接待计划来监督检查各地旅游活动安排是否落实，若发现当地的接待工作有降低标准的现象（如降低餐标、遗漏景点等），则应及时向地陪提出，争取改进和补偿，必要时可以与当地接待社交涉或报告国内组团社。同时在"全陪日志"中注明。

（四）把握旅游者的动向

在游览过程中，全陪要时刻注意旅游者的动向，做好旅游团在活动期间的断后工作，以免旅游者走失或发生意外。

（五）维护保障旅游者安全

在各站停留期间，全陪应提醒旅游者注意人身和财物安全，提醒他们保管好财物、证件，注意饮食卫生，尽量杜绝不安全因素。如突发意外，则应协助地陪依靠地方领导妥善进行处理。如果发生失窃案件，丢失护照或贵重物品，一方面请有关单位或部门查找，另一方面及时报告组团社。如确系失窃贵重物品，则应办理有关保险索赔手续，丢失证件应帮助失主重新申领。

（六）离站服务

在旅游团离站前，全陪应做好提醒、联络工作，并尽可能协助领队办理有关团队离站事宜。

（1）提醒地陪提前落实离站的交通票据，核实离站的准确时间。

（2）做好上、下站联络工作。如抵达下一站时间有变化、团队有特殊要求，应及时通知当地接待社，或亲自将情况电告下一站（电话通知要记录通话时间、受话人姓名）；对于上一站工作中出现的问题或发生的事故，应提醒下一站接待社引起足够的重视。

（3）协助领队、地陪做好行李的清点、交接工作。

（4）协助旅游者办理行李托运手续及办理登机手续。

（5）核实地陪交给的行李票据，并妥善保管好。

（6）认真填写好结算单据，与地陪双方签字，并保管好自己的一份。

任务六　途中服务

任务介绍

旅游团到下站旅游目的地的过程中，无论搭乘何种交通工具，全陪仍然应提醒旅游者注意人身和财物的安全，活跃途中气氛，安排好饮食和休息，努力使旅游团在旅行活动中充实、轻松、愉快。

任务导入

途中服务包括负责旅游团在旅行途中的生活服务、提醒旅游者注意人身和财物安全、协助分配机位和铺位。全陪要保管好旅游团的行李托运单及交通票据等。

相关知识

（1）负责旅游团在旅行途中的生活服务。

全陪要负责照顾好旅游者的饮食和休息，对途经城市和目的地城市做必要的讲解等；若是长时间旅行，则可在车上组织一些文娱活动，如猜谜语、唱歌、专题讨论等，活跃途中气氛，消除旅游者的寂寞和疲劳；主动与旅游者交谈，联络感情，了解他们的兴趣爱好与需求。

（2）提醒旅游者注意人身和财物安全。

（3）协助分配机位和铺位。

我国目前飞机的机位由航空公司的电脑来派位，但登机牌还应由领队来分配；火车的铺位也由领队来分配，没有外方领队的团队由全陪或者旅游者自己分配铺位。

（4）全陪要保管好旅游团的行李托运单及交通票据。

任务七　末站服务

任务介绍

末站（离境站）送团服务是全陪整个服务工作中的最后环节，一定要一丝不苟地做好这项结束工作。

任务介绍

当旅行结束时，全陪要提醒游客带好自己的物品和证件，并征求游客对整个接待工作的意见和建议，最后应致欢送词，对客人给予的合作表示感谢并欢迎再次光临。

相关知识

（1）提醒旅游者带好自己的物品和证件，特别是申报单上所列物品一定要随身携带，因为海关规定申报物品必须复带出境。

（2）送站途中或在离境站要致欢送词。

（3）若在旅游过程中出现过服务缺陷，导致旅游者不愉快，全陪应借此机会向旅游者表示歉意，并设法做好弥补工作，尽量消除旅游者的不快情绪。

（4）协助领队帮助旅游者办理出关手续，提醒领队出关时准备好行李托运所需证件和表单，提醒旅游者准备好证件、交通票据、出境卡、申报单等。

（5）与地陪一起目送旅游团进入隔离区后，方可离开。

（6）结清旅游团账目。旅游团的结账通常有现结和转账两种。若是现结，则在旅游团出发的前一天当面与地陪结清团款，并向接待方收取发票；若是计划拨款，对有变化的项目，应请地陪签字确认，带回组团社方便结算。

任务八　后续工作

任务介绍

旅游团离境后，全陪应认真处理好旅游团的遗留问题，提供可能的延伸服务，如有重大情况，要向本社进行专题汇报。

任务导入

全陪要认真、按时填写"全陪日志"或提供旅游行政管理部门（或组团社）所要求的资料；全陪应按财务规定，尽快报销差旅费，并归还所借物品。

相关知识

（一）处理遗留问题

旅游团离境后，全陪应处理好各种遗留问题，根据旅行社管理层的指示，依照导游工作规范，认真办理好旅游者的委托事项。

（二）填写"全陪日志"

全陪应认真填写"全陪日志"或其他旅游行政管理部门和组团社所要求的有关资料。

"全陪日志"的内容包括：旅游团的基本情况；旅游日程安排及交通情况；各地接待质量（指旅游者对食、住、行、游、购、娱等各方面的满意程度）；对发生的问题及事故的处理经过；旅游者的反馈及整改建议等。

（三）结清有关账目

（四）归还所借物品

（五）做好总结工作

> **小忠告**
>
> 全陪是团队活动的主导者。他负责监督、协助各地接待旅行社和地陪执行旅游接待计划；联络上下站；协调各方。在游览时要注意旅游者的动向和周围环境，提醒游客注意安全；照顾好旅游者的旅行生活，当好购物顾问；征求旅游者的意见、建议等。

任务实施

1. 准备好实训材料

多媒体演示系统、模拟导游相关用品（旅行社旗、扩音器、胸卡、挂牌）。

2. 实训内容和方法的建议

（1）服务规程。

规范化操作和管理是优良服务质量的保证，熟悉服务规程是提高创造工作能力的基础。

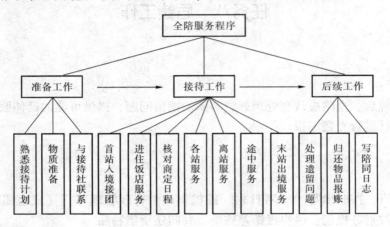

（2）模拟训练。

模拟全陪导游服务过程、模拟社会环境，锻炼团队协作能力，培养应对复杂环境和平衡人际关系的综合素质。

（3）团队游戏的运用。

运用参与式团队游戏，营造体验氛围，提升实训效果。团队内部分工、团队间分工进行角色扮演，设定竞赛目标，检验分工协作效果。

情景四

出境旅游领队服务程序与规范

案例赏析

9月30日,游客刘×等9人参加了××市A旅行社组织的港、澳双飞五日游,赴香港、澳门旅游。领队是A旅行社的赵小姐,香港地接社导游是李小姐。旅游团按旅游行程计划安排,顺利地完成了澳门段的行程,于10月2日抵港。抵港后,香港地接社导游李小姐就向游客介绍行程计划外自费旅游项目(夜游维多利亚港湾),说船票比较紧张,并表示积极为旅游团争取购买到船票。10月3日晚,地接社导游李小姐向大家宣布已经购买了夜游维多利亚港湾的船票,每张票130元港币。部分游客认为未征求大家意见就购买船票,觉得不合理,与李小姐发生了争执,在无可奈何的情况下交了费用。在当日17时左右,即将游维多利亚港湾时,刘×等9人表示坚决不参加,并在香港街头与李小姐再次发生争执,最后自行返回住处。自始至终,A旅行社领队赵小姐一言未发,也没有下车解决问题。

处理意见

质监所受理投诉后,对双方当事人及同团队未投诉的旅游者就有关情况进行了核实和调查取证,证明事实存在,责任应由香港地接社承担。在无法调解的情况下,做出了由A旅行社退还刘×等9人行程计划外项目费用;赔偿导游服务费2倍;在港滞留交通费港币10元。并给予A旅行社领队赵小姐责令改正、暂扣领队证6个月的行政处罚。

法理评析

本案调查处理的关键问题在于,香港地接社导游李小姐在购买夜游维多利亚港湾船票前,是否征得游客同意?香港地接社导游主张增加计划外项目,且游客与地接社导游发生争执,A旅行社领队赵小姐是否履行职责,维护游客地合法权益?

如果旅游团队抵港后,A旅行社领队赵小姐履行职责,要求香港地接社按团队接待计划组织旅游或征得游客同意参加计划外项目,那么A旅行社领队和地接社导游就可以不承担过错责任,否则就要承担责任。

通过对同团队、未投诉的游客进行调查，确认香港地接社导游李小姐在接团后，只是对计划外旅游项目（夜游维多利亚港湾）进行宣传介绍，并未对是否参加征求游客意见，而且是在未征得游客同意的情况下购买了船票。A旅行社领队赵小姐没有对这种行为进行制止，又不能提供游客同意参加该项目的证据。

故根据法律法规规定，决定由香港地接社导游李小姐承担责任，退还刘×等9人旅游自费项目费用，赔偿在港滞留交通费，由A旅行社先行赔偿，并赔偿刘×等9人导游服务费2倍。A旅行社领队赵小姐未履行职责，由旅游行政管理部门责令改正，处以暂扣领队证6个月的行政处罚。

分析启示

本案中A旅行社领队赵小姐没有要求香港地接社按团队接待计划组织旅游，在游客权益即将受到侵害时，没有履行出境旅游领队人员的职责，制止侵害的发生。出境旅游领队人员是受组团旅行社的委托，在出境旅游过程中要维护旅游者的合法权益，协同地接社实施旅游行程计划，处理或协助处理好旅游纠纷。出境旅游领队人员是否尽职尽责是保证旅游计划顺利实施的关键，同时也关系到组团旅行社的信誉，应引起旅行社和出境旅游领队从业人员的重视。

资料来源：吉林省人民政府网站

情境描述

我国出境旅游一般采用组团方式，由旅行社委派的领队带队旅行，因此，领队在旅游团队中既是服务人员，也是团队的领导，具有不可替代的地位。出境旅游领队作为国内组团旅行社的代表，提供旅途全程陪同服务；监督境外旅行社保质保量地完成接待计划；并为游客提供出入境等相关服务。对提高旅游者的舒适度和满意度、维护游客的生命财产安全起着极其重要的作用。

学习目标

（1）知识目标：掌握出境旅游领队导游服务流程、岗位职责及服务规范。
（2）能力目标：应对事变的能力、执行政策的能力、组织协调能力、宣传促销能力。
（3）素质目标：大局意识、责任意识、团队意识和合作意识。

任务一　准备工作

任务介绍

出境旅游领队是组织出境旅游的旅行社的代表，是出境旅游团的领导者和代言人。领队接到带团通知并接受任务，是整个带团工作的开始。领队带团出发前，需要做大量的准备工作。同全陪、地陪相比，领队的准备工作要复杂得多。

情景四 出境旅游领队服务程序与规范

任务导入

你接到沈阳某国际旅行社的派遣任务,要求你带领一个 37 人的旅游团赴新马泰旅游。出团前,为保工作万无一失,你必须做好哪些充分的准备工作?

相关知识

一、研究该团情况

了解旅游团成员的职业、姓名、性别、年龄及旅游团中的重点旅游者、需特殊照顾的对象和旅游团的特殊要求。

例表:沈阳 ×× 旅行社"巴厘风"团体确认合约书

Final Contract

电话 024 - ×××××××   158 ×××××××

地址 沈阳市 ×××××××

团体名称 Name of Group	110929 Major				接机名称 Welcome Board		欢迎×××、××× 一行两位贵宾	
团体人数 Number of Group	大人 Adult	小孩占床 Child extra Bed		小孩不占床 Child w/o Bed	人数总计 Total		旅客 Guest Name	
	2	0		0	2			
使用房数 Rooms	单人房 Single	0	大床房 Double	1	双人房 Twin	0	三人房 Triple	0	房数总计 Total Rooms	1
班机出发 Arr. Flight	29 Sep 2018 KE629 1805/0005 + 1							
班机返回 Dep. Flight	04 Oct 2018 KE634 0025/0830							

团体行程餐食 ITINERARY

Day	行程内容 Destination						
D1 29/09	\multicolumn{5}{l}{SHE/ICN/DPS – Hotel Check – in 沈阳/仁川/巴厘岛—酒店入住}		H	New Kuta Condotel
	B	×××	L	×××	D		×××
D2 30/09	\multicolumn{5}{l}{TanjungBenoa – Uluwatu + Teatime – Tanah Lot – Kopi – lulur SPA 2Hr 南湾—乌鲁瓦度含下午茶—海神庙—咖啡—Lulur SPA 2 小时}		H	New Kuta Condotel
	B	Hotel	L	168 餐厅火锅活虾吃到饱 168 Shrimp unlimited	D		Jimbaran BBQ 金芭兰海滩 BBQ
D3 01/10	\multicolumn{5}{l}{Padung – Batik – Pasar Ubud – Palace 木雕—蜡染—乌布市场—乌布皇宫}		H	Puri Kekayon Villa
	B	Hotel	L	Crispy Duck 脏鸭餐	D		Chinese Food 中式合菜
D4 02/10	\multicolumn{5}{l}{Fullday Free 全日自由活动}		H	Puri Kekayon Villa
	B	Hotel	L	×××	D		×××
D5 03/10	\multicolumn{5}{l}{Kuta Shopping – Kuta Beach – Walet – DPS/ICN/SHE 洋人街—库塔海滩—土产店—巴厘岛/仁川/沈阳}		H	Airplane
	B	Hotel	L	×××	D		×××
	Shopping	\multicolumn{6}{l}{Coffee, Walet, Batik, Padung}

备注 REMARK

以上报价包括行程中之饭店住宿、交通工具、美女献花、车上矿泉水、遮阳帽。

All rates above include hotel, vehicle which indicated in the itinerary, airport flower, aqua, sun hat.

以上报价包含当地导游及司机小费。

Tips are included for driver and local guide.

以上报价含印度尼西亚国内及国际机场税及导游小费。

Including Airport Taxs and guide tips.

以上行程如遇当地不可抗拒因素，以当地导游实际安排行程为准，敬请配合。

Please note, the above itinerary must depend on the actuality and be arranged by local guide, thank your good cooperation.

印度尼西亚紧急联系人及手机：庞×× +62 – ×××××××××× 或 +62 – ××××××××××

不含快速通关及落地签证。Excluding Immigration Clarence & VOA.

团费请于出发前结清以维护双方权益。Tour fee please pay before group arrive Bali.

团费 TOUR FARE

Tour Fee Adult 团费	RMB 2070 × 2 = RMB 4140

例表：×××旅行社×××旅游团领队注意事项

1	机票	导游要帮助客人提前72小时确认国际段及境内段机票的航班时间、航班号及起飞抵达机场。航班信息：1800 542 4422
2	导游	Ms 丁 0065：××××××××　　Ms 宋 0065：×××××××× 境外紧急联系人：×××　　　　0065 - ×××××××（手机）
3	酒店	民丹：民丹湖酒店 3 晚 新加坡：HOTEL ROYAL 京华酒店 1 晚（乌节路）
4	门票	环球影城：因影城每天限制入园人数，建议可以提前让导游代购（成人 RMB 320、儿童 RMB 240） 红树林：成人 RMB 205，儿童 RMB 135 大象园：成人 RMB 175，儿童 RMB 160
5	小费	境外现付小费全程 RMB 270 元/人
6	落地签	印度尼西亚落地签 25 美元/人（自理）
7	签单权	仅限领队本人（×××）签单有效
8	行程调整	在得到客人签字确认的前提下可以合理地调整景点、旅游路线
9	景点	行程中必须包含景点门票：海之颂喷泉表演、圣淘沙上岛费用
10	购物	此团进 2 个店
11	分房表	（1）×××　　　　　　　　　　　　　　　　联系电话： （2）×××、××× CHD　　　　　　　　联系电话： （3）×××、××× CHD　　　　　　　　联系电话： （4）×××、××× CHD　　　　　　　　联系电话： （5）×××、××× CHD　　　　　　　　联系电话： （6）×××、×××、××× CHD（不占床儿童）联系电话：

单订机票、酒店客人电话

×××：186 ××××××××

×××：186 ××××××××

二、核对各种票据、表格和旅行证件

（1）核对旅游者的护照、签证和团队名单。

(2)核对机票及行程。
(3)检查全团的预防注射情况。
(4)准备多份境外住店分配名单。

三、物质准备

(1)准备好领队证、核对好的票据、证件和各种表格。
(2)准备好机场税及团队费用。
(3)准备好社旗、社牌、胸牌、行李标签等。
(4)准备好国内外重要联系单位的电话号码、名片等。

四、开好出国前的说明会

案例赏析

某国际旅行社组织了一个去泰国的旅游团,在出境前,导游未对游客讲解有关风俗和禁忌,一游客参与了街头的扑克赌博,结果被当地警方处以重罚,并驱逐出境。游客认为是旅行社没有讲清楚,要求赔偿。

点评:此案例说明了导游在讲解中提醒和忠告的重要性。人们常说:"入乡随俗,入国问禁。"导游作为旅行社的代表,有责任有义务对旅游地的法规、风俗和禁忌进行讲解,特别是要点一定要反复强调,必要时也可以适当地引用典型事例,以起到警示的作用。因为这不但关系到责任问题,而且一旦出了问题,对整个旅游团和整个旅游活动都会产生很大的负面影响。

在办理好护照、签证、机票等有关手续后,领队要召集本团队旅游者开一次"出国旅游者说明会",内容包括:

(1)代表旅行社致欢迎词(内容包括表示欢迎,自我介绍,表明愿意为大家服务,希望予以合作,预祝旅游顺利成功)。
(2)旅游行程说明(包括出境、入境手续与注意事项,以及出游目的地的旅游日程)。
(3)介绍旅游目的地国家(地区)的基本情况及风俗习惯。
(4)提出要求,讲清注意事项。
(5)落实有关分房、交款、特殊要求等事项。

经验之谈

时间通常安排在出国前1~2天,需2~4小时。出国说明会一般在旅行社召开,有时也在客人较集中的单位召开。为了表示旅行社对这次会议的重视,通常都会有旅行社经理以上人员出席,领队是出国说明会的主角。领队应代表组团社向客人介绍行程、回答提问。

为了让游客切实做好出国准备工作,避免在境外出现旅游事故,建议旅行社领队将出国说明事项的主要内容印成书面文件,并分发给每一位游客,尤其要将海外自费项目价格、外汇兑换方式及兑换率、游客饮食及穿着提醒、游客安全注意事项等内容罗列其中,便于客人掌握。

> 知识链接

出入境知识

中外游客出入我国边境，须持有效出入境证件，至指定口岸接受我国边防检查站（含公安、海关和卫生检疫）的查验。有效证件包括：

（一）护照

由各国主管机构发给本国公民以证明其国籍和身份的证件，可根据公民出国性质划分为外交护照、公务护照和普通护照多种。中国出境旅游团队一般持普通护照，由公安部门颁发，有效期5年，公民可按需申领，到期可申请延期。

（二）港澳台同胞旅行证明

港澳同胞来往内地，可向我公安部门授权机构（如广东省公安厅）申请回乡证和入出境通行证。台湾同胞到大陆旅行，可到公安部委托的香港中国旅行社申请台湾同胞旅行证明，由口岸边防检查站查验并盖印后，作为进出大陆和在内地旅行的身份证明。

（三）往来港澳通行证

往来港澳通行证是内地居民前往港澳地区的旅行证件。由有权组团赴港澳游的旅行社直接申请证件及签注，旅行社须提交该社全额费用发票原件及复印件，以及由出境人填写的"居民往来港澳地区申请表"。属于登记备案的国家工作人员须出具单位意见并加盖公章。个人赴港澳地区旅游不需要任何材料，可申请访问签注，由本人到公安出入境管理机关提交填写完整的"申请表"和本人的身份证、户口簿原件及复印件。往来港澳通行证首次签注3个月有效的一次、二次往返签注，每次停留期一般为7天。

在内地遗失往来港澳通行证需申请补办者，由申请人凭本人书面遗失情况说明和身份证、户口簿等相应身份资料即可申请办理。凡报失证件的，公安出入境管理部门将把报失的通行证号码、姓名等资料通知各出入境办证机关及口岸边检部门宣布证件作废。一旦发现作假、继续使用作废证件的，将依法严处。

在港澳地区遗失往来港澳通行证者，导游应立即通过当地旅行社向遗失地警署报告，由其出具证明，旅游者可持证明一次性返回内地。

小常识：国家对登记备案人员办理出入境手续的限制

国家对下列4种人员办理出入境手续（含往来港澳通行证）进行了必要的限制，需要其上级主管部门出具意见并加盖公章后才能给予办理。

（1）各级党政机关、人大、政协、人民法院、人民检察院、人民团体、事业单位在职的县（处）级以上的领导干部，离（退）休的厅（局）级以上干部。

（2）金融机构、国有企业的法人代表，金融机构分支行（分支公司）以上领导成员及其相应职级的领导干部，国有大中型企业中层以上管理人员，国有控股企业中的国有股权代表。

（3）各部门、行业中涉及国家安全及国有资产安全、行业机密人员。

（4）其他在公安机关出入境管理部门登记备案的人员。

（四）签证

主权国家准许国内外公民出入本国国境的签注，一般签注在公民所持的护照或其他旅行证件上，可分为外交签证、公务签证、普通签证多种。签证通常规定了护照持有人在本国出入境的口岸和境内停留的起止日期。旅游团队人数在9人以上可申请团体签证。团体签证一式三份，一份由签证机关存档，另两份分别用于团队入境和出境。团体签证比较容易被批准，但必须整团进整团出。如果因特殊原因个别人需提前或推迟离境，应办离签证分离手续。

友好国家和旅游发达国家之间也可以签订协议互免签证；在特定情况下来不及办理签证时，也可到达该国指定口岸后再申请入境签证。但旅游团队办理落地签证要慎重，万一拒签将非常麻烦，所以应事先经有关国家接待旅行社报本国签证部门同意后才能发团。

（五）预防接种证明

为防止传染病入境，各国边检部门要对入境人员进行卫生检疫，要求入境者如实填写健康申明卡，来自传染病疫区的人员还须出示有效的有关疾病预防接种证明，无证者卫生检疫机关可对其施以从他离开疫区算起6日的强制留验。若传染病患者隐瞒不报，则按逃避检疫论处，可禁止入境或责令其提前离境。

（六）海关通道

海关通道通常有"红色通道"和"绿色通道"两种。

红色通道又称"应税通道"。凡携带有需向海关申报物品的游客，必须走红色通道，并填写"行李申报单"，在海关查验后放行。海关对游客带入的物品有一定的限制，一般控制在合理自用的范围内。游客应如实填写"行李申报单"，若申报不实，一经查出，将受到海关当局的严肃处理。建议大多数旅游团队从此通道出入境。

绿色通道又称"免税通道"或"无申报通道"。携带无须向海关申报物品的游客和持外交签证或礼遇签证的人员可选择此通道通关。

例表：出团通知

您好！

首先感谢参加×××（组团名称），感谢您对我们工作的大力支持和充分信任！希望通过我们诚挚、认真和专业的工作，能使您不断增强与我们合作的信心。

请您务必及时将此出团通知交给客人，并提醒客人在出发前务必仔细阅读随附的"出团须知"，此次团队的准确出团行程亦随附供您阅读参考。

为了确保您的旅途顺利，请仔细阅读以下内容！

线路名称	新加坡、民丹岛7日游
航空公司	中国国际航空公司
起飞时间	CA1626 沈阳—北京　20:35飞—22:05到
集合时间	2018年9月30日　18:35（请务必准时）
地点	沈阳桃仙机场（到了给领队打电话）
集合标志	"××之旅"蓝色导游旗
领队	××先生电话：186××××××××
境外导游	稍后告知
紧急联系人	×××女士电话：0065-××××××××
必须携带物品	护照原件、签证原件、旅行用品（酒店有洗漱用品及拖鞋）
小费	新加坡段RMB 90元/人/天，机场交给领队

出团须知

一、注意事项

为确保您的旅途安全，随团旅游途中不得脱团、离团，以及从事规定行程之外的单独活动。

旅途中请听从导游和领队的安排，如发现问题，请及时向随团领队提出并协商解决。

如身体不适，请及时告知随团领队。旅途中请随身携带个人必需药品以及常备用药。

中国海关规定携带出境最高金额为人民币20 000元、美元5 000元。打火机和液体物品严禁携带登机，摄像机等高档物品请办理海关手续。海关规定允许携带入境物品为烟1条、酒2瓶。凡是被《华盛顿条约》规定严禁使用的含动物成分的中药制品严禁带入。肉类及肉类制品，动植物种子及其产品禁止携带出境，以免入境时被当地海关扣罚，液体不允许超过50毫升。

因不可抗拒的客观原因和非旅行社原因（如天灾、战争、罢工、政府行为等）或航空公司航班延误或取消、使领馆签证延误、报名人数不足等特殊情况，旅行社有权取消或变更行程，一切超出费用（如在外延期签证费，住、食及交通费，国家航空运价调整等）旅行社有权追加差价。

由于您办理的是旅游团体签证，依照国家要求需整团办理出境手续，故烦请您务必准时到达指定集合地点，以确保团队的顺利出行，如果延误，则可能造成您无法出行，谢谢您的合作！

二、旅游提示

外出时请携带饭店房卡或饭店指南，以备迷路时问路。

非中国大陆公民请确认自己的签证是否有效，可以顺利离境及出境，如因签证问题造成的损失，我社不予承担。

旅行中请携带坚固耐用轻便的旅行箱，并做好辨明标志。个人证件、护照、钱币、首饰等贵重物品请随身携带或存入酒店房间内保险箱。切勿存放酒店房间、行李箱、车内或交他人保管。

语言：英文、中文。

货币：美元、新加坡元（出发之前提前换好新加坡元及民丹岛落地签25美元/人）。

酒店：民丹（民丹湖酒店）3晚、新加坡（京华酒店）1晚。

娱乐场所：新加坡环球影城350~380元人民币、民丹岛红树林约250元人民币自理。

交通：沈阳—北京—新加坡—北京—沈阳（飞机、当地旅游用车）。

社会治安秩序：良好。（唯近来时有国人在此护照遭窃之案件发生，被窃场合多为闹区购物中心、餐厅及小酒吧，为避免旅游期间遭遇不便，请特别注意防范。）

气温：新加坡常年23摄氏度~31摄氏度。

衣着：短袖、短裤。

时差：新加坡与中国无时差，民丹岛比北京时间晚1小时。

电源插座型：三孔方型插头（英标），请自备万用转换插头，也可以在当地的超市里购买。

风俗：新加坡是以法律严明而著称的国家。除禁毒禁赌外，还严禁随地吐痰、弃物；严禁在禁烟区内吸烟，严禁食用口香糖，否则将受到巨额罚款。

印度尼西亚：忌摸小孩的头部，忌用左手与别人接触，与印度尼西亚人交谈应避开政治、宗教等话题。

退税：请务必留存退税单以便到机场退税。

备注：①换补护照的客人出境时请务必带旧护照出关。②如果有各国使馆拒签史，则请提前告知我社，不得向我社隐瞒，否则一切损失将由个人承担。

紧急救援电话：

警察——999

救护车——995

消防队——995

航班信息——18005424422

旅游帮助

- 新加坡旅游局24小时自动旅游信息专线电话：18007362000（仅在新加坡免费）
- Singapore Tourism Board

地址：Tourism Court, 1 Orchard Spring Lane Singapore 247729

电话：(65) 6736 6622

医疗服务

莱佛士医院(Raffles Hospital)（桥北路585号）：(65) 6311 1111

新加坡中央医院(Singapore General Hospital)（Outram路）：(65) 6222 3322

鹰阁医院(Gleneagles Hospital)（Napier路6A）：(65) 6473 7222

新加坡、民丹7日游

日期	行程	餐	酒店
第一天 9月30日	沈阳—新加坡　CA1626　沈阳—北京　20点35分—22点05分 CA975　北京—新加坡　23点30分—5点45分+1 旅客自行前往沈阳桃仙机场，乘坐中国国际航空公司航班经北京飞往花园城市新加坡，夜宿飞机上	×	飞机上
第二天 10月1日	新加坡—民丹岛 　　抵达新加坡樟宜机场后，专人接机，市区观光：游览鱼尾狮公园、滨海艺术中心等，零距离感受新加坡的各色地标性建筑。后前往新加坡著名的珠宝店（60分钟），午餐后前往丹那美拉码头，渡船前往民丹岛（近1小时的渡船旅途中，欣赏新加坡美丽的港湾景色）。抵达酒店后办理入住手续，之后开始感受民丹美景 　　这里是一个拥有湛蓝海水和靛蓝晴空的度假胜地；您可漫步于细柔的白色沙滩上或追逐浪花于夕阳中，轻风徐徐吹来，让您忘却所有的烦恼和忧愁，投入大自然怀抱	早中	民丹湖酒店
第三天 10月2日	民丹：全天自由活动 　　民丹度假胜地所有酒店都面向南中国海，除了洁白的沙滩让您游乐外，也包括多种水上运动，如风帆冲浪、卧板冲浪、风帆、潜泳、划独木舟、带氧潜水、骑水上单车、冲浪、快艇驾驶或海钓等。酒店提供的水上运动项目都有所不同，需到酒店前台咨询，根据您的喜好选择要参加的项目。其他推荐项目："红树林生态旅游""马来乡村文化探索之旅""大象表演秀"等	早	民丹湖酒店

续表

日期	行程	餐	酒店
第四天 10月3日	民丹：全天自由活动 尽情享受海岛的闲暇时光	早	民丹湖酒店
第五天 10月4日	民丹岛—新加坡 　　早餐后从民丹岛乘船返回新加坡。感受新加坡多元化种族的精髓，"小印度"是新加坡印度同胞的聚集地，具有浓浓的印度风情。然后游览"牛车水"，牛车水也可以称为唐人街，是华人的聚集区。后前往新加坡的马来民族聚集地甘榜格南游览参观。后前往新加坡最著名的购物长廊乌节路。后前往新加坡大名鼎鼎的中央购物带乌节路免税店，享受购物的乐趣。后自由活动，自行享用新加坡特色用餐，于指定地点集合返回酒店休息	早中	新加坡京华酒店
第六天 10月5日	精彩新加坡 　　早餐后，前往新加坡的第二高山花芭山观光。后前往特色药油店参观（30分钟）。后前往新加坡最大的外岛圣淘沙岛畅享蔚蓝的海水，洁白的沙滩，之后前往耗资300多亿人民币打造的震撼全球的世纪巨作——圣淘沙名胜世界，游览亚洲独一无二的电影主题公园——新加坡环球影城（自费），除了可以感受到《侏罗纪公园》《未来水世界》《木乃伊复仇记》《史瑞克》等超强阵容外，还可以坐上世界最高的双轨过山车，体验两辆过山车近距离擦身而过的刺激。晚上观赏"海之颂"音乐喷泉表演。结束后，于指定地点集合，前往新加坡樟宜国际机场	早晚	飞机上
第七天 10月6日	新加坡—沈阳　　CA970　　新加坡—北京　　0点15分—6点10分 CA1651　　北京—沈阳　　8点40分—10点5分 凌晨乘坐中国国际航空公司航班经北京返回沈阳，结束多彩的新加坡之行	×	

导游有权视当地实际情况更改行程及用餐地点，如无特殊情况不减少行程表上的景点。

旅行安全提示书

尊敬的各位团员，大家好：

非常荣幸能够安排大家此次在境外的旅行。在外旅行，安全问题是最重要的，下面几点请大家一定注意。

一、谨防小偷

中国人外出旅行有带大量现金的习惯，很多小偷专门以中国游客为目标进行偷窃。

请大家尽量不要与陌生人交谈，当有人请您帮忙照相的时候一定要注意，在您照相的时候往往就是他们在进行偷窃的时机。

当大家离开旅游车时，贵重物品一定不要放在车上，因为司机不可能总是守在车旁，已经发生了很多起小偷趁司机不在砸坏车窗、盗取财物的事件，保险公司和车公司对此类情况所丢失财物无法进行赔偿。

入住酒店后，如果大家把行李放在房间里外出逛街，请一定不要把贵重物品放在房间，如果觉得带在身上不方便，可以寄存在前台，以前也发生过在酒店房间丢失贵重物品的事情，但酒店对此类事件也是无法赔偿的，因为无法确认您所丢失物品的价值。

当大家在乘机办理托运行李时，请不要把贵重、易碎物品放在托运行李里，因为按照规定，航空公司最多只会赔偿您新的行李箱或200美元的费用。

二、抢劫诈骗

在国外旅行请您将手提包拿好，最好能挎在身上，因为发生过骑摩托车抢包的事件，尤其是老人和妇女是抢劫的主要目标。

请不要离开团队单独活动，要听从导游的安排。晚上大家回酒店后，如果想看看周围环境，请先与导游联系，征求导游意见后，再与其他团员结伴而行，这样大家可以相互照应，而且最好就在酒店或周围活动，不要去太远和容易发生危险的地方，如酒吧、舞厅，曾经发生过客人在酒吧被敲诈的事件，几杯酒加上服务费被敲诈几千欧元。

在国外出现过有人冒充警察骗取客人财物的事情，如果在大街上遇到警察对您进行检查的时候，请您不要慌张，赶紧联系导游，让导游进行处理，不要把财物交给他们。

在以上情况发生后，我们的导游都会协助客人到当地警察局进行报案，但报案后追回财物的可能性极低，所以还是请大家按照提示，以避免上述情况发生。在时间紧张，如马上就要乘坐飞机和火车等，导游会征求客人意见，决定处理方式。

三、人身安全

在境外要遵守当地的交通规则，不要闯红灯；在进行一些有危险的活动时，如上雪山、坐缆车、坐游船等，请遵守秩序，不要拥挤；照相的时候，请一定注意是不是站在行车道上。

不在非游泳区游泳，在能游泳的酒店，儿童一定要有家长陪同，没有深水证的客人不要去深水区游泳。

在境外不要与当地人发生争吵，一些小事能忍则忍，或者联系导游处理，不要因小失大，发生打斗，给自己造成伤害。

四、健康安全

如果客人有心脑血管疾病或者特殊病史，请一定随身带好必备药品，并事先告知旅行社和导游，这样旅行社和导游可以给您一些建议，或者对您进行特殊的照顾。在旅行中当您感觉到不舒服的时候，也请一定告诉导游，以便我们及时处理。

不要乱吃小摊贩或者不熟悉的人给的食物，以免造成食物中毒等情况。

以上情况都是国家旅游局要求旅行社在客人旅行时要提前告知的安全提示，请客人一定注意，衷心预祝您旅途愉快！

实训建议：以小组为单位，请结合以上资料，召开一次出国旅游前的说明会。

任务二　全程陪同服务

任务介绍

从出境到入境，领队的工作任务复杂而艰巨，办理手续，协调关系，落实旅游合同，维护团队团结，监督各地服务质量，并承担着旅游产品开发和促销的任务。领队的职责履行情况如何，直接关系到团队旅游的圆满程度。

任务导入

万事俱备，你带领旅游团开始了一次异国之旅，作为团队的领导者和代言人，你将如何按部就班地展开工作呢？

相关知识

一、办理中国出境手续

（1）提前半小时到达集合地点，准时集合并清点旅游团人数，及时发放旅游护照、签证、机票等旅行文件。

（2）带领全团办理出关手续和卫生检疫。

（3）办理登机手续，分配飞机座位，协助团员托运行李。

二、办理外国入境手续

到达旅游目的地国家（地区）后，带领旅游团办理好卫生检疫、证件查验和海关检查等入境手续。

三、提供境外旅游服务

（一）抵达目的地后，领队应立即与当地接待社的导游人员接洽

（二）清点行李与团员人数

（三）安排团队入住饭店

（1）负责办理入住手续并分配房间。

（2）宣布叫早、早餐、出发时间及领队、导游人员的房间号、电话号码等。

（3）检查行李是否送到客人房间。

（4）协助团员解决入住后的有关问题。

（四）监督实施旅游计划，与当地导游人员商定日程时要注意的问题

（1）遇有当地导游人员修改日程时，应坚持"调整顺序可以，减少项目不行"的原则，必要时报告国内组团社。

（2）当地导游人员推荐自费项目时，要征求全体旅游团成员的意见。

（五）游览中，留意旅游者的动向，防止各种事故的发生

（六）与接待旅行社密切合作，妥善处理各种事故和问题，消除不良影响

（七）指导购物

（1）出现当地导游人员过多地安排购物次数或延长购物时间的情况，领队应根据合同进行必要的限制，尤其要阻止非计划内的购物安排。

（2）购物时，领队要提醒旅游者注意商品的质量和价格，谨防假货或以次充好，避免冲动购物。

（3）当客人确实希望购买某些商品时，领队应给予必要的帮助，例如，告诉客人货币

兑换率和海关允许免税携带出入境的数量,请客人留意商品规格和制式是否与中国一致,是否提供全球保修(关系到能否在中国享受保修服务)。欧洲国家对外国公民购买的不在本国消费的部分工业产品可给予退税优惠,领队应提醒客人索取购物发票和退税证明,以便出境时办理退税手续。

前车之鉴:一些国家可能禁止某些商品出入国境

非洲是不少中国公民理想的旅游目的地。北京某旅行社通过商务考察的方式,组织了一个24人的旅游团到非洲旅游。游客不仅感受到了非洲美丽的景色、古老的文化和奇异的民族风情,也为各式各样的旅游纪念品尤其是象牙制品所陶醉。由于中国文化历来十分崇尚象牙制品,因此游客大多有强烈的购买欲望。但在购买前,客人纷纷向领队询问是否能顺利带回国。领队也是位新手,但非常负责,她首先询问了当地导游,获知可以带出境;接着又通过国际电话向北京组团社询问,获知中国入境也不成问题,于是告诉客人可以放心购买。但没想到的是,团队在欧洲转机时却被拦了下来,因为许多欧洲国家为了保护大象,禁止象牙制品出入境,违者最高可被处两年以下监禁。结果,不仅客人所携带的象牙制品全部被没收,而且还被罚款,弄得人人怨声载道,领队自然成为大家埋怨、指责的对象。

其实,领队也是初次到非洲旅行,对业务不熟悉,所以犯下致命的错误:只对非洲出境和中国入境的海关规定进行了了解,忽略了过境地,导致团队遭受巨大的损失。此事说明尽管领队的工作责任心很强,但稍有疏忽,即可能给客人造成不必要的损失。

四、维护旅游团队团结

维护旅游团内部的团结,协调旅游者之间的关系,妥善处理矛盾。

五、妥善保管各种物品

(1)在旅游途中,最好将客人的护照、签证集中保管。
(2)保管好全团机票和各国入境卡、海关申报卡等。

六、办理返程相关手续

结束行程前,领队应发放意见表,征求旅游者对整个接待工作的意见和建议,并代表旅游者向当地导游和司机表示谢意,同时把预收的小费付给导游和司机(中国出境团队往往预收了少量小费),与地接社结清团费。

请客人清理自己的证件和物品;填写出境卡;带客人办理行李托运手续和登机手续;通过安检,然后登机回国。

在临别团队之际,领队应致欢送词,对团队圆满地完成全部行程表示祝贺,对客人的支持和合作表示感谢。

实训建议

聘请校外专家或资深领队做一次出境旅游领队导游服务流程的讲座。

任务三 后续工作

任务介绍

领队完成出境旅游服务之后,应该向旅行社如实汇报工作,做好总结、善后工作;处理好游客的遗留问题,提出对本条线路工作改进的建议。

任务导入

作为领队,你带领旅游团队顺利归来。同地陪、全陪一样,还有许多后续工作要处理。这是一名导游人员善始善终的优秀个性品质的表现,你有什么心得或建议要告诉大家吗?

任务内容

(1)领队在请旅游者填写征求意见表后,将表格收回。

(2)领队最迟应在团队旅行结束的次日回组团社汇报工作,上交"领队日志"和团队总体运行情况的分析汇报材料。材料应包括团队运行基本情况,地接社接待质量及存在的主要问题分析,旅游者的反馈意见,经费使用情况,旅游中突发问题的处理情况,领队对本条线路工作改进的建议等。

(3)按旅行社财务规定报销相关的费用,归还借用的物品。

(4)如果团队有旅游投诉等遗留问题,应如实地写出事情经过,分清责任,找出证据,方便相关部门调查取证。

实训建议

行业调研:以小组为单位,与旅行社领队、导游人员建立联系,咨询关于领队工作的相关问题,并以文档的形式上交。